다문화 사회를 위한
새로운 성경해석

“본 연구는 2012년도 계명대학교 비사연구기금으로 이루어졌음”

다문화 사회를 위한
새로운 성경해석

정중호 지음

계명대학교 출판부

책머리에 :

교통과 통신의 발달로 세계는 점점 더 좁아지고 쉽게 왕래하며 실시간으로 대화할 수 있는 시대가 되었다. 인터넷과 휴대폰의 사용으로 인해 외국에 있지만 마치 국내에 있는 느낌이 들 정도가 되었다. 국경선도 이제는 더 이상 교류를 가로막는 장벽이 될 수 없는 시대가 된 것이다. 지구촌이라 할 정도로 세계는 긴밀하게 연결되어 움직일 것이고 사람들은 필요에 따라 신속하게 세계를 누비며 살아갈 것이다.

이러한 흐름은 점점 더 다문화적인 사회로 나아갈 것이며 이러한 변화에 신속하게 적응해야만 하는 과제가 우리 발 앞에 놓여있다. 한국과 같은 나라도 이제는 다문화 사회의 흐름을 역류할 수 없게 되었다. 어떻게 하면 행복하게 더불어 살아갈 수 있는 다문화 사회를 만들 수 있을까?

본 저서의 목표는 한국이 새롭게 건설해야 할 다문화 사회를 위해 구약성경을 새롭게 해석하여 다문화 사회를 위한 성경적 대안을 제시하려는데 있다. 이러한 연구 과정에서 가장 중요한 것은 한국의 다문화적 역사와 다문화적 경험을 살피면서 다문화 사회를 위해 성경을 새롭게 해석하는 것이다.

결국 본 저서의 목적은 한국 다문화 사회의 해법을 성경해석을 통해 발견하려는 것이다. 왜냐하면 성경의 배경이 되는 이스라엘 사회가 다문화 사회였으며, 성경의 많은 부분이 이주와 귀환이주의 이야기를 담고 있기 때문이다. 그리고 성경의 백성인 이스라엘은 스스로 자신들의 정체성을 이주자와 귀환이주자의 정체성으로 이야기 하고 있고 주도적으로 다문화 사회를 새롭게 건설하여 왔기 때문이다.

한국의 다문화 사회는 외국인 이주노동자와 국제 결혼한 다문화 가정에 의해서 현대에 와서 갑자기 발생한 것이 아니다. 다문화 사회는 수천 년 전부터 조성되어 왔던 사회였으며 현대에 와서는 조금 다른 특수한 양상을 보여주고 있을 뿐이다. 다양한 문화를 소화한 우리의 역사와 우리 사회가 전해 내려오는 다문화 이야기와 대화하면서 성경을 다문화 사회적인 시각으로 새롭게 해석할 필요가 있다.

다문화 사회는 필연적으로 다종교 상황으로 나아간다. 다종교 상황 속에서 어떻게 하면 타종교와 대화하면서 타종교인과 더불어 평화로운 삶을 영위할 수 있을지를 모색해야 할 것이다. 다행한 것은 불교, 유교, 기독교 등이 모두 외부에서 들어온 종교였지만 한국은 이러한 종교들을 넉넉히 소화하여 왔으며 종교간 극단적인 대립과 갈등을 초래하지 않고 더불어 살아왔다. 이러한 현상에 대해 종교학자들이 한국의 다종교 사례를 주목하고 있다.

그런데 현대에 와서 기독교인들이 극단적인 배타주의적 행동을 하는 경우가 늘어나고 있어 우려를 하고 있다. 단군상과 불상을 훼손하는 일이 일어나고 이슬람교의 확산을 우려섞인 눈으로 바라보기도 한다. 이러한 문제를 해결하기 위해서는 먼저 성경에 돌아가서 성경을 재해석할 필요가 있다.

본 저서에서는 고대 이스라엘 사회의 이주와 귀환이주를 먼저 살펴보면서 룻기, 수넴 여인의 사례, 이사야 19장, 아모스의 열방 예언 등을 재해석할 것이다. 이러한 성경 해석을 통해 다문화 사회를 새롭게 건설할 수 있는 성경적 방안을 모색할 것인데, 통일한국의 과제도 염두에 둘 것이다.

수많은 꽃들이 피어나고 생명이 솟아오르는 봄의 함성을 들으면서 하나님이 창조하신 자연의 다양성이 조화롭게 생태계를 이루어 가고 있음을 실감할 수 있었다. 창조주 하나님께 찬양을 드린다. 다문화 사회가 창조주 하나님이 주시는 새로운 복임을 확신하면서 새롭고도 아름다운 사회를 건설 할 수 있기를 기대해 본다. 이러한 기대에 본 저서가 조금이나마 도움이 될 수 있기를 간절히 바란다.

본 연구를 위해 비사연구기금으로 지원해 준 계명대학교에 감사드리며, 본 저서의 출판을 위해 성심을 다해 수고해 주신 계명대학교 출판부 여러분께 깊은 감사의 마음을 전한다.

2015년 4월

정중호

차례

Chapter 01

서론

Chapter 01 서론

다문화 사회라면 외국인 이주노동자와 국제 결혼한 다문화 가정을 떠올린다. 그리고 그들은 '우리'와는 '다른 사람들'로 여기는 경향도 있다. 그러나 한국 다문화 사회는 이렇게 단순하지도 않고 '다른 사람들'의 이야기도 아니다.

우리는 단일민족, 배달민족이라는 정체성을 공유하고 있지만 한국의 역사를 살펴보면 시베리아와 몽고 등 북방지역, 동남아시아와 인도 등 남방지역, 그리고 중국과 일본 등지와의 수많은 인적교류를 통해 한국이 이루어져 왔음을 발견할 수 있다. 한국의 다문화 사회는 현대에 와서 갑자기 다가온 것이 아니라 수천 년 전부터 조성되어 왔던 사회였으며 현대에 와서는 조금 다른 특수한 양상을 보여주고 있을 뿐이다.

따라서 다문화 사회를 논할 때 갑자기 '다른 사람들(외국인)'이 들어와서 '다른 사회'를 만든다는 선입견을 수정할 필요가 있다. 오히려 다문화 사회는 갑자기 닥친 것이 아니라 우리 역사상 다양한 문화를 소화한 역사가 있었고 우리 사회가 전해 내려오는 다문화 이야기가 있다는 사실을 눈여겨 볼 필요가 있다. 그리고 다양한 문화를 가지고 외부에서 들어오는 사람들을 촉진제 삼아 우리가 스스로, 그리고 주도적으로 새로운 다문화 사회를 건설하려는 노력을 기울일 필요가 있다.

본 저서에서 한국의 다문화 사회를 성경해석과 연결시키려고 하는 이유는 성경의 배경이 되는 이스라엘 사회가 바로 다문화사회였으며 성경이 이러한 다문화 사회를 새롭게 건설한 내용으로 가득 차 있기 때문이다. 안타까운 것은 이제까지 성경의 이러한 면을 별로 주목하지 않았다는 사실이다. 이제 본 저서를 통해서 성경의 다문화 사회적인 면을 새롭게 살펴 볼 필요가 있다.

다문화 사회를 논할 때 먼저 살펴야 할 것은 이주 문제이다. 세계적인 이주자의 숫자를 살펴보면 1960년에는 7,700만 정도였는데 1990년에는 1억 5,500만으로 증가했고 2010년에는 2억 1,400만 명이 이주대열에 동참하고 있다.[1] '신유목민 시대'라 할 정도로 세계는 열려있고 이동이 심해지고 있는 것이다. 그런데 우리는 주로 이주문제를 중심으로 다문화 사회를 논하고 있지만 이주(migration)라는 이동에는 반드시 귀환 이주(return migration)라는 반대 이동이 있을 수밖에 없다.[2] 귀환이주에 대한 연구는 최근에 주목을 받기 시작했는데 사회학, 인류문화학, 지역학 등에서 주로 연구되어지고 있다. George Gmelch, W. Safran, Dennis Conway, Robert B.

1_ 유엔 산하 국제이주기구(IOM)의 보고서에 의한 수치인데 정확한 이주자의 수는 77,114,700명 (1960년), 155,518,065명(1990년), 213,943,812명(2010년) 등이다.

2_ 뉴스에는 '역이주자' 혹은 '역이주'라는 단어가 자주 나타나지만 학술 논문에서는 '귀환이주자(Return Migrant)' 혹은 '귀환이주(Return Migration)'라는 단어가 주로 사용되고 있다.

Potter, Joan Phillips, Russell King 등이 귀환이주에 대해 연구해 왔으며, 인도와 아프리카의 귀환 이주에 대해서는 박정석과 한건석의 연구가 있다.[3] 그리고 이주와 귀환이주가 반복될 때에는 '순환이주(circular migration)'라는 새로운 현상도 일어나고 있다.[4] 그리고 외국인만 이주와 귀환이주를 하는 것이 아니라 한국인도 이주와 귀환이주를 해왔으며 이들이 다문화 사회를 이루어 가는데 큰 역할을 감당할 수 있다. 따라서 다문화 사회에 대한 연구를 진행할 때에는 이주와 귀환이주와 순환이주를 함께 연구할 필요가 있다.

이제까지 다문화 사회에 대한 구약연구 동향을 살펴보면 이주민 신학을 연구한 강성열, 구약에서 찾아볼 수 있는 외국인 복지에 관한 논문을 작성한 이태훈 등의 논문을 찾아볼 수 있다.[5] 그러나 귀환이주에 대한 연구는 희소하다. 따라서 본 저서에서는 구약의 다문화 사회적 측면을 연구할 때 이주와 더불어 귀환이주를 염두에 두면

3_ George Gmelch, "Return Migration," *Annual Review of Anthropology* 9(1980), 135–159; W. Safran, "Diasporas in Modern Societies: Myths of Homeland and Return," *Diasporas* 1(1991), 83~99; Dennis Conway, Robert B. Potter and Joan Phillips, "The Experience of Return: Caribbean Return Migrants", in Robert B. Potter, Dennis Conway and Joan Phillips(eds.), *The Experience of Return Migration: Caribbean Perspectives*, (Hants & Burlington: Ashgate. 2005); Russell King, "Generalizations *from the History of Return Migration", in Bimal Ghosh(ed.), Return Migration: Journey of Hope or Despair?, (Geneva: IOM and UN. 2000);* 박정석, "케랄라의 귀환이주자: 이주 과정과 소비 행위를 중심으로," **인도연구** 제12권 1호 (2007), 62–99; 한건수, "본국으로 귀환한 아프리카 이주 노동자의 사회문화적 적응과 정체성에 관한 연구 – 가나와 나이지리아 노동자를 중심으로," **한국아프리카학회지** 제27집 (2008.6), 225–268.

4_ Vinay Gidwani and K. Sivaramakrishnan, "Circular Migration and Rural Cosmopolitanism in India," *Contributions to Indian Sociology* 37 (2004), 339 – 367.

5_ 강성열, "구약성경의 이주민 신학과 한국사회의 다문화 가정," **한국기독교신학논총** 제62집 (2009년 4월), 5–33쪽; 이태훈, "구약의 외국인 복지," **구약논단** 제27집 (2008), 70–88.

서 연구하게 될 것이다.

팔레스타인 지역은 아프리카, 아시아, 유럽, 지중해, 아라비아 등지의 교차지점으로 사람과 물자가 통과하는 지역으로 한국의 지정학적인 위치와 비슷한 면이 있다. 이러한 지역은 국제무역에 유리한 지역임과 동시에 국제정세가 악화될 때는 강대국의 군대의 이동 통로가 되기도 하고 전쟁터가 되기도 한다. 따라서 평화 시기든 전쟁 시기든 이 지역은 이동성이 강한 지역이며 이주와 귀환이주가 빈번히 일어날 수밖에 없는 지역이다.

따라서 고대 이스라엘의 역사는 이주와 귀환이주의 역사로 점철되어 있다. 족장들은 이주민으로서 약속의 땅 가나안에서 정착하는 듯하였으나 기근을 만나 다시 외국으로 이주하는 모습을 자주 볼 수 있다. 아브라함과 이삭은 기근을 만나 이집트로, 블레셋으로 들어갔다가 다시 나오기도 하고, 야곱은 에서와의 갈등 때문에 시리아로 갔다가 다시 돌아오는 모습을 볼 수 있다. 기간의 차이는 있지만 이주와 귀환이주의 현상으로 설명할 수 있다.

이집트에 내려간 이스라엘 사람들이 이주자라면 출애굽과 가나안 정착은 귀환이주의 역사로 볼 수 있다. 따라서 출애굽기에서 여호수아까지의 내용 전체가 귀환이주 사건으로 설명할 수 있는 것이다. 또한 다윗도 블레셋에 이주(망명)하였다가 귀환한 지도자라 볼 수 있다. 그리고 에스겔과 예레미야 그리고 제2이사야까지 페르시아로 부터의 '귀환이주를 위한 준비'라는 범주로 묶어볼 수 있으며 귀환 이후의 상황이 전개되는 부분은 에스라, 느헤미야, 역대기 상·하 등이라 볼 수 있다.

또 다른 면을 살펴보자. 이스라엘의 정체성을 이야기할 때 '방랑하는 아람 사람'(신 26:51)이라는 고백문을 들면서 이스라엘의 정체성이 '이주자'임을 강조한다. 그러나 이것은 과거의 경험이지 현재는 '귀환이주자'인 것이다. 그리고 다양한 사람들과 더불어 다문화 사회를 새롭게 만들어 가야하는 시점에 서 있는 것이다.

따라서 성경을 다문화 사회적 시각으로 다시 해석할 필요가 있다. 한 걸음 더 나아가서 한국의 다문화 사회적인 역사와 이야기와 대화를 나누면서 성경을 다시 해석할 필요가 있다. 이러한 과정을 통해 결과적으로 한국 다문화 사회를 위한 성경적 대안을 새롭게 제시할 수 있으리라 기대한다.

Chapter

02

한국 다문화 사회의 역사와 이야기

Chapter

02 한국 다문화 사회의 역사와 이야기

한국의 다문화 사회에 대해 논의할 때는, 먼저 한국 사회가 경험한 다문화 사회의 역사와 이야기를 살펴볼 필요가 있다.

한국은 지정학적 위치로 볼 때 대륙과 해양을 모두 연결할 수 있기 때문에 인구 이동이 활발할 수밖에 없고 수많은 전쟁을 겪을 수밖에 없는 위치에 있다. 따라서 이주와 귀환이주, 전쟁 포로와 국제무역활동 등으로 타 지역과의 교류를 이어갔다. 그런데 고조선, 고구려, 발해 등을 이야기할 때는 그 판도가 만주라는 사실을 염두에 두어야 한다.

Ⅰ. 만주의 지정학적 위치와 명칭

만주는 현재 동북삼성(東北三省)으로 알려진 요령성(遼寧省), 길림성(吉林省), 흑룡강성(黑龍江省) 등으로 이루어져 있으며 넓이는

801,700km^{2}로서 한반도의 4배에 해당한다. 그런데 역사 속의 만주는 내몽골자치구와 아무르강 이북 지역과 연해주를 포함하는 지역으로 보아야 할 것이다.

만주라는 명칭을 사용한 지는 그리 오래 되지 않는다. 1636년 청 태종이 황제가 된 이후부터 사용한 만주라는 이름은 만주국이 수립되면서 널리 사용하게 되었다. 청조 이전에는 이 지역을 주로 '요동(遼東)'이라는 명칭으로 불렀다. 그러나 중국에서는 만주국을 연상시키는 만주라는 용어를 기피하고 있으며 만주족이라는 민족 이름도 만족(滿族)으로 사용할 정도이다.

만주의 위치를 알기 위해서 지도를 살펴보면, 만주 지역은 동서남북으로 사통오달하는 요지임을 알 수 있다. 동으로는 한반도와 일본과 교류할 수 있고, 서쪽으로는 몽고와 중앙아시아 그리고 중동지역과 유럽으로 연결되며, 북으로는 러시아와 접해있고, 남쪽으로는 중국내륙과 발해만을 통해 해양으로 진출할 수 있다.

만주는 대흥안령산맥(大興安嶺山脈)과 백두산을 포함하는 장백산맥 사이에 넓은 평원으로 이루어져 있으며 고대에는 유목지대였지만 현대에는 농산물 생산이 증가하고 있다. 만주를 크게 세 부분으로 나눌 수도 있다. 즉 북쪽 눈강 지역 초원지대를 서북만주, 송화강 북쪽 산림지대를 동북만주, 그리고 요하 강줄기 좌우에 있는 농경지대인 남만주 등으로 구분할 수 있다. 남만주에는 요하가 흐르는데 만주를 요서와 요동으로 나누는 요하 강줄기가 만주벌판을 흐르다가 발해만으로 흘러들어간다. 이 강줄기 서쪽과 남쪽에 요하문명이 탄생하여 고대 문명의 젖줄이 되었다. 이러한 위치와 문명의 발달로 인해 만주는 문명의 발상지이며 문명의 교차지점으로서의 역할을 수행하였다.

만주가 중요한 이유는 스텝지역으로 연결된 축에 속하지만 유목과 농경이 결합된 지역이라는 점이다. 유목만 할 수 있는 지역에서는 세력이 분산되어 있고 식량부족으로 허덕이는 경우가 많았다. 당연히 경제가 종합적으로 발전하기 힘들다. 그러나 유목과 농경이 결합되어 있으면 식량을 어느 정도 조달할 수 있고 집단 거주가 가능하며 세력을 쉽게 결집시킬 수 있는 장점이 있다. 더구나 유목과 농경이 상호 보완하는 체제가 되어 경제가 종합적으로 발전할 수 있는 것이다. 따라서 만주는 어느 시대에나 큰 세력을 잉태할 수 있는 잠재력을 보유하고 있었고 실제로 그 힘을 행사해 왔다. 그리고 유목민과 농경민을 함께 통치한 경험을 바탕으로 세계 대제국을 통치할 수 있었던 것이다. 만주는 고조선과 고구려 팽창의 본진이었고, 발해, 요, 금, 청의 발원지였다. 몽골제국의 경우에도 쿠빌라이 칸은 만주지역을 바탕으로 제국의 힘을 키운 모습을 발견할 수 있다.

만주는 몽고와 한반도의 중간 지점이며 중앙아시아까지 연결되는 유목 지역으로 한족(漢族)이 살고 있었던 중원의 중국과는 별개의 띠를 형성하고 있음을 알 수 있다. 중앙아시아에서 중국을 관통하는 무역로를 실크로드라고 한다면 북쪽 초원 지역을 관통하는 무역로는 초원로(steppe-road)라 할 수 있고 고조선-고구려-발해는 초원로를 통해서 중앙아시아와 연결되어 있었다. 따라서 만주를 '화약고'로 볼 것이 아니라 동서 교류의 중심으로 보아야 할 것이다. 그리고 중국과 한국의 역사를 볼 때도 교류를 중심으로 유라시아의 관점에서 볼 필요가 있다.

Ⅱ. 만주의 역사, 한국과 중국

만주의 역사를 이야기할 때 우리는 "만주의 역사는 어느 나라의 역사인가?"라는 질문을 자주 하게 된다. 현재 만주는 중국의 영토로 되어 있지만 그만큼 한국의 영토로 있었던 기간이 많았기 때문이다. 만주 지역은 고조선-고구려-발해(진국)에 이르는 시기에는 한국의 강역이었다. 즉 사국시대(四國時代)와 남북국 시대까지 만주는 한국의 역사 속에서 이야기해야 한다는 것이다. 사국시대란 고구려, 백제, 신라, 가야가 있었던 시대를 말하며 남북국 시대란 신라와 발해가 있었던 시대를 가리킨다. 발해가 멸망한 후에도 만주는 요(遼, 거란, 916-1125)-금(金, 여진, 1115-1234) 시대에 북방민족의 지역이었고 특히 금의 경우 북송(北宋)을 멸망시켰다. 만주는 원(몽골, 1206-1368)과 청(1636-1911) 시대에도 중국을 정복하는 북방민족에 속해 있었다.

중국 역사를 보면 남방으로부터 침공을 받은 적이 없지만 북방으로부터의 침입은 계속되었다. 중원의 중국과 북방민족과의 관계는 초원의 흉노제국이 한나라를 침입한 기원전 2세기부터 청나라가 중국을 지배한 20세기 까지 거의 2,200년 동안 지속되어 왔다. 중원의 중국은 진시황 시대에 북방민족인 흉노를 방어하기 위해 만리장성을 쌓았을 정도로 온 힘을 기울일 수밖에 없었다.

그리고 청조 시대에도 만주는 중국인의 출입이 차단된 청의 성지(聖地)였다. 다만 명(1368-1644) 시대에 만주가 중국의 영토로 있었지만 얼마나 정밀하게 통치했는가에 대해서는 의문스러운 면이 있다. 만주는 중국을 정복하는 북방민족의 진원지 역할을 하였고 동아시아 변동의 시발점 역할을 한 곳이었다.[6]

만주의 드넓은 지역에는 수많은 민족들이 곳곳에 자리잡고 있다.

만주는 언어도 차이가 있고 관습과 문화에도 차이를 보이고 있는 다문화가 자리잡고 있는 지역이었며 여러 지역과 교류가 활발한 지역이었다. 한국민족은 이러한 지역에서 다문화사회를 경험한 해온 것이다.

Ⅲ. 한국이 경험한 다문화 사회

그리고 한국민족은 만주와 한반도를 연결하여 삶을 꾸려왔다. 신라 시대의 유물을 살펴보면 유리제품은 로마와 팔레스타인 그리고 동남아시아의 유리제품들이 들어와 있음을 발견할 수 있다. 실크로드(Silk Road)가 중국에서 끝나는 것이 아니라 신라까지 이어져 있음을 발견할 수 있다. 또한 신라가 당나라와 연합하여 삼국을 통일시킨 후 백제와 고구려 유민들은 중국 변방에 강제 이주되어 살아갈 수밖에 없었는데 고선지를 비롯하여 중국의 장군으로 활약한 경우도 있었고 그 후손들의 정착지가 현대에 와서 발견되기도 한다. 백제와 고구려 유민들의 애환은 이민자들의 애환이었다.

고려사에 보면 "몽고병에게 포로가 된 남녀가 206,800명이며 살육된 자는 이루 말할 수 없다"고 기록되어 있다.[7] 그리고 그 가운데

6_ 윤휘탁, "만주는 동아시아에서 어떤 곳일까," 동북아역사재단편, **만주 그 땅, 사람 그리고 역사** (동북아역사재단, 2005), 17.

7_ 몽고의 침략의 기간은 무려 30년이나 되었다. 그 중에서도 특히 1254년에 시작되어 6년간이나 계속된 마지막 침략의 피해는 대단히 커서 "몽고병에게 포로가 된 남녀가 206,800명이며 살육된 자는 이루 말할 수 없다. 그들이 지나간 지역은 모두 잿더미가 되었다. 몽고병의 침입이 있은 이래 일찍이 이처럼 혹심한 피해는 없었다."라고 고려사에 기록될 정도였다.

다시 고국으로 귀환한 사람들이 있었다. 그런데 귀환한 여자들의 경우에는 '환향녀'라 해서 낙인이 찍히고 천시받는 경우도 있었다. 이 외에도 전란이 있을 때마다 수많은 포로들이 있었고 귀환하는 사람들이 있었다. 임진왜란 때도 전쟁 후 귀환하는 사람들이 있었다.

징기스칸이 세계제국을 건설할 때 고려는 원제국과 왕실통혼을 통해 몽고공주들이 고려의 왕비가 되었고 몽고공주들을 수행한 외국인들이 고려에 정착하기도 하였다.[8] 그리고 고려 사람들도 원나라에 이주하여 살았는데 원 황제의 황후가 된 기황후의 경우도 있었다. 조선시대에는 대원군의 쇄국정책을 떠올리지만 그것은 단기간의 사건이었고 조선 500년 역사는 국제적으로 교류가 활발한 시대로 이어졌다. 오늘날 족보를 살펴보면 외국인이 귀화하여 성씨를 만든 숫자가 전체 숫자에서 큰 부분을 차지하고 있는 것만 보아도 얼마나 많은 외국인이 한국 땅에 이주하여 정착하였는지를 가늠해 볼 수 있다.

일제 시대 이후 일어난 현상은 일제의 침략과 압제에 못이겨 만주와 연해주로 이주하였으며 일제에 의해 강제 징집되어 사할린을 비롯한 일본과 아시아 전 지역으로 갈 수 밖에 없었던 역사가 있었다. 일부는 하와이를 비롯하여 이주노동자로 이주하기도 하였지만 그 숫자는 소수였다. 해방과 더불어 일제에 의해 징집된 한국인들이 다시 고국으로 귀환이주 하였으며 일부는 아직도 외국에 머무르고 있

8_ 高麗史 권89, 제국대장공주전; 김현라, "고려 충렬왕비 齊國大長公主의 위상과 역할," **지역과 역사** 23호(2008) 80–86; 권순형, "원 공주 출신 왕비의 정치권력 연구—충렬왕비 제국대장공주를 중심으로," **史學研究** 제77호(2005), 33–63; 이강한, "1270년대–1330년대 외국인들의 고려 방문 – 13–14세기 동–서 교역에서의 한반도의 위치,"**한국중세사연구** 30(2011), 428–430.

는 실정이다.

1945년 해방 직후 해외 한인의 숫자는 500만명에 이르렀다. 대부분 일제의 침략으로 인해 중국으로 일본으로 이주한 숫자이지만 1860년대 이후 기아와 빈곤으로 인해 이주한 숫자도 포함되어 있었다. 해방 후 3년 동안(1945-1948) 이들이 돌아 온 소위 귀환이주자의 숫자는 남한의 경우만 250만명에 달하였다.[9] 당시 남한 인구가 1500-1600만 명이었으므로 적어도 다섯 집 마다 한 집은 귀환한 가정으로 채워졌다고 볼 수 있다. 해방 후 귀환이주자는 규모면에서도 대단할 뿐 만 아니라 사회적으로 경제적으로 미친 영향은 막대하였다. 심지어 문학사에서도 '귀환 서사'라는 장르가 중요한 장르로 자리매김한 것을 발견할 수 있다.[10] 귀환하지 않은 가정의 후손들 가운데 최근에 귀환하고 있는 경우는 재중동포인 소위 '조선족'의 귀환이다.

1950년, 민족상잔의 6.25전쟁을 겪으면서 또 다시 수많은 외국 군인들이 한국에 왔었고 '다문화가족2세(혼혈아)'가 태어났으며 해외입양아의 숫자가 늘어갔다. 부끄러운 사실이지만 정부는 해외입양에 대한 대책을 세우지 못하고 있는 가운데 수 많은 아이들이 해외로 입양되어갔고 그 과정에서 한국으로 들어온 외화는 독일 간호사들이 송금한 총액과 거의 비슷하다는 통계도 있다.[11] 그런데 1980년

9_ 박종기, "연구의 공백지대, 해외 한인의 귀환문제," **역사와현실** 제51권 (2004. 3), 283-301.

10_ 오태영, "민족적 제의로서의 '귀환(歸還)' -해방기 귀환 서사 연구," **한국문학연구** 32집 (2007. 6), 515-542.

11_ 이예원, "한국사회의 이주 집단으로서 귀환 입양인과 그들의 자생적 운동이 주는 시사점," **한국사회 학회 2008 후기 사회학대회** (2008. 12), 500.

부터 해외입양아들이 귀환이주자로 한국에 다시 돌아오고 있다.

1960년대 이후에는 독일에 간호사와 광부로 이주한 경우, 중동에 건설 노동자로 이주한 경우가 있었는데 독일로 간 경우에도 귀환한 경우가 있었지만 중동에 간 경우는 대부분 귀환하였다.[12] 귀환을 목표로 중동에 이주하여 고된 노동을 감수했다고 할 수 있다. 그리고 월남전쟁을 통해 많은 다문화 가정이 생겨났고 지금도 베트남에는 다문화가족 2세들이 있는 상황이다.

이처럼 한국 역사 속에서 경험한 한국인들의 이주와 귀환이주의 경험과 현재 해외에 체류하고 있는 700만 명의 한국인이 경험하고 있는 이주와 귀환이주의 이야기는 한국 다문화 사회를 진단하고 그 해법을 찾을 때 아주 큰 도움이 된다.[13] 이제 이러한 우리의 경험과 우리의 이야기를 바탕으로 2014년 외국인 160만명 시대를 맞이한 한국 사회는 다문화 사회에 대한 구체적인 대안을 제시할 수 있어야 한다.

2011년 한국에 거주하는 외국인 가운데 다수를 차지하고 있는 것은 외국인 근로자로 55만 여명이며(552,946명), 이 가운데 한국계 중국인 28만 여명 포함되어 있다(281,211명). 그리고 국제결혼한 다문화 가정은 해마다 큰 폭으로 증가하고 있는데 14만 여명에 달하고 있다(141,654명). 현재 한국에서 결혼하여 혼인신고한 건수의 10%에

12_ 독일로 간 간호사는 약 1만 여명이며 이 가운데 5천 여명이 독일에 정착하였고 4천여명이 귀환하였다. 김학선, 홍선우, 최경숙, "파독간호사 삶의 재조명," **한국산업간호학회지** 제18권 제2호 (2009), 174–175. 독일로 간 광부들은 총 7,844명이다; 이영석, 박재흥, "재독일 교민의 역이주와 귀향 의식에 대한 연구–남해군 '독일마을' 입주 교민들의 경우," **독어교육**, 제36집 (2006), 446.

13_ 외교통상부 자료에 의하면 2009년 재외동포 숫자는 6,822,606명이다; 외교통상부, "재외동포 현황 요약," 2010년.

달하는 숫자가 국제결혼한 가정이다. 그리고 다문화 가정에서 태어난 다문화가족2세의 숫자가 크게 증가하고 있는데 그 숫자는 15만 여명에 이르고 있다(151,154명). 그 다음 한국으로 유학 온 학생들의 숫자가 8만 여명(86,947명)이다. 그리고 한국 동포로서 귀환 이주하는 숫자가 늘고 있다. 특히 고령으로 접어드는 재외동포 가운데 한국에 귀환하려는 사람들이 늘면서 그 숫자가 8만 여명에 이르고 있다(83,825명). 그 외 기타 외국인으로서 13만 여명이 한국에 거주하고 있다(127,370명).[14]

최근에 일어나는 중요한 귀환 이주의 사건은 중국에 거주하고 있는 재중동포인 소위 '조선족'의 귀환이다. 이들은 국적이 중국으로 되어 있어 그 통계가 한국의 외교백서에는 포함되지 않고 있지만 실제로는 한국인이며 한국말을 구사할 수 있는 사람들이다.

또한 그 숫자가 2만 명 이상이 되는 북한이탈주민이 있다.[15] 북한을 탈출하여 중국으로 그리고 동남아시아로 전전하다가 한국으로 들어오는 탈북자들은 한국으로 들어오는 것이 이주이면서 동시에 고국으로 돌아오는 귀환 이주이다.

그리고 통일이라는 미래 사건을 바라볼 때 한국사회는 또 다시 이주와 귀환 이주라는 사건을 경험하게 될 것이다. 그 경험 가운데는 다양한 분쟁과 갈등을 해결해야 하는 경험이 있을 것이다. 자본

14_ 행정안전부 자료. 이 자료에 의하면 2011년 1월 1일 현재 외국인 총 체류자 숫자는 1,265,008명 이다.

15_ 통계청 발표 2009년 12월 북한이탈주민 총인원은 17,984명이며 2010년에는 2만명 이상될 것으로 추산한 것이다. 참조: 김화순, 유길상, "북한이탈주민 고용에 미치는 남북인적자본의 영향 연구: A 북한이탈 주민 집단 370명이 진로추적 사례를 중심으로," 2010 **한국사회보장학회 춘계정기학술대회 자료집**, 97–129.

주의와 공산주의의 의식의 갈등도 있지만 법률적 갈등과 경제적인 갈등은 더욱 심각할 수 있다. 예를 들면 독일은 1989년 베를린 장벽이 붕괴되면서 극적으로 통일을 이루었다. 그러나 통독 후 소유권 분쟁 때문에 5년간 400만건 소송사태를 경험하였고[16] 20년간 약 120만 건의 토지소유권 반환절차를 완료했지만[17] 그 갈등은 아직도 계속되고 있다.[18]

현재 다문화 사회 정책을 살펴보면 주로 외국인 노동자와 국제결혼한 다문화 가정에 대한 대책에 집중되어 있다. 이러한 대책도 미흡한 면이 많지만 보다 더 폭 넓은 종합적인 대책이 시급히 필요하다. 즉 지구촌 시대에 걸맞게 한국에 거주하는 외국인 뿐 만 아니라 재외동포 700만 명을 아우르는 종합적인 대책 수립이 필요하다. 한걸음 더 나아가서 통일한국을 바라보면서 남한과 북한을 포함한 전세계 한국인과 한국에 거주하는 외국인을 아우르는 새로운 다문화 사회 정책을 수립할 필요가 있다.

16_ 윤철홍, "독일 통일후 동독지역에서의 토지 소유권과 상속권 문제," **북한법연구회 월례발표회 발표문**(2009. 1. 29).

17_ 동독의 마지막 총리 로타르 드 메지에르와의 인터뷰 기사, 연합뉴스(2009. 10. 25).

18_ 만일 남한에 있는 북한 주민들이 통일이 되어 북한으로 갔을 때 토지를 차지할 수 있을까? 월북한 인사들이 남한의 토지 소유권을 주장할 수 있을까? 독일은 통독 후 동독 사람들의 생존권을 보호하는 측면에서 건물 이용자 위주로 토지를 매수할 수 있도록 하였다. 즉 토지 값의 반만 지불하면 토지소유권을 인정하였다. 그러나 동독 사람들이 가난하였기 때문에 토지를 매수하기 힘든 면이 있었다. 그래서 토지가격을 과거시세로 낮추어 산정하기도 하였다. 한국도 통일 후 북한 지역의 토지는 북한 주민의 생존권을 보호하는 측면에서 특별법을 제정하여 시행할 필요가 있다. 결국 남한에 있던 월남한 사람들의 소유권은 제대로 인정받지 못하는 결과가 발생할 가능성이 있다.

Chapter

03

고대 이스라엘의 이주와 귀환이주

Chapter 03 고대 이스라엘의 이주와 귀환이주

Ⅰ. 고대 이스라엘의 이주자

세계적으로 인구이동이 가속화 되는 현상을 바라보면서 현대를 신유목민 시대라고 부르기도 한다. 한국도 예외는 아니다. 일본의 압제 때문에 만주로 러시아로 이주한 경우도 있었고 일본의 강제 징용으로 끌려가서 계속 살아간 경우도 있었다. 또한 새로운 삶을 개척하기 위해 미국으로 세계 각국으로 이주한 경우도 있다. 근래에 이르러서는 한국으로 향한 이주자의 행렬을 볼 수 있게 되었다. 예를 들어 중국에 살고 있던 조선족이 한국에 살기 위해 온 경우도 있고, 북한을 탈출하여 이 땅에 정착하고자 하는 사람들도 있다. 또한 외국인으로 이 땅을 밟은 사람 가운데 한국에 정착하려는 사람들도 있다. 이러한 새로운 움직임에 대해 한국사회가 관심을 가지고 다양한 각도에서 조명할 필요가 있다.

이러한 필요성에 부응하는 기본 연구로서 본 연구는 이주자들에게 특별히 관심을 표명한 고대 이스라엘의 경우를 연구하려고 한다. 고대 중동에는 고아와 과부에 대한 관심과 그들에 대한 특별한 배려를 강조하고 있을 뿐 이주자(게르)에 대한 특별한 배려를 언급하지 않았다.[19] 그런데 고대 이스라엘 사회는 독특하게도 이주자에게 특별한 관심을 표시했다. 왜 이스라엘만 유독히 이주자에 대해 많이 언급하였는가? 우선 생각할 수 있는 것은, 고대 이스라엘 사회에는 비교적 이주자가 많았기 때문에 이러한 관심을 기울인 것으로 설명할 수도 있다. 그러나 이러한 설명은 설득력이 부족하다.

유다 왕 히스기야가 반앗수르 반란을 일으켰을 때 앗수르 왕 산헤립이 유다로 진격하여 유다의 도시들을 공격하여 약탈하였다. 이 원정은 그의 비문에 다음과 같이 기록되어 있다.

> 나는 200,150명의 사람들, 젊은이와 노인, 남자와 여자, 말들, 노새들, 낙타들, 그리고 헤아릴 수 없는 많고 적은 짐승떼들을 약탈하여 끌고 왔다.[20]

앗수르는 이스라엘과 유다를 여러번 침략했는데 그 때마다 포로

19_ Donald E. Gowan, "Wealth and Poverty in the Old Testament: The Case of the Widow, the Orphan and the Sojourner," *Interpretation* 41(1987) 341–353; F. C. Fensham, "Widow, Orphan and the Poor in Ancient Near Eastern Legal and Wisdom Literature," *JNES* 21(1962) 129–139.

20_ J. B. Pritchard ed. *Ancient Near Eastern Texts Relating to the Old Testament* (Princeton: Princeton University Press, 1969) 288.

를 잡아갔다. 그리고 바벨론이 예루살렘을 공격하였을 때도 많은 인원을 포로로 잡아갔으며 유다 사람들을 강제로 바벨론으로 이주하게 하였다. 이러한 포로들과 이주자들은 이방 땅에서 종이나 이주자로 살아가게 되는 것이다. 앗수르에도 바벨론에도 이주자는 많이 있었다. 제국을 통치하기 위해서 수많은 소수 민족들을 바벨론으로 이주시켰다. 그러나 그들에 대한 특별한 배려를 찾기는 힘들다.

그다음 생각할 수 있는 것은 이스라엘 백성의 특수한 역사인식 때문이라는 것이다. 이스라엘 백성 자신들도 이주자의 후예라고 생각하였기 때문에 더 더욱 이주자에 대해 주목한 것으로 보인다. 그들의 조상 아브라함부터 시작해서 출애굽해서 가나안 땅에 정착한 선조들은 이주자로 가나안 땅을 밟은 사람들이었다. 그리고 야웨종교의 핵심에 이주자에 대한 야웨의 특별한 관심이 자리잡고 있었기 때문으로 설명할 수 있을 것이다.

본 장의 목적은 고대 이스라엘에 살았던 이주자의 정체를 규명하며 이주자에 대한 대책 여부를 확인하고 이주자의 이미지가 이스라엘의 정체성 확립에 미친 영향에 대해 연구하려는 것이다.

1. 이주자의 정체와 취약성

1) 이주자의 정체

'이주자'는 히브리어 단어 '게르'를 번역한 것으로 한글성서 『개역개정』에서는 '나그네' 혹은 '객' 또는 '우거하는 자' 그리고 '이방인'(예레미야 22:3)과 '타국인' 혹은 '외인'(민수기 19:10)등으로 다양하게 번역되어 있다. 이 가운데 현대어로 번역된 성서에는 이주자가 '나그네(sojourner)'로 많이 번역되어 있다. 그래서 일반적으로 이주자를 여행자로 보는 경향이 있다. 그러나 여행한다고 해서 모두 이주자가 되는 것은 아니다. 매년 순례행렬이 예루살렘 성전을 향해 여행을 하지만 그들을 이주자라고 부르지는 않는다. '여행자'라는 단어로 히브리어 '오래아흐'라는 단어가 따로 있다(사사기 19:17). 또한 이주자가 외지인이고 외국인일 경우가 많지만 외국인이라고 해서 모두 이주자는 아니다. '외국인'이라는 단어로 히브리어 '노크리'라는 단어가 따로 있다(사무엘하 15:19). 그리고 타 종교 신봉자가 야웨종교로 개종했다고 해서 이주자의 신분이 벗어지는 것도 아니다.[21]

아브라함에게 가나안 땅으로 이주하라는, 즉 이주자가 되어라는 하나님의 명령을 보면 다음과 같다; "본토 친척 아비 집을 떠나..." (창세기 12:1). 다시 말하면 이주자는 자신의 고향과 친척을 떠나 다른 지역에 정착해서 살기위해 가는 사람을 말한다. 이주자를 받아들이는 입장에서 본다면, 어떤 마을에 원래부터 살고 있지 않은 사람 즉 외지인으로서 가족으로도 관련되어 있지 않는 사람을 말한다. 즉 '게르'를 현대 용어로 번역하기는 힘들지만 굳이 번역해야 한다면 '이민자' 혹은 '이주자'로 번역하는 것이 가장 적합하다고 볼 수 있다.[22] 예를 들어 요셉을 포함한 야곱의 가족이 이집트로 내려가

21_ Jacob Milgrom, "The Alien in Your Midst," *Bible Review* (1995/12) 18.

22_ T. J. Meek, "The translation of Ger in the Hexateuch and its Bearing on the Documentary Hypothesis," *JBL* 49(1930) 172–180; F. A. Spina, "Israelites as *gerim*,

400여년 동안 살았다. 이 때도 그들을 이주자라고 부른다. 이 경우는 **개역개정**의 번역과 같은 '나그네'라는 단어가 적합하지 않다. 오히려 '이주자' 혹은 '이민자'로 불러야 할 것이다. 때로는 같은 동족이라도 이주자가 될 수 있다. 예를 들어 북 이스라엘 왕국이 멸망했을 때 남쪽으로 피난민이 몰려 왔는데 이들을 이주자로 불렀다.[23]

'게르'와 유사한 단어로 히브리어 '토샤브'라는 단어가 있다. 이 단어는 '거류자' 혹은 '우거하는 자'(역대기상 29:15)라고 번역되어 있는데 이주자와 거의 비슷한 의미를 가진다. 다만 사용된 경우를 보면 토샤브는 신분상 '게르'보다 훨씬 더 취약한 것으로 보인다. 토샤브가 '게르'와 비슷한 의미이기 때문에 동의어 반복 현상으로 함께 나타나는 경우가 대부분이다(창세기 23:4; 레위기 25:23, 35, 45, 47, 47; 민수기 35:15; 시편 39:12). 예를 들어 아브라함이 가나안 땅에서 사라의 묘지를 위해 땅을 구입하려고 했을 때 자신을 소개하기를 '게르'요 토샤브라고 소개하였다(창세기 23:4). 다만 '게르'와 토샤브를 구별한 경우는 두 번 나타나는데 도피성에 피할 수 있는 사람을 가리킬 때 이스라엘 백성과 '게르'와 이스라엘 중에 거주하는 토샤브라고 구별하였다(민수기 35:15).[24] 그리고 '게르'는 할례 후에 유월절 음식을 먹을 수 있도록 허용하지만 토샤브는 유월절 음식을 먹지 못하도록 규정하고 있다(출애굽기 12:45). 또한 토샤브는 임

'Sojourners,' in Social and Historical Context," in *The Word of the Lord Shall Go Forth: Essays in honor of David Noel Freedman*, ed C. L. Meyers adn M. C'Connor (Winona Lake, Ind.: Eisenbrauns, 1983) 323–325.

23_ 이스라엘의 이주자에 대한 언급은 모압왕 "메사의 비문(Mesha Inscription)"에서도 찾아볼 수 있다; John R. Spencer, "Sojourner," *ABD*, VI, 103.

24_ 흥미로운 것은 예언자 엘리야가 길르앗에 토샤브로 살았다고 기록되어 있다(열왕기상 17:1).

금 노동자인 사키르와 같이 나타나기도 한다(출애굽기 12:45; 레위기 22:10; 25:6, 40).

2) 이주자의 취약성

함께 살아가는 주위 사람들로부터 차별 대우를 받아야 하는 이주자 신분이 되는 것을 좋아할 사람은 없다. 따라서 이주자가 된다는 것은 피치 못할 사정이 있어서 그렇게 되는 것이다. 가장 흔한 경우는 기근이 발생하여 난민이 되어 다른 지역에 이주자로 전전하는 경우다. 나오미가 그러했고 아브라함도 그러했고 야곱도 기근 때문에 이주자가 되었다. 그 다음 자주 나타나는 경우는 전쟁으로 인해 피난민이 된 경우다(이사야 16:4). 기근으로 난민이 되든 전쟁으로 인해 피난민이 되든 도저히 고향에 살 수 없었기 때문에 떠난 사람들이다.[25]

이주자는 대체로 토지의 상속권이나 소유권이 없는 경우가 많으며 노동자로 일하기 때문에 가난에 시달리는 경우가 많았다. 노동을 해도 본토인이 일하기 싫어하는 힘든 노동을 하는 경우가 많았다. 예를 들어 이주자를 이야기할 때 "나무 패는 자와 물 긷는 자"(신명기 29:10-11)로 불렀다. 또한 이주자는 고용되어 노동을 했는데도 임금을 받지 못하는 경우도 있었다(신명기 24:14-15). 심지어 솔로몬 왕도 이들을 중노동의 부역 현장으로 몰아 부치기도 하였다(대하

25_ D. Kellermann, "גור gur," *TDOT*, Ⅱ, 443.

2:17-18). 솔로몬이 성전을 건축하기 위해 이들을 동원한 것이다. 그래서 스가랴는 이주자와 가난한 사람을 같이 나열하고 있다; "과부와 고아와 이주자와 궁핍한 자를 압제하지 말며..."(스가랴 7:10). 고대 이스라엘 사회에서 가장 약하고 불쌍한 사람들을 가리킬 때 "이주자와 고아와 과부"라고 불렀다. 고아는 물론 가장 불쌍할 수 밖에 없다. 그리고 과부의 경우는 여성의 사회적 처지가 취약하기도 하지만 보호해 줄 남편도 없고 노동력도 약하기 때문에 기본적인 생계를 유지하기 힘든 처지가 되는 것이다. 이들과 마찬가지로 이주자의 처지가 경제적으로 불안하고 절박하다는 것이다.

아주 드물지만 때로는 이주자도 부자가 되어 이스라엘 백성을 종으로 부리는 경우도 있었다(레위기 25:47). 예를 들어 다윗 시대의 헷 족속의 우리아(사무엘하 11:3)나 사울 왕 휘하의 에돔인 도엑의 경우를 들 수 있다(사무엘 상 21:8). 이주자는 원래 상속받을 수 있는 토지(기업)가 없지만 에스겔은 이주자도 토지를 소유하여 대대로 기업(inheritance)으로 상속할 수 있도록 하였다(에스겔 47:21-23).

이주자는 그 지역사회에 소속되어 있지 않은 사람이기에 동등하게 기회가 돌아오지 않고 쉽게 착취당하고 부당하게 취급될 수 있는 사람들이다. 이주자는 권력이 없으며 신분보장을 받지 못하고 정당한 대우를 받지 못하는 경우가 많다. 예언자 에스겔은 이스라엘 백성들이 이주자와 가난한 사람들을 불법으로 학대하였다고 비판하였으며(에스겔 22:29), 이스라엘의 고위관리들이 이주자를 학대하고 고아와 과부를 해하였다고 책망하였다(에스겔 22:7).

이주자의 가장 취약한 점은 신변보호를 받지 못한다는 점이다. 쉽게 약탈 당하고 쉽게 살해 당하며 쉽게 성폭행 당하기 쉬운 약점이 있다. 족장 설화 가운데는 신변보호를 받지 못하는 이주자의 상황을 잘 묘사해 주는 부분이 있다. 아브라함이 기근을 만나 이집트로 갔을 때 그와 그의 가족은 이주자의 신분이었다. 그 때 그는 아내를 아내로 소개하지 못하고 누이라고 소개하였다. 이유는 아내 사라가 너무 아름다워서 아내를 강탈하려고 남편인 자기를 죽일까 염려하여 이러한 말을 했다는 것이다(창세기 12:10-20). 이삭도 비슷하게 불레셋에서 이주자가 되었을 때 자기 아내를 누이로 소개하며 자기의 목숨을 부지하려 했던 설화가 나타난다(창세기 26:1-11).

2. 이주자를 위한 대책

1) 신변보호

신명기 21장에는 들판에서 살인사건이 발생했는데 가해자를 알 수 없는 경우[26] 어떻게 처리해야하는지 그 절차가 제시되어 있다. 이러한 살인사건은 보통 이주자가 살해당한 것으로 추정한다. 왜냐하면 이 살해 사건을 처리하는 과정을 보면 피살된 사람이 주민들과 아무런 관련이 없는 사람으로 나타나기 때문이다.

중요한 것은 이주자가 들판에서 살해 당했을 때, 주민들과는 아무 관련이 없는 사람이라도 주민들은 어느 정도의 책임의식을 느끼

26_ 가해자를 알 수 없는 살인 사건에는 히브리어 단어 '아손'이라는 특수한 단어를 사용한다; Raymond Westbrook, "Lex Talionis and Exodus 21, 22-25," *RB* 93(1986) 52-69; D. Daube, *Studies in Biblical Law* (Cambridge; Cambridge University Press, 1947) 9.

고 대처해야 한다는 것을 강조한 점이다. 피살자가 발견된 지점에서 가장 가까운 마을의 장로들이 이 사건에 대한 적절한 의식을 거행하도록 되어 있다. 즉 멍에를 매지 않은 암송아지를 끌고 오고 장로들과 제사장들이 함께 가서 의식을 거행하는데 골짜기에서 암송아지 목을 꺾고 장로들이 그 암송아지 위에 손을 씻으며 다음과 같이 기도하도록 하였다;[27]

> 우리의 손이 이 피를 흘리지 아니하였고 우리의 눈이 이것을 보지도 못하였나이다. 야웨 주께서 속량하신 주의 백성 이스라엘을 사하시고 무죄한 피를 주의 백성 이스라엘 중에 머물러 주지 마옵소서(신명기 21:7-8).

이 기도와 살해사건 처리에서 발견할 수 있는 것은 이주자가 들판에서 살해당했더라도 가까운 마을의 주민은 죄책감을 느껴야 하고 그 죄를 용서받는 의식을 거행해야 한다는 사실이다. 신변보호 차원에서 보면 이러한 조치는 상당히 소극적이고 사후처리에 불과하지만 이주자의 신변을 보호하는데 있어서 마을 주민들의 책임의식을 불러일으키는 내용이라 볼 수 있다.

이주자의 신변보호 문제는 이스라엘의 조상 아브라함에게로 거슬로 올라가게 한다. 이주자에게는 신변보호가 너무도 중요한 것이기에, 이주자로 출발한 이스라엘 조상에게 약속한 하나님의 약속 내용에도 신변보호 조항이 들어있음을 발견할 수 있다; “너를 축복하

27_ 암송아지 위에 손을 씻는 다는 것은 암송아지 피에 손을 씻는다는 의미로 짐작된다.

는 자에게는 내가 복을 내리고 너를 저주하는 자에게는 내가 저주하리라"(창세기 12:3).

2) 이주자의 신분 보장

현대의 대부분의 나라는 영주권이 있는 이민자의 경우 시민권을 가진 사람과 동등하게 대우해 주지만 투표권은 제한하고 있다. 권한 면에 있어서 이민자와 시민권자 사이에 차이가 있음을 발견할 수 있다. 고대 이스라엘 사회에서도 마을 주민과 이주자사이에는 권한면에 있어서 그리고 신분면에 있어서 차이가 있음을 발견할 수 있는데 시대에 따라 변하고 있다는 사실도 발견할 수 있다.

신명기 법에 의하면 이주자는 이스라엘 공동체의 구성원으로 들어올 수 없다. 그러나 제사장 자료와 성결법전에서는 이주자가 이스라엘 공동체의 구성원으로 들어올 수 있도록 하였다.[28] 이유는 하나님의 땅에 사는 사람은 이스라엘 백성이거나 이주자 모두 하나님의 법을 어길 경우 땅을 오염시킬 수 있기 때문에 이주자에게도 동일하게 법준수를 요구하게 되고 이주자도 이스라엘 백성과 마찬가지의 특권을 부여해 주게 되는 것이다.

자연사한 짐승의 고기를 먹는 사람은 부정하게 된다. 왜냐하면 생명은 하나님의 소유인데 생명인 피가 적절하게 처리되지 않은 고기이기 때문이다. 따라서 이러한 짐승의 고기는 원칙적으로 이스라

28_ Christiana van Houten, *The Alien in Israelite Law* (Sheffield: Sheffield Academy Press, 1991) 162–164.

엘 백성은 먹지 말아야 한다. 신명기 법에 의하면(신명기 14:21) 자연사한 짐승의 고기인 경우 이스라엘 백성은 먹지 못하도록 금하지만 이주자에게는 무상으로 주어 먹을 수 있도록 하였다. 이주자는 무상으로 고기를 얻을 수 있어서 경제적으로는 혜택을 받을 수 있지만 신분상으로는 엄연한 차별을 받게 되는 것이다.

그러나 성결법전의 자료에 의하면 자연사한 짐승의 고기에 관해서는 이스라엘 백성이나 이주자가 동일한 법적용을 받는 것을 볼 수 있다. 제의적인 면에서 신분상 차별을 없앤 것이다. 성결법전은 자연사한 짐승의 고기나 들에서 다른 동물에 의해 찢겨 죽은 짐승의 고기를 먹을 수 있는 길을 터놓았다. 왜냐하면 이러한 고기를 먹는 사람들은 대부분 가난한 사람이나 이주자이기 때문이다. 그러한 고기를 먹으면 부정하게 된다는 것을 알면서도 가난한 사람들이나 이주자가 배가 고파 고기를 먹을 때 다시 정결하게 될 수 있는 길을 열어놓았다. 즉 정결예식을 치르야 하는데 옷을 세탁하고 물로 몸을 씻어야 한다. 그리고 시간적으로는 저녁까지 부정하게 되며 그 이후는 정결하게 된다(레위기 17:15-16). 원래 계약법전에 의하면(출애굽기 22:31) 들에서 다른 동물에 의해 찢겨 죽은 짐승의 고기는 먹지 말고 개에게 던지라고 되어 있다. 그러나 이 보다 후대의 자료인 성결법전은 가난한 사람들이나 이주자를 위해 파격적인 조치를 취한 것이다.

제의적인 면에 있어서 제사장 자료나 성결법전은 이스라엘 백성이나 이주자에게 차별없이 동일한 법을 적용하였다(출애굽기 12:49; 레위기 19:33-34; 224:22; 민수기 15:15-16). 제사장 자료와 성결법전에 의하면 이스라엘 백성과 마찬가지로 이주자도 피있는 채 고기를 먹지 말라라는 명령을 지켜야 한다(레위기 17:10, 12). 그리고 이주자도 이스라엘 백성과 동일하게 번제와 화목제 그리고 소제와 전제도 야웨께 드릴 수 있다(레위기 17:8; 민수기 15:1-16). 또한 이주자가 범죄할 경우에도 이스라엘 백성과 동일하게 법이 적용된다. 그리고 매년 대속죄일에 대제사장이 이스라엘 백성의 공동체를 위해 정화제사(속죄제)를 드려 죄를 제거하게 되는데 이 공동체는 이주자도 포함되는 공동체를 의미한다(민수기 15:22-30). 이주자도 이스라엘 공동체의 구성원으로 인정한다는 것이다.

비록 신명기 법에서 이스라엘 백성과 이주자 사이에 신분상 차별을 두고 있지만 재판의 경우에는 동등하게 재판을 받을 수 있도록 하였으며(신명기 1:16), 계약공동체로 하나님 앞에 설 때에도 이주자는 참여하게 된다(신명기 29:10-12). 또한 신명기 법에는 십계명 가운데 안식일을 지키는 계명을 이주자도 동일하게 지키도록 하였다. 즉 동일하게 아무 일을 하지 않도록 하였다(출애굽기 20:13; 신명기 5:14). 계약법전에는 안식일이 노예와 이주자를 배려한 것임을 강조하고 있다. 즉 안식일에 일하지 않기 때문에 중노동하던 이주자가 안식일에 한 숨 돌릴 수 있게 된다는 것이다(출애굽기 23:12).

그리고 장막절을 비롯해서 오순절 등 기쁨으로 잔치를 벌이는 절기를 지킬 때에는 신명기 법에 의하면 이주자도 함께 즐거워하며 참여하도록 하였다(신명기 16:1-14). 제사장 자료나 성결법전에서는 차별없이 동등하게 지키도록 하였다. 제사장과 성결법전에 의하면 이주자도 무교절을 지키도록 하였고(출애굽기 12:19), 유월절도 지킬 수 있도록 하였으나 반드시 할례를 받도록 하였다(출애굽기 12:48-49). 대속죄일에는 이스라엘 백성과 동일하게 이주자도 회개 의식에 참여하도록 하였고(레위기 16:29) 범죄를 저지르지 않도록 하였다(레위기 18:26; 20:2; 22:18; 24:16, 22).

그러나 성결법전에도 이주자의 신분이 완전히 이스라엘 백성과 동등하게 인정되는 것은 아니었다. 예를 들어 이스라엘 사람은 이스라엘 노예를 사지 못하도록 하였으나 이주자 가운데는 노예를 살 수 있도록 하였다(레위기 25:45).

3) 이주자를 위한 경제적 대책

이주자 뿐 만 아니라 가난한 사람들을 위한 경제적 대책은 주로 세가지로 나누어 볼 수 있다. 추수 때 베푸는 것과 십일조를 나누는 것 그리고 안식년 때 나누는 것 등으로 구분할 수 있다.

추수 때 이주자를 포함한 가난한 사람들을 위해 배려하는 것에는 신명기 법이나 성결법전이 같은 목소리를 내고 있다(신명기 24:19-21; 레위기 19:9-10; 23:22);

> 너희 밭에서 추수할 때 너는 밭 귀퉁이까지 추수하지 말아야 한다. 너는 추수한 후의 이삭을 줍지 말아야 한다. 너는 네 포도원의 열매를 모두 따지 말아야 하고 떨어진 포도를 줍지 말아야 한다. 가난한 사람과 이주자를 위해서 그들을 버려 두어야 한다. 나는 너희 하나님 야웨다(레위기 19:9-10).

추수 때 베푸는 이러한 배려에는 가난한 사람과 이주자의 인격을 존중해 주는 면이 있다. 즉 거지에게 주듯 양식을 건네주는 것이 아니라 가난한 사람들과 이주자가 스스로 밭에 나가서 수확할 수 있도록 하여 그들이 최소한의 자존심을 지킬 수 있도록 배려한 것이다. 신명기 법에 의하면 농사를 지어 처음 열매를 거두었을 때 하나님께 감사의 제사를 드리게 되는데 이 때 그 성중에 있는 레위인과 이주자가 함께 참여하여 먹고 즐거워하게 하였다(신명기 26:1-11).

이주자를 도우는 두 번째 방법은 십일조를 통해서 도우는 것이다. 신명기 법에는 매년 드리는 십일조가 있을 뿐 아니라 매 삼년마다 드리는 십일조가 있다. 삼년째 되는 이 해에는 성중에 그 십일조를 저축하였다가 토지나 상속받을 재산이 없는 레위인과 고아와 과부와 이주자가 배부르게 먹을 수 있도록 하였다(신명기 14:28-29; 26:12).

세 번째 이주자를 돕는 방식은 안식년을 통해서다. 안식년은 매 칠년마다 지키는 것으로 그 해에는 농사를 짓지 않고 밭을 묵혀두게 된다. 이 때 그 밭에서는 씨앗을 뿌리지도 않았지만 자생적으로 자란 곡식이 있는데 이것을 이주자와 가난한 사람이 자유롭게 수확할 수 있도록 배려하는 것이다. 이 때는 심지어 들짐승까지 그 곡식과 열매를 먹을 수 있도록 배려한다(출 23:10-11 레위기 25:1-7).[29]

사실 경제적인 면에서 이주자를 위한 근본적인 대책을 세운다면 그것은 토지를 소유할 수 있도록 돕는 방식이다. 바벨론 포로 시대의 예언자인 에스겔은 미래의 청사진 속에 이러한 근본적인 대책을 포함시켰다. 즉 이주자도 이스라엘 백성과 마찬가지로 기업 즉 토지를 소유할 수 있도록 하였다. 이 때 이주자는 소속된 이스라엘 지파에서 그 토지를 분배받도록 하였다(에스겔 47:21-23). 그리고 바벨론 포로후기에는 이주자가 토지를 소유하고 살아가는데 있어서 법적인

29_ C. J. H. Wright, "What Happened Every Seven Years in Israel? Old Testament Sabbatical Institutions for Land, Debts and Slaves; Part Ⅰ," *EvQ* 56(1984) 129–138.

문제는 없었다.[30] 그러나 경제적인 약자인 이주자가 토지를 소유한다는 것은 상당히 어려웠다.

4) 이주자에 대한 압제를 금지하는 내용들

이주자를 압제하지 말라 라는 명령은 신명기 법이나 제사장 자료나 성결법전 그리고 예언서에 이르기까지 성서 전편에 걸쳐 자주 나타나는 명령이다. 이주자와 고아와 과부의 재판을 억울하게 하는 경우 저주를 받게 된다고 하였고(신명기 24:17; 27:19), 예레미야는 성전설교에서 이주자와 고아와 과부를 압제하지 말라고 설교하였다(예레미야 7:6). 또한 예레미야는 유다 왕실에서 선포하기를 공평과 정의로운 일이란 이주자와 고아와 과부를 압제하지 않는 것이라고 선포하였으며 이 명령을 어길 경우 왕실이 폐허가 된다고 예언하였다(예레미야 22:3-5). 예언자 스가랴는 과부와 고아와 이주자와 궁핍한 자를 압제하지 말라고 하였다(스가랴 7:10). 그리고 악인을 묘사하기를 악인이란 바로 과부와 이주자를 죽이며 고아를 살해하는 자라 하였다(시편 94:6).

이주자를 압제하지 말라라는 명령에는 이주자에 대한 하나님의 관심이 핵심적인 동기로 자리잡고 있다; "너희 하나님 야웨는...고아와 과부를 위하여 신원하시며 이주자를 사랑하사 그에게 식물과 의복을 주시나니"(신명기 10:17-18). 시편에도 이주자와 약자에 대한

30_ Donald E. Gowan, "Wealth and Poverty in the Old Testament: The Case of the Widow, the Orphan and the Sojourner," 345.

야웨의 관심이 표현되어 있다; "야웨께서 이주자를 보호하시며 고아와 과부를 붙드시고 악인의 길은 굽게 하시는도다"(시편 146:9). 그리고 이주자로 살아왔다는 이스라엘의 독특한 역사인식이 또한 그 바탕에 배어있다; "너는 이주자를 압제하지 말며 그들을 학대하지 말라. 왜냐하면 너희도 이집트 땅에서 이주자로 있었기 때문이다"(출 22:21; 23:9).

5) 이주자를 위한 대책에 대한 평가

S. A. Kaufman은 고대 이스라엘 사회에 이주자를 포함한 약자를 위한 사회보장제도가 제대로 구축되어 있는지 의심스럽다는 주장을 제기하였다.[31] 그리고 Mark Sneed는 구약성서에 나타난 약자에 대한 대책이 하나의 이데올로기나 수사학적 표현에 불과하다고 하면서 지도층의 이데올로기를 반영하고 있다고 주장하였다. 선언적인 말은 있으나 실제적으로 이주자를 보호하고 이주자를 도와 정착하게 하는 장치가 부족하다는 점이다. 특히 왕이 나서서 국가적으로 이주자에 대한 대책을 강구하거나 이주자에게 피해를 주었을 때 분명한 형벌이 가해진다는 명문화된 법조항을 발견하기 어렵다는 점을 지적하였다. 그리고 십일조로 이주자를 돕거나 추수 때 이주자를 돕는 방식도 왕이나 지배층이 나서는 것이 아니라 지방의 토지 소유자들

31_ S. A. Kaufman, "A Reconstruction of the Social Welfare System of Ancient Israel," in *In the Shelter of Elyon: Essays on Ancient Palestinian Life and Literature in Honor of G. W. Ahlsltröm*, ed. W. B. Barrick and J. R. Spencer, JSOTSup. 31 (Sheffield: JSOT Press, 1984) 277–86.

이나 일반 백성에게 의무를 부과하는 방식이라고 지적하였다.[32]

이러한 비판은 일견 타당하게 보일지 몰라도 성서의 진정한 종교적 목적을 염두에 둘 때 설득력이 부족하다. 물론 성서에 예루살렘의 제사장이나 예루살렘 성전을 중심으로 왕실을 포함한 지배층의 이데올로기가 반영되어 있다는 것을 부인할 수 없지만, 성서의 목적이 이들을 포함한 광범위한 하나님의 공동체를 위한 메시지라는 사실을 주목해야 한다. 이데올로기를 이야기한다면 때로는 반왕조적 이데올로기도 성서에 들어있는 것을 보아야 한다(사사기 9:8-15, 요담의 우화).

만일 성서가 육법전서라면 이주자를 포함한 약자를 돕고 이들을 학대하지 말아라는 내용에 포상조항이나 형벌조항이 없을 때 실효성에 의문을 표시할 수 있다. 그러나 성서는 육법전서가 아니다. 그리고 야웨종교가 사법권을 쥐고 있었기 때문에 성서의 권위가 있었던 것도 아니다. 종교의 권위는 사법권보다 더 높은 곳에서 나온다.

실제 고대 이스라엘 사회는 단일종교만 있는 사회가 아니었다. 심지어 예루살렘 성전과 유다 왕실에서도 다종교 상황이 전개되는 때도 있었다. 포로기 이전 왕국시대에는 야웨 종교의 경전이 완성되지도 않았고 일부가 있었다고는 하나 그 경전만 그 사회의 표준이 아니었던 것이다. 그리고 율법과 예언자의 말을 하나님의 말씀으로 받아드리는 사람들은 왕실과 지배층도 있었지만 오히려 일반백성들이 더 많았다. 따라서 성서기자는 일반청중을 중심으로 메시지를 정리할 수 밖에 없었을 것이다.

32_ Mark Sneed, "Israelite Concern for the Alien, Orphan, and Widow: Altruism or Ideology?" ZAW 111(1999) 506.

이러한 상황에서 정리된 메시지라면 그것은 법조항이 아니라 법정신이며 공동체 전체를 위한 종교적 목표가 핵심이 되어있는 메시지이다. 이주자를 돕는 행동이 포상조항이나 형벌조항과 관계없이 종교적으로 동기유발이 되어 일어나기를 기대하는 것이다. 이러한 의미에서 구약성서의 이주자를 위한 대책은 종교적 목적에 충실한 실제적인 대책이라 볼 수 있다. 성서는 이주자를 위한 대책보다 더 긍정적인 목표를 제시하고 있다. 즉 이주자를 사랑하라는 명령을 내리고 있다. 예수는 구약성서의 핵심을 하나님 사랑과 이웃 사랑으로 요약하였다. 이웃 사랑이란 포괄적인 의미에서 사람을 사랑하는 것이라 할 수도 있지만 고대 이스라엘 사회에서는 이웃이 이주자나 약자와는 구별되는 단어로 사용되었다. "네 이웃을 네 몸과 같이 사랑하라"는 명령은 레위기 19장 18절에 나타나는데 이 때 이웃은 히브리어 '레아'라는 단어로 나타난다. 이 때 이웃은 주위에 같이 살아가는 동네사람이나 친구 혹은 폭을 넓히면 함께 살아가는 자기 백성을 가리킨다. 그리고 같은 장 34절에 "너는 이주자를 네 몸과 같이 사랑하여야 한다"고 명령하고 있다. 신명기에도 "너희는 이주자를 사랑하라"(신명기 10:19)는 명령이 나타난다.[33] 이주자를 사랑하라고 명령할 때 그 근거로는 이스라엘 백성이 외국 땅에서 이주자 되었을 때 하나님의 보호를 받은 것을 들고 있다. 대표적인 것이 이집트에서 이주자 생활을 하고 있었을 때 하나님이 이스라엘 백성을 구출했던 사건이다(신명기 10:19; 레위기 19:33-34). 이주자를 사랑하라는 구

33_ 사랑의 폭이 가장 넓은 것은 "작은 자" 사랑이다. "작은 자"는 약한 사람을 가리키는데 출신과 국적을 불문하고 그 사회의 약자를 가리킨다. 예수는 약한 사람이면 그 누구에게도 사랑을 베풀라고 가르쳤다(마태복음 22:39–40; 마가복음 12:31; 누가복음 10:25–27).

절은 이주자를 단순히 보호하고 도와준다는 개념에서 한걸음 더 나아가 가족이나 이웃처럼 사랑하여 공동체의 진정한 구성원으로 함께 지내라는 하나님의명령이다.[34]

3. 이스라엘의 정체성과 이주자의 역할

이스라엘 백성이 약속의 땅에서 정착하여 살 때에 매년 처음으로 추수한 것을 하나님께 바칠 때는 다음과 같이 하나님께 고백하도록 하였다;

> 내 조상은 유리하는 아람 사람으로서 소수의 사람을 거느리고 이집트에 내려가서 거기 우거하여 필경은 거기서 크고 강하고 번성한 민족이 되었더니... (신명기 26:5).

"유리하는 아람 사람"이란 아람 즉 시리아에서 온 이주자라는 뜻이다. 야곱이 시리아에 있던 외삼촌 라반의 집에서 머슴으로 살다가 이스라엘 땅으로 왔고, 아브라함이 시리아 지역 하란에서 이주자로 왔으니 이스라엘의 조상들이 시리아에서 온 이주자라는 고백이 올

34_ Jacob Milgrom, "The Alien in Your Midst," 18.

바른 고백이다. "이집트에...우거하여"라는 구절에서 발견할 수 있듯이 야곱과 요셉이 이집트에 가서 거주했던 기간을 이주자의 삶이라 고백하고 있다. 한마디로 이 고백은 이주자로 살던 사람들이 하나님의 은혜로 약속의 땅에 정착하여 이렇게 풍성한 추수를 할 수 있게 되었다고 감사와 찬양을 드리는 고백이다.

이스라엘 백성은 자신들의 뿌리를 이주자라고 고백할 뿐 아니라 자신들의 역사 가운데 가장 중요한 부분도 이주자로 살았을 때 일어났다고 고백한다. 즉 이주자로 살았던 이집트에서의 탈출 사건과 하나님으로부터 광야에서 율법을 받고 훈련을 받은 그 모든 일들이 이주자로 살았을 때 일어났다고 고백한다.

그리고 정착해서 살아가는 동안에도 언제나 이주자의 삶을 회상하고 삶의 방향을 올바르게 수정하도록 충고한다. 이러한 연유에서 이스라엘 백성은 이주자에게 특별히 관심을 표명하고 있으며 자신들도 이주자의 삶 가운데 긍정적인 부분이 있음을 인정하는 것이다. 이러한 경향은 레갑자손에 대한 시각에서도 찾아 볼 수 있다.

유다 왕 여호야김 왕 때 예레미야를 통해 알려진 레갑 족속에 대한 것은 예레미야 35장에 기록되어 있다. 레갑 족속은 조상인 요나답의 명령을 자손대대로 순종하였다. 그 명령의 내용은 다음과 같다; "...영영히 포도주를 마시지 말며, 집도 짓지 말며 파종도 하지 말며 포도원도 재배치 말며 두지도 말고 너희 평생에 장막에 거처하라"(예레미야 35:6-7). 이 명령의 핵심은 레갑 족속이 정착하여 농사짓는 생활을 하지 말고 이주자의 생활을 유지하라는 것이다. 그리고 포도주를 마시지 말라는 명령이다. 레갑 족속이 조상의 명령을 지키는 이러한 모습이 이스라엘 백성에게 신선한 충격을 주었다. 하나님은 레갑 족속이 조상의 명령이라도 이렇게 성실히 지키는데 이스라엘 백성은 하나님 자신의 명령을 소홀히 하고 지키지 않는다고 질책하였다(예레미야 35:16). 물론 이 사건의 경우에는 말씀에 대한 순종 여부에 초점을 두고 있지만 저변에 감춰져 있는 것은 이주자의 삶에 대한 긍정적인 시각이다. 그리고 이주자가 그 사회의 하층계급으로서 그 사회의 부담을 주는 존재만은 아니라 오히려 그 사회를 개혁하는 신선한 요인을 제공하는 경우가 될 수 있다는 메시지도 찾아볼 수 있다.

이주자의 개념이 이스라엘의 정체성 확립에 결정적인 영향을 미친 것은 이주자의 개념을 신학적으로 활용한 것에서 발견할 수 있다. 즉 자신들을 하나님의 소유인 이스라엘 땅에서 살아가는 이주자라고 고백하는 부분이다. 레위기와 시편에는 다음과 같은 내용이 나타난다;[35]

> 땅을 아주 팔아서는 안된다. 왜냐하면 그것은 나(야웨)의 소유이기 때문이다. 너희는 나의 이주자(게르)요 우거자(토샤브)일 뿐이다(레위기 25:23).

> 나는 주께 이주자(게르)가 되고 우거자(토샤브)가 됨이 나의 모든 열조같으니이다(시편 39:12).

이주자와 동일한 어근인 단어 가운데 '므고르'라는 단어가 있다. 이 단어는 "이주자로 살아가는 장소" 혹은 "거주하는 장소"라는 뜻

35_ "주 앞에서는 우리가 우리 열조와 다름이 없이 이주자(게르)와 우거자(토샤빔)라 세상에 있는 날이 그림자 같아서 머무름이 없나이다"(역대기상 29:15).

이다. 성서에는 이 단어를 사용하여 이 땅에서의 삶이 이주자의 삶이라는 표현을 하고 있다. 하나님은 아브라함에게 약속의 땅을 선물로 줄 때도 그 땅을 "이주자의 땅"이라 불렀다(창세기 17:8). 야곱은 이집트 왕 앞에서 자신의 평생 길이 험악하다고 이야기 할 때 자신의 평생 살아온 날들을 "나의 이주자의 세월"이라고 표현하였다(창세기 47:9). 이 세상에서 살아가는 평생을 이주자의 삶이라는 표현은 시편에서도 찾아 볼 수 있다; "나의 이주자의 집에서 주의 율례가 나의 노래가 되었습니다"(시편 119:54).

4. 결론

고대 중동에서는 약자에 대해 이야기할 때 고아와 과부에 대해 이야기 하지만 고대 이스라엘에서는 특이하게 이주자를 포함시켜 이야기하며 특별히 이주자에게 관심을 집중시키고 있음을 발견할 수 있다. 이러한 면을 주목하면서 본 논문은 고대 이스라엘에 살았던 이주자의 정체를 규명하였고 이주자에 대한 대책에 대해 분석하였으며 이주자의 이미지가 이스라엘의 정체성 확립에 미친 영향에 대해 연구하였다.

히브리어 '게르'는 일반적으로 '나그네'로 많이 번역된 단어인데 다양한 의미가 포함되어 있다. 굳이 번역한다면 '이주자'로 번역하는 것이 적합하나 본 논문에서는 히브리어를 음역하여 계속 이주자로 사용하였다. 이주자와 비슷한 의미의 단어로는 토샤브를 들 수 있다.

이주자는 고향과 가족과 친척을 떠나 다른 낯선 지역으로 이주하여 살아가는 사람들이기에 신변에 위험이 많고 차별 대우를 받는 등 신분보장이 되지 않으며 토지를 소유하기 어렵기 때문에 경제적으로도 가난할 수 밖에 없다. 따라서 이주자는 쉽게 착취당하고 유린되며 폭행당하고 압제를 견디며 살아가게 되는 것이다. 따라서 고대 이스라엘 사회에서는 그 사회에서 가장 불쌍하고 약한 존재들을 이야기 할 때 "고아와 과부와 이주자"라고 말하곤 하였다.

취약한 위치에 있는 이주자를 위해 고대 이스라엘에서는 대책을 제시하였는데 다분히 종교적이며 도덕적 선언으로 구성되어 있다. 이주자의 신변보호에 대해서 공동체가 책임의식을 느껴야 한다는 선언에서 시작하여 이주자를 제사와 축제에 참여시키고 다소 차별은 두지만 공동체의 구성원으로 인정하는 수준에까지 이르고 있음을 발견할 수 있었다. 그리고 경제적인 대책으로는 추수 때 서로 나누며 십일조를 내어 도와주고 안식년 때 이주자가 도움을 받을 수 있도록 하였다.

고대 이스라엘 백성의 경전인 구약성서는 이웃을 사랑하라는 지상명령에서 한걸음 더 나아가 이주자를 사랑하라는 명령을 하고 있다. 이러한 파격적인 명령을 할 수 있고 이주자에 대해 긍정적으로 관심을 깊이 표명하게 된 이유는 이스라엘 백성의 종교와 그들의 특수한 역사인식에서 찾아 볼 수 있다. 즉 이스라엘 백성은 자신들을 이주자의 후예로 고백하며 자신들이 하나님의 소유인 이스라엘 땅에서 이주자로 살아가는 사람들이라고 고백하고 있었기 때문에 이주자에 대해 특별한 관심을 표명한 것이다.

Ⅱ. 고대 이스라엘의 귀환 이주자

최근 다문화사회에 대한 연구를 살펴보면 이주자에 대한 관심이 주류를 이루고 있다. 이것은 세계적으로 이주자의 증가 속도가 빠르다는 것과 연관성이 있다. 그런데 이러한 이주자의 증가와 더불어 나타나는 또 다른 현상은 귀환 이주자도 증가하고 있다는 사실이다. 귀환 이주자가 증가하는 또 다른 이유는 이주와 귀환 이주가 반복되는 경우가 늘어나기 때문이다.

또한 외국인 160만 명 시대를 맞이한 한국 사회는 외국인들의 한국 이주 뿐 만 아니라 그들의 귀환 이주라는 현상을 동시에 감안해서 살펴야 다문화 사회에 대한 대안을 제시할 수 있을 것이다.[36] 한국에 온 이주자 가운데는 귀환 이주를 목표로 하면서 이주생활을 하고 있는 숫자가 상당하기 때문이다. 그리고 귀환할 때 금의환향할 수 있다는 희망은 이들의 이주생활을 지탱해가는 원동력으로 작용하고 있기도 하다.

한국의 경우, 역사를 살펴보면 이주와 더불어 귀환 이주가 뚜렷한 위치를 차지하고 있음을 발견할 수 있다. 고대 한국 역사에서 현

36_ 외교통상부 자료에 의하면 2010년 5월 31일 현재 외국인 총 체류자 숫자는 1,187,377명이다.

대에 이르기까지 수많은 전란을 겪은 한국 역사에 이주 혹은 포로와, 귀환 이주 혹은 귀환이라는 현상은 반복되는 사건들이었으며 현재에도 귀환 이주 문제는 당면과제 이기도 하다.

이러한 한국의 현실적인 문제를 바라보면서 구약에 나타난 귀환 이주에 대해 연구하고자 한다. 이제까지 구약연구 동향을 살펴보면 '이주'가 주목을 받았을 뿐 '귀환 이주'를 주제로 채택하는 경우가 드물었다.[37] 다만 구약에 나타난 귀환 이주 사건을 연구할 때 바벨론으로 포로 혹은 강제 이주 당했던 이주민들이 페르시아의 등장으로 주전 538년부터 귀환한 사건을 대표적인 사건으로 들면서 연구할 뿐이었다. 그러나 그 이전에도 이스라엘 역사에는 이주와 귀환 이주가 반복되어 나타나 있으며, 이러한 경험이 바탕이 되어 구약에는 소위 '귀환 이주'라는 주제가 중요한 모티프로 자리잡고 있음을 발견할 수 있다.

특히 출애굽 사건을 귀환 이주 사건으로 볼 수 있는데, 이렇게 본다면 출애굽기에서 여호수아까지의 내용 전체를 귀환 이주 사건으로 설명할 수 있다. 그 가운데 시내산 전승단락은 귀환 이주를 위해 준비하는 가르침이라 할 수 있으며, 신명기는 모세가 귀환하는 이스라엘 백성들을 준비시키는 내용으로 구성되어 있다고 할 수 있다. 페르시아 시대 때 귀환 이주한 사건을 중심으로 살펴보면, 에스겔과 제2이사야(사 34-35장; 40-55장)는 귀환 이주를 위해 준비한 것이라 할 수 있다. 그리고 이 귀환 이주를 배경으로 기술된 된 것이 에스

37_ 강성열, "구약성서의 이주민 신학과 한국사회의 다문화 가정," **한국기독교신학논총** 제62집 (2009년 4월), 5-33쪽; 이태훈, "구약의 외국인 복지," **구약논단** 제27집 (2008), 70-88; 정중호, "고대 이스라엘 사회의 게르에 관한 연구," 「사회과학논총」 제23권 1호(2004), 511-525.

라, 느헤미야, 제3이사야(사 56-66장), 학개, 스가랴, 말라기, 역대기상, 역대기하 등이라 할 수 있다.

본 장의 목적은 한국의 다문화 사회 문제로 떠오르고 있는 '귀환 이주' 문제를 주목하면서, 왜 '귀환 이주'가 구약에서 중요한 주제로 나타나고 있는지 그 이유를 밝히려는 것이다.

1. 정체성 확립과 토지에 대한 권리 주장

귀환 이주자와 이주자는 여러 면에서 차이를 보이고 있지만 가장 큰 차이는 토지에 대한 권리다. 이주자는 처음부터 토지에 대한 권리가 없지만 귀환 이주자는 토지에 대한 권리를 가지고 있는 사람들이다. 비록 귀환 했을 때 토지에 대한 분쟁이 있을 수 있지만 근본적으로 토지에 대한 권리를 인정받는 사람들이다.

아브라함에게는 가나안 땅이 하나님께서 약속해 주신 땅이었지만(창 12:7) '이주자의 땅'이었다(창 17:8).[38] 그러나 기근으로 인해 이집트에 이주했다가 돌아왔을 때 아브라함은 귀환 이주자였다. 하지만 유목민으로 살고 있었기에 토지에 대한 권리를 주장하기에는 무리가 있었다. 그래서 아브라함이 헷사람 에브론에게서 은 400세겔을 주고 마므레(헤브론)의 막벨라 굴과 밭을 구입하여 사라의 묘지

38_ 야곱도 이집트 왕 앞에서 자신의 평생 길이 험하였다고 이야기 할 때 자신의 평생 살아온 날들을 "나의 이주자의 세월"이라고 표현하였다(창 47:9).

로 삼았다(창 23:1-20). 이삭과 야곱 모두 귀환 이주자였지만 유목민으로 살아갔기에 토지에 대한 권리를 주장한 흔적을 찾아볼 수 없다. 그러나 반복해서 하나님께서 족장들에게 가나안 땅을 기업으로 주신다는 약속을 강조하였다(창 13:15; 15:7; 17:8). 그리고 막벨라 굴에 아브라함과 사라, 이삭과 리브가, 야곱과 레아 등의 족장들을 장사지냈다(창 49:31). 다만 요셉은 세겜에 장사지냈다. 이 땅은 야곱이 세겜의 아버지 하몰의 자손에게 금 일백 개를 주고 구입한 땅이었다(수 24:32).

귀환이주자로서 토지에 대한 권리를 주장하는 가장 중요한 사건은 출애굽의 경우이다. 출애굽전승은 이스라엘 건국에 바탕을 이루고 있는 중요한 전승이며 가나안 땅의 소유권을 주장할 수 있는 귀환 이주자의 전승이다.

고고학 자료를 검토해보면 출애굽한 집단이 그리 큰 집단이 아니었음을 알 수 있다.[39] 팔레스타인 지역에 큰 변동이 일어나고 이동성이 높아진 때는 청동기 시대에서 철기시대로 넘어가는 시기였다. 청동기 시대 때는 이 지역을 이집트가 통치하고 있었지만 주전 13세기 후반에 철기로 무장한 해양족속이 밀려오면서 지중해 연안 지역에 있던 주민들이 내륙 산간지대로 밀려 올라갈 수밖에 없었다.[40] 아마도 단지파가 지중해 연안에서 갈릴리 이북으로 이동한 것이 이 시기였으리라 짐작된다. 그리고 이스라엘이라는 집단이 형성된 것도 이

39_ J. Weinstein, "Exodus and Archaeological Reality," Ernest S. Frerichs, Leonard H. Lesko, William G. Dever (eds.) *Exodus: The Egyptian Evidence*, (Eisenbrauns, 1997) 87–103쪽.

40_ J. M. Miller and J. H. Hayes, *A History of Ancient Israel and Judah* (Westminster John Knox Press, 2006), 77–79.

러한 요인이 큰 요인이었을 것으로 여겨진다. 고고학 조사를 통해 발견한 것은 이 산간지대에 주전 13세기에는 25개 정도의 부락을 확인할 수 있지만 주전 12세기에는 그 수가 급격히 증가하여 300여개의 부락을 발견할 수 있었다.[41] 주로 100-300명 규모의 부락이었으며 총 인구는 75,000명 정도로 추산할 수 있는 규모였다. 이러한 규모는 주전 1207년 경의 기록인 메르넵타 스텔라(Merneptah Stela)의 기록으로도 확인할 수 있는데 이 비문에 의하면 이미 '이스라엘'이라는 집단이 팔레스틴 중안 산간지대에 크게 자리잡고 있었음을 알 수 있다; "이스라엘은 황폐되었고, 그의 씨앗은 없어졌네".[42] 그리고 이러한 부락을 조사해 보면 이집트의 영향을 찾아보기 힘들고 주로 주전 13세기 이전부터 있었던 팔레스틴의 문화가 계속되고 있는 것을 보아 이스라엘이 출애굽 집단으로만 채워진 것이 아니었음을 알 수 있다.[43] 이스라엘의 기원이 동서남북 여러 지역에서 들어 온 이주민과 연결되어 있다는 것은 구약 여러 곳에서 발견할 수 있다.[44]

이스라엘 사람 전체 가운데 이집트에서 귀환한 이주자가 소수였음에도 불구하고 팔레스틴 산간지역의 이스라엘 사람들은 출애굽 전승을 자신들의 전승으로 받아들여 이스라엘의 정체성을 확립하였

41_ William Dever, "이스라엘과 가나안인을 어떻게 구별할 수 있을까?" Hershel Shanks 등 편집, **고대 이스라엘의 기원**, 강승일 옮김 (서울: 한국신학연구소, 2008), 71–72.

42_ *ANET*, 378. 메르넵타의 전쟁은 이 비문이 기록되기 5년 전인 주전 1212년에 일어났다. Hershel Shanks, "과연 무엇이 문제인가? 현재까지 알려진 사실들," Hershel Shanks 등 편집, **고대 이스라엘의 기원**, 강승일 옮김 (서울: 한국신학연구소, 2008), 33.

43_ William Dever, 윗글, 85–87.

44_ 예루살렘의 경우 그 기원이 가나안 사람들이었다는 것은 다음의 기록으로도 짐작할 수 있다; "주 야웨께서 예루살렘에 대하여 이같이 말씀하시기를, 네 근본과 태어난 땅은 가나안이요 네 아버지는 아모리 사람이요 네 어머니는 헷 사람이다"(겔 16:3).

다. 즉 귀환 이주자로서 가나안 땅의 소유권을 분명하게 천명한 것이다. 가나안 땅은 야웨 하나님께서 이스라엘 백성에게 기업으로 분배해 준 땅이라는 것이다. 특히 이집트의 압제와 블레셋의 침략으로 이스라엘은 자체적인 결속을 단단히 하였는데 그 핵심에는 야웨종교와 연결된 출애굽 전승이 자리잡고 있었다. 결국 귀환 이주자로서의 정체성이 이스라엘의 정체성이 된 것이다.

가나안 지역에 대한 이집트의 압제에 관한 기록은 이집트 왕 투트모세 3세(주전 1479-1425)부터 라암세스 3세(주전 1186-1154)와 라암세스 4세(주전 1154-1148)에 이르기까지 많은 기록을 발견할 수 있다. 특히 라암세스 3세에 대한 기록을 보면 가나안 지역에서 잡아온 전쟁 포로에 대한 기록을 발견할 수 있다;

> 나는 내 칼이 살려 둔 수많은 포로들, 그들의 손을 말에 묶어 끌어온 수만명의 포로들과 그들의 처자식들, 그리고 수십만의 가축들을 끌고 왔다.... 나의 이름으로 문신을 새겼다....[45]

이 뿐 만 아니라 가나안 지역 주민들을 이집트로 강제 이주 시킨 기록을 찾아 볼 수 있으며, 라암세스 2세 시대에는 아프리카에 있는 리비아 사람들을 가나안 지역에 강제 이주 시킨 기록도 찾아 볼 수 있다.[46]

45_ *Harris Papyrus Ⅰ*, "Slaves," 204-205.

46_ Donald B. Redford, *Egypt, Canaan, and Israel in ancient times*, (Princeton: Princeton University Press, 1993), 164, 207-209 ; E. Bresciani, "Foreigners," Sergio Donadoni (ed.),

이처럼 수많은 사람들이 이집트에 포로로 잡혀갔고 빚을 갚지 못해 노예로 팔려간 기억을 중앙 산간지대 이스라엘 사람들은 공유하고 있었다. 이러한 상황에서 이집트에서 노예로 압제받던 집단이 탈출하여 팔레스틴 땅으로 귀환 이주하였다는 출애굽 전승은 중앙 산간지대에서 이집트의 압제를 당하고 있었던 이스라엘 사람들에게는 큰 힘이 되었고 그들의 정체성 확립에 핵심적인 것이 되었다.[47]

귀환 이주자로서 토지에 대한 권리를 주장하는 또 다른 사건은 페르시아 시대의 귀환사건이다. 유다가 멸망당할 때, 바벨론 왕 느부갓네살이 예루살렘을 침공하여(주전 597, 586) 바벨론으로 포로 혹은 강제 이주시킨 숫자는 약 4,600명이었다(렘 52:28-30).[48] 그런데 주전 538년부터 페르시아에서 귀환한 수는 약 5만 명(스 2:64-67)으로 기록되어 있다. 과연 귀환한 이주자가 이렇게 많았을까? 불과 반세기 동안인데 인구가 10배 이상 불어날 수 있었을까? 예루살렘을 발굴한 결과 페르시아 시대에 예루살렘은 겨우 500명 정도 거주했을 공간밖에 없는 작은 성이었음을 알 수 있다.[49] 그리고 당시 유다는 예루살렘을 중심으로 하는 소규모 집단이었다. 따라서 귀환 이주자의 숫자도 소수였다는 것을 알 수 있다.

더구나 한꺼번에 돌아 온 것이 아니고 여러 차례에 걸쳐서 돌아

The Egyptians, (Chicago: The University of Chicago Press, 1997), 235.

47_ Ronald Hendel, "The Exodus in Biblical Memory," *JBL* 120, No. 4 (Winter, 2001), 608.

48_ 바벨론에 강제 이주당한 수가 열왕기하에도 나타나지만(왕하 24:12-16), 예레미야에 나타나는 숫자가 더 구체적이고 정확한 것으로 판단할 수 있다(렘 52:28-30). 정중호, **이스라엘 역사** (서울: 대한기독교서회, 1994) 255.

49_ Israel Finkelstein, "Archaeology and the list of returnees in the books of Ezra and Nehemiah," *PEQ* 140, 1 (2008), 7.

왔다. 느헤미야가 돌아와 예루살렘 성을 재건하였고, 에스라가 돌아와서 개혁을 단행하였다.[50] 유대인들이 귀환 이주에 적극적으로 참여하지 않은 이유를 살펴보면, 첫째, 이주지인 메소포타미아 지역에 이미 생활 기반을 마련하였는데 그것을 버리고 귀환 이주한다는 것은 어려운 일이었다. 둘째, 이미 이주 2-3세대가 되어 이주지의 문화에 적응하고 이주지의 언어를 사용하고 있는 상황에서 굳이 귀환할 이유를 찾지 못했기 때문이다. 다만 귀환 이주를 최고의 목표로 삼고 있었던 야웨 종교에 투철한 사람들, 페르시아의 후원을 받아 보다 나은 장래가 보장된 사람들, 그리고 페르시아 원정군대에 참가하였다가 유대 땅에 정착한 사람들과 페르시아의 혼란으로 피난해야 했던 사람들이 귀환 이주 대열에 동참하였다. 귀환의 계기가 된 사건들을 살펴보면 예루살렘 성전 재건을 위해 페르시아에서 파견되었을 때, 캄비세스의 이집트 원정 때(주전 525), 그리고 왕위 계승문제로 쿠데타와 내전이 일어났을 때 귀환 이주를 하게 되었다.[51]

이처럼 귀환 이주자의 숫자가 이스라엘 백성 전체 가운데 소수였음에도 불구하고 구약은 귀환 이주자가 공동체의 핵심이며 이들이 야웨종교를 숭배하는 핵심인물이었다고 강조한다. 왜 이토록 귀환 이주자를 강조했을까? 왜 유다의 정체성의 핵심에 귀환 이주자를 위치시켰을까? 그것은 페르시아의 통치하에서 유다지역의 토지에 대한 권리를 천명하기 위해서였다.

50_ 에스라와 느헤미야의 귀환 연대에 대해서는 논란이 일고 있다; 민 경진, "페르시아 제국 시대의 유대역사 재구성 : 기원전 458년에서 430년까지 – 에스라-느헤미야를 중심으로," **구약논단** 제27집 (2008), 114–121.

51_ 정중호, 윗글(1994), 288.

페르시아 시대 유다에는 심각한 갈등이 일어나고 있었다. 유다가 바벨론에 의해 멸망당하고 많은 사람들이 포로 혹은 강제이주자로 바벨론으로 떠났을 때 남아있던 사람들 즉 "땅의 백성(암-하아레츠)" 혹은 "땅의 빈천한 사람(미달라트 하아레츠)"은 바벨론 왕이 자신들에게 땅을 배부해 주었다고 알고 있었다(왕하 25:12; 렘 52:16; 39:10).[52] 남아 있었던 사람들은 사실 바벨론이 멸망당했기 때문에 그들의 주장은 힘을 잃고 있었지만 상당기간 토지를 점유하고 살아온 기득권이 있었기 때문에 그들은 토지에 대한 권리를 포기하지 않았다.

비록 유다 멸망 이후에 혼합주의적 신앙이 있었지만 팔레스틴 지역에 야웨 제의가 계속되었으며(렘 11:15; 41:5) 야웨 신앙자가 있었다(스 6:15-22). 이 가운데는 팔레스틴에 이주한 이주민도 들어있었다. 페르시아 시대 때 귀환 이주자들을 대적한 소위 '베냐민의 대적자'(스 4:1-3)들도 에살하돈 왕의 이집트 원정 때(주전 674년 패전[53], 주전 671년 승전[54]) 참여했던 외국인들이었으며 이들이 베냐민 지역에 이주민으로 정착한 것이다.[55] 아수르바니팔 왕의 이집트 침공(주전 668년, 느고 1세를 왕으로 임명, 주전 664년) 때도 이러한 이주민이 발생했을 가능성이 있다.[56] '베냐민의 대적자'들은 자기들도 야웨를

52_ 애가에는 "우리 유업이 이방인(자림)에게, 우리 집들도 이방인들에게(네카림) 돌아갔다"(애 5:2)는 구절이 나타나는데 이것은 팔레스틴 공동체의 그릇된 이해를 논박하는 구절이라 볼 수 있다.

53_ *ANET*, 302. ABC, 84.

54_ *AENT*, 293.

55_ 김지은, "유다와 베냐민의 대적(스 4:1)에 관한 연구," **구약논단** 10집 (2001), 92-97.

56_ *ANET*, 295.

섬기고 있으니 성전재건에 동참하겠다고 나섰다(스 4:1-3). 이러한 행동은 자기들도 야웨의 땅에 권리가 있다는 것을 주장한 것이다. 그러나 귀환 이주자들은 이러한 주장을 받아들이지 않았다.

한편 페르시아에서 돌아 온 귀환 이주자는 페르시아의 세력을 등에 업고 땅의 소유자는 하나님이며 하나님이 귀환 이주자에게 그 땅의 권한을 배분해 주셨다는 주장을 하였다. 따라서 귀환 이주자들은 지파별로 자기들의 고향으로 귀환해야 하며 이것은 하나님께서 주신 기업으로 돌아가는 것이라 하였다(스 2:1=느 7:6).[57] 귀환의 희망을 강조한 예레미야에도 이러한 주장을 발견할 수 있으며(렘 3:18; 12:15; 16:15; 42:12), 귀환 이주를 준비하는 에스겔의 경우 더더욱 토지에 대한 권리를 주장하였다(겔 11:17; 34:13).

결국 귀환 이주자들은 기존에 예루살렘을 포함한 유다 지역에 있었던 사람들과 갈등이 있었지만 그들을 추방시킬 수도 없었고 그들과 함께 거주하였다. 이러한 상황임에도 불구하고 구약은 귀환 이주자를 중심으로 기술되어 있으며, 페르시아 시대 유다 지역 공동체가 귀환 이주자를 중심으로 구성되어 있다고 이야기 하고 있다. 이것은 페르시아 시대 유다 지역 주민들이 페르시아 세력을 등에 업고 있는 귀환 이주자의 주장으로 자신들의 정체성을 점차 재확립하여 함께 토지에 대한 권한을 주장하였다는 것을 의미한다.

57_ 참조; 도시 목록(느 11:25-36=수 15:21-62) 레위성 목록(느 11:20=대상 6장=수 21장).

2. 귀환 이주자를 중심으로 한 리더십 확립과 사회 통합

왜 왕조 시조설화에 귀환 이주자가 태조왕이 되는 설화가 자리 잡았을까? 다윗왕조의 시조 다윗은 블레셋에 망명 이주하였다가 귀환하여 후일 이스라엘의 왕이 되었다. 북왕국 이스라엘의 시조 여로보암은 이집트에 망명 이주하였다가 귀환하여 후일 태조왕이 되었다. 또한 중요한 지도자도 귀환 이주자였다. 즉 출애굽의 지도자 모세도 미디안에 이주하였다가 귀환한 지도자였으며, 평생 귀환 이주자를 지도한 인물이었다. 그리고 말할것도 없이 에스라와 느헤미야도 귀환한 지도자였다.

다윗 왕조는 자신의 정체성을 족보상 귀환 이주자와 이주자에게서 찾는다. 룻기에는 다윗 왕조의 족보가 나타나는데 다윗의 할아버지 오벳은 귀환 이주자 나오미의 손자였고 이주자 모압 여인 룻의 아들이었다(룻 4:13-17).[58] 그런데 오벳이 태어날 때 "나오미가 아들을 낳았다"(룻 4:17)라는 이웃여인들의 탄성이 들려질 뿐 룻의 이름은 언급되지 않았다. 귀환 이주자 나오미가 더욱 강조되며 다윗의 혈통이 귀환 이주자임을 드러낸 것이다.

다윗은 상당 기간 블레셋에 머물러 이주자(용병으로서의 이주자)의 생활을 하였고 다시 귀환하여 유다와 이스라엘의 왕이 되었다. 다윗은 사울의 추격을 피해 유다 광야로 도피하다가 결국 블레셋으로 이주하여 가드 왕 마옥의 아들 아기스의 휘하에 들어갔고 시글

58_ 역대기에는 보아스-오벳-이새-다윗의 족보로 나타난다(대상 2:12-15).

락의 성주로 있었다(삼상 27:1-6). 다윗은 사울 왕이 죽기까지 블레셋에 있었는데 이 기간은 1년 4개월(삼상 27:7)의 기간이었으며 그 후 다윗은 헤브론 성주로서 7년 반(삼하 5:4-5; 왕상 2:11) 동안 다스렸다. 그런데 헤브론 성주로 간 것은 블레셋의 장수로 간 것이었다. 다윗이 헤브론에 있었을 때 유다 사람들이 유다의 왕으로 기름을 부었다(삼하 2:4). 그런데 사울왕이 죽은 후 다윗은 베냐민 땅 기브온을 침략하였고(삼하 2:12) 사울왕의 잔여세력과 장기간 전쟁을 하였다(삼하 3:1). 이 때 다윗의 신분은 블레셋의 장수였으며 헤브론 성주였다. 다윗이 블레셋에 반기를 든 것은(삼하 5:17-25) 사울의 잔여 세력이 평정되고 이스라엘 장로들이 다윗에게 기름을 부어 이스라엘 왕이 된 후였다(삼하 5:1-5)였다. 다윗의 가족들도 모압에 이주한 후 다시 귀환한 이주자였다(삼상 22:3-4).

북왕국 이스라엘의 초대왕 여로보암 또한 귀환 이주자였다. 북왕국 시조 설화를 살펴보면 히브리어 성경(MT)과 70인역(LXX)에 차이가 있음을 발견할 수 있다. MT에는 솔로몬이 여로보암을 죽이려 하였기 때문에 이집트의 시삭 왕에게 피신했다가 이스라엘 지파 사람들이 불러 세겜회의에 참석했다고 기록되어 있다. 그런데 LXX의 열왕기상 12장 24절에는 긴 이야기가 수록되어 있다. 여로보암의 출신이 미천한 신분임을 밝혔는데 창녀 사리라의 아들이었다고 하였다. 그리고 요셉 족속의 부역 감독관을 맡았는데 에브라임에 있는 사리라 성을 건축하였다. 여로보암은 300대의 전차를 소유하고 있었는데 선지자 아히야의 예언을 듣고 왕위를 노리다가 솔로몬에게 발각되어 이집트 시삭 왕에게 피신하였다. 여로보암은 거기서 시삭 왕의 처형과 결혼하여 아비야를 낳고 솔로몬이 죽자 돌아와서 사리라에 요새를 건축하였다. 그 후 그는 세겜회의를 소집하여 이스라엘

의 왕이 되었다.[59]

모세는 이집트의 왕자였지만 이집트에서 도피하여 40년간 미디안에 살면서 결혼하고 자식도 얻었다. 미디안에서의 삶은 이주자의 삶이었고 그의 아들 이름도 이주자의 삶을 반영하여 '게르솜'이라 지었다. 그 후 모세는 하나님의 부르심을 받고 이집트로 귀환하여 이스라엘 백성들을 노예의 땅에서 탈출시킨 지도자가 되었다. 이집트로 귀환한 이주자, 즉 '미디안 광야에서 돌아 온 자'가 지도자가 되어 귀환 이주자를 이끌었던 것이다. 이와 더불어 모세는 이주자를 노예의 땅에서 탈출시켜 광야를 통과할 수 있도록 인도하였던 '귀환 이주자의 길'을 인도한 지도자였다.

모세의 경우에는 여러 면에서 중재자(연결자)의 리더쉽을 발휘한 것을 발견할 수 있다. 노예와 자유민 사이의 중재자, 이집트인과 미디안인 사이의 중재자, 이집트와 가나안 땅 사이의 연결자, 야웨와 이스라엘 사이의 중재자 등의 역할을 감당하였다.[60] 모세처럼 이주와 귀환이주의 경험이 있는 지도자는, 이러한 중재자와 연결자 역할을 감당하여 사회통합을 이루어내는 리더쉽을 발휘하기에 적합한 인물임을 보여 준 것이다.

에스라와 느헤미야는 귀환 이주자였다.[61] 느헤미야는 페르시아 왕의 측근으로 왕의 신임을 받은 고관이었다. 그는 왕의 특사로 예루살렘에 파견되었다. 느헤미야는 페르시아의 군인들을 이끌고 예루

59_ MT와 LXX 공히 왕상 11:26-40에 여로보암에 대한 소개가 있은 후 LXX만 왕상 12:24에 여로보암에 관한 긴 이야기를 첨가하였다.

60_ Ronald Hendel, "The Exodus in Biblical Memory," 615-620.

61_ 스룹바벨과 여호수아는 귀환 이주자인지 확실치 않다.

살렘에 도착하여 성벽을 재건하였다. 이러한 성벽재건은 이집트를 막는 방어기지 건축의 성격이 있었기에 페르시아 왕이 적극 지원하였다.[62] 또한 고리대금을 금지하였고(느 5:1-13), 청렴하고 검소한 생활을 하였다(느 5:14-18). 또한 레위인을 성전에 복귀시켰으며 안식일을 엄격히 지키게 하였다(느 13:10-22).

"하늘의 하나님의 율법에 완전한 서기관이며 제사장"(스 7:12)으로 소개된 에스라도 귀환 이주자였는데 페르시아 왕의 특사였으며 종교적인 임무를 수행하였다. 에스라는 유다 내부를 정비시켜 친페르시아적 질서를 정착시키려는 페르시아 왕의 특명을 받고 파견된 관리였다.

귀환 이주자가 태조왕이 되는 시조설화는 왕조의 위상을 높여주며 통치자로서의 리더쉽 확립에 도움이 되었다. 당시 이스라엘은 팔레스타인 지역의 산지에 위치해 있었고 주변 나라들에 비해 약한 약소국가로서 출발하고 있는 상황이었다. 더구나 이스라엘 백성은 이주자로 출발한 사람들이었다. 그리고 이스라엘 사회는 계속해서 이주자가 들어올 수 밖에 없는 지정학적 위치에 있었기 때문에 이주자와의 연대와 통합은 통치자에게 있어서 언제나 현안 문제였다. 따라서 이주자로서의 경험을 한 후 귀환한 귀환 이주자가 지도자로서 환영을 받을 수 밖에 없었다. 왜냐하면 귀환 이주자는 토지의 권리가 있는, 기득권이 있는, 세력이 있는 지도자이면서 동시에 이주자로서의 고통과 슬픔을 알고 있는 사람이기 때문이다. 더구나 귀환 이주자의 경우에는, 이주의 삶 가운데 결혼을 통해서 또는 이주 생활

62_ 정중호, 윗글(1994), 296.

에서 태어난 자녀들로 인해 가족 안에 이주자가 있는 경우가 많다. 즉 귀환 이주자 가정의 특징은 이주자와의 복합체라는 것이다. 귀환할 경우 자녀들은 자동으로 이주자가 된다. 따라서 귀환 이주자는 이주자와의 연대와 협력에 누구보다 쉽게 마음을 열 수 있고 협력하는 방법을 터득한 경우가 많아 다문화 사회를 선도할 수 있는 역량을 갖추게 되는 것이다. 이러한 지도자는 각양각색의 이주자들이 모여있는 중앙 산간지대의 이스라엘 사람들을 통합시킬 수 있었고 또한 그들의 호응을 얻을 수 있었던 것이다. 더구나 모세처럼 이주자들이 노예로서 학대받는 상황에서 그들을 탈출시켜 귀환하였다는 이야기는 이집트의 압제를 받고 있었던 중앙산간지대의 이스라엘 사람들에게는 감동적이며 힘을 북돋워주는 이야기일 수밖에 없었다.

3. 하나님의 귀환과 귀환 이주자

귀환 이주자가 구약에서 부각되는 또 다른 이유는 귀환 이주자와 동행하여 함께 귀환하는 하나님의 모습이 있기 때문이다. 특히 귀환 이주자와 함께 귀환하시는 하나님의 모습을 법궤의 귀환으로 그리고 성전기구의 귀환으로 보여주고 있다.

이집트를 탈출한 귀환 이주자들이 약속의 땅으로 건너가려 할 때 법궤가 먼저 요단강에 도착하였고 이 때 요단강물은 멈추었다(수 3:14-4:18). 즉 하나님이 선두에서 귀환 이주자들을 인도하신 것이다. 하나님의 임재를 상징하는 법궤가 또 한번 이스라엘 땅으로 돌아온 적이 있었다. '법궤설화'를 살펴보면 블레셋에 빼앗긴 법궤가 다시 이스라엘 지역으로 되돌아온 이야기를 발견할 수 있다. 블레셋으로부터 법궤와 더불어 귀환하신 하나님과 블레셋에서 돌아온 귀환이주자와의 상관관계는 없을까? 그리고 성전의 기구가 귀환한 또 다른 사건이 있었다. 성전 기구는 하나님의 것이며 하나님의 임재를 상징한다. 페르시아에서 귀환한 이주자들과 함께 성전 기구가 귀환한 것이다. 이 때 바벨론에 나타나신 하나님이 귀환 이주자들과 함께 귀환하셨다는 내용이 구약에는 강하게 강조되어 있다.

이집트를 탈출한 귀환 이주자들이 광야를 거쳐 약속의 땅으로 향할 때 하나님은 동행하셨는데 구체적으로 하나님의 임재를 상징한 것은 법궤였다. 법궤는 하나님의 임재하실 때 발등상의 역할을 하였고(왕하 19:15) 하나님은 법궤의 그룹 위에 좌정하셨다(출 25:10-22; 레 37:7-9; 민 7:89; 왕상 6:23-28; 8:6-7).[63] 법궤와 더불어, 즉 하나님과 더불어 약속의 땅에 들어온 출애굽 귀환 이주자 집단은 하나님으로부터 토지에 대한 권리를 주장할 수 있었다.

페르시아에서 귀환한 이주자들의 경우에는 법궤는 없었지만 많은 성전 기구들과 함께 귀환한 것을 볼 수 있다(스 1:7-11; 6:5).[64] 성전 기구는 거룩한 것으로 하나님의 소유물이며 하나님의 임재를 상

63_ M. Haran, *Temples and Temple Service in Ancient Israel* (Oxford: Clarendon, 1978), 251–254.

64_ '(성전) 기구'로 번역되는 히브리어 '클리'는 다양하게 번역되는데 성전과 관련되는 의미를 살펴보면, 등대를 포함한 성막의 기구를 가리키기도 하고(출 25:9, 39), 솔로몬 성전의 기구들(왕상 7:45–48), 야웨 집의 기구들(렘 27:16–22; 28:3, 6; 스 1:7; 13:9; 대하 28:24; 36:18), 야웨의 기구(사 52:11) 등을 가리킨다.

징하는 것이다. 하나님께서 갈대아 땅 그발 강가에 나타나시고 바벨론에 있었던 유다 이주자들과 함께 하셨다는 것은 에스겔에서 찾아볼 수 있다(겔 1:1-28). 그리고 바벨론에 야웨 성전이 있었을 가능성이 높다.[65] 바벨론에서 유다 이주자들과 함께 하셨던 야웨께서 이들이 귀환할 때 함께 동행하여 새로운 성전에 좌정하신 것이다. 이러한 모습은 이사야에 예언되어 있는데 페르시아에서 귀환 할 때에 하나님께서 광야에 대로를 여시고 귀환 이주자들을 선도하신다는 예언이다(사 40:3-4). 비록 이들이 귀환했을 때 유다 땅에 남아있었던 사람들과 갈등이 있었지만, 귀환 이주자들은 하나님과 함께 귀환했다는 것을 들면서 토지에 대한 자신들의 권리를 주장하였다.

그러면 블레셋에서 귀환한 법궤는 귀환 이주자와 상관이 없는가? 우선 블레셋에서 이주하였거나 귀환 이주한 경우를 살펴보자. 아브라함이 블레셋 땅에 이주하였다가 귀환하였다(창 21:34). 그리고 기근으로 인해 블레셋으로 이주한 이삭이 귀환하였고(창 26:1-33), 기근으로 인해 블레셋으로 갔다가 7년 동안 머문 후 귀환 이주한 수넴 여인의 이야기도 있다(왕하 8:1-6). 또한 다윗이 블레셋으로 갔을 때 다윗과 그의 휘하에 있었던 사람들은 가족과 함께 블레셋으로 갔으며 이것은 이주의 행렬이라 할 수 있다(삼상 27:3). 그 후 다윗과 그의 부하들은 블레셋에서 1년 4개월(삼상 27:7) 동안 거주한 후 헤브

65_ 유대인이 거주하고 히브리어가 통용되는 이집트의 다섯 도시들이 야웨께 서약한 도시라고 했을 때 그 도시에 야웨 성전 혹은 야웨 제단이 있다는 것은 자연스러운 일이다(사 19:19a, 20a). 또한 엘레판틴에 야웨 성전이 있었던 것을 보면 바벨론에도 야웨 성전이 있었을 가능성이 많다. 유대인들이 바벨론에 성전을 건립하고 제사를 드렸다는 주장에 대해서는 다음의 문헌을 참조바람; L. E. Browne, "A Jewish Sanctuary in Babyonia," *JTS* 17(1916), 400–401; Joong Ho Chong, "Were There Yahwistic Sanctuaries in Babylon?" *Asia Journal of Theology* 10 (1996), 198–217.

론으로 돌아왔을 때 그 장면은 귀환 이주의 장면으로 볼 수 있는 것이다. 또한 블레셋 사람들인 가드 사람들이 가족과 함께 이주한 모습도 발견할 수 있는데 그들은 다윗을 호위하는 역할을 하였다(삼하 15:18-21).

구약에서 외적들을 언급하는 경우가 919회 나타나는데 이 가운데 46%인 423회가 블레셋을 가리키고 있다.[66] 이스라엘과 가장 가까이 있고 이스라엘과 수많은 전투를 벌인 블레셋에는 당연히 수많은 이스라엘 포로들과 노예들이 있었을 것이다(삼상 4:9). 특히 주전 11-10세기 초에 블레셋은 이스라엘보다 군사력이 우위에 있었기 때문에 포로로 블레셋에 잡혀간 이스라엘 사람들이 많았다.[67] 이들이 이스라엘이 승리할 때 귀환할 수도 있었으며 이러한 귀환 사건은 반복되었다. 따라서 상당히 많은 사람들이 블레셋으로부터 귀환한 이주자들이었을 것으로 보인다.

법궤가 블레셋에서 이스라엘로 돌아올 때의 과정은 출애굽의 과정과 유사하다. 법궤를 빼앗아 억류한 블레셋의 도시들이 차례로 독종의 재앙을 만나고 그들의 신인 다곤 신상이 파괴되어 버렸다. 법궤는 아스돗, 가드, 에그론을 돌면서 독종으로 재앙을 내리고 이스라엘로 귀환하였다. 출애굽 때 10가지 재앙을 당한 이집트의 상황

66_ Seymour Gitin은 구약에서 외적에 대한 언급을 조사하였는데, 총 919회 가운데 블레셋 423회(46%), 이집트 273회(30%), 요단동편 나라들과 아말렉 164회(18%), 두로와 시돈 59회(6%) 등으로 발표하였다. Seymour Gitin, "Philistine in Transition: The Tenth Century and Beyond," Seymour Gitin, Amihai Mazar, and Ephraim Stern (eds) Thirteenth to Early Tenth Centuries BCE; In Honor of Professor Trude Dothan, (Jerusalem: Israel Exploration Society, 1998), 163 각주 4.

67_ E. Bloch-Smith, "Israelite Ethnicity in Iron I: Archaeology Preserves What Is Remembered and What Is Forgotten in Israel's History," *JBL* 122, No. 3 (Autumn, 2003), 415-417.

과 유사하다. 또한 법궤를 다시 돌리는 장면을 보면 출애굽의 상황을 이야기하면서 법궤를 돌려보내는 장면이 나타난다(삼상 6:6). 그리고 이집트를 떠날 때 이스라엘 사람들이 금은 패물들을 요구해서 가지고 나온 것같이 법궤는 금독종과 금쥐를 제물로 받으면서 블레셋을 떠났다(삼상 6:17-18).

법궤는 이스라엘 땅 벧세메스에 도착하였는데 벧세메스 사람들이 법궤를 들여다 보았기 때문에 70인이 죽임을 당하였다(삼상 6:17-19). 그 후 기럇여아림 사람들이 아비나답의 집으로 옮겨 엘리아살로 하여금 법궤를 지키게 하였는데 20년 동안 아비나답의 집에 법궤가 있었다(삼상 7:1-2). 이 기간에는 사무엘과 사울 왕이 활동을 했는데 지파의 종교적 구심점인 법궤가 한적한 곳에 '보관'되기만 했다는 것은 이해하기 힘든 면이다. 아마도 또 다른 법궤가 있었을 가능성이 있다.

새로운 왕조를 일으킨 다윗 왕은 그동안 방치된 그 법궤를 아비나답의 집에 가서 수레에 싣고 옮기려고 하였는데 웃사가 법궤를 붙들다가 죽임을 당하였다(삼하 6:1-7). 이후 다윗은 법궤를 다윗성으로 옮기는 것을 중단하고 블레셋에서 이주한 가드 사람 오벳에돔의 집으로 옮겼다. 나중에 다윗성으로 법궤를 옮길 때 다윗은 기쁨으로 '뛰놀며 춤추었다'(삼하 6:16). 왕정 이전의 지파들의 종교적 상징인 법궤가 예루살렘으로 온다는 점은 이스라엘 전체의 통합을 위해 기쁜 일이기도 하고, 수도로서의 예루살렘의 위상과 다윗왕조의 합법성을 위해서도 중요하다. 한 가지 덧붙일 것은 다윗이 블레셋에서 귀환한 이주자로서 법궤가 블레셋에서 귀환했다는 사실이 또한 중요하다. 그리고 법궤가 블레셋에서 이주한 가드 사람 오벳에돔의 집에 있었다는 사실도 중요하다. 왜냐하면 법궤의 귀환 사건은 다윗과 더불어 블레셋에서 귀환한 많은 이주자들의 권한을 보장해줄 수 있는 사건으로 볼 가능성이 있기 때문이다.

또 한가지 주목할 점은 투른(K. van der Toorn)과 하우트만(Cees Houtman)이 주장한 것인데 사무엘 상에 나타나는 '에봇'이 사실 '법궤'를 가리킨다는 주장이다(삼상 2:28; 14:3; 22:18; 23:6, 9; 30:7).[68] 즉 사무엘 상에는 두 종류의 법궤가 있었고 그 중 하나의 법궤 전승은 '에봇'의 이름으로 숨겨져 있다는 주장이다. 이 주장이 설득력이 있는 것은 사울이 법궤를 소중하게 여겼을 것으로 보이는데, 블레셋에게 빼앗긴 법궤의 이동 경로를 보면 사울이 그 법궤를 소중하게 모셨다는 것을 찾아 볼 수 없다. 그 법궤는 기럇여아림에서 20년 동안 거의 주목을 받지 못한채로 '보관'되어 있었기 때문이다. 사울이 아히야에게 요청한 법궤는 또 다른 법궤로 보인다(삼상 14:18).[69] 투른과 하우트만의 주장에 따르면 다윗이 도피생활을 할 때 제사장 아비아달에게서 법궤를 받았다는 것이다(삼상 23:9).[70] 이 법궤는 사울 왕국의 중심 성소인 놉에 있었던 것인데 사울이 놉 제사장을 학살할 때 도피한 제사장 아비아달이 가지고 갔던 것이다(삼상 23:6). 만일 이 주장이 받아들여진다면 다윗이 아기스 휘하에서 시글락 성주로 있었을 때도 법궤를 가지고 이동했음을 알 수 있다(삼상 30:7). 그리고 다윗이 헤브론으로 돌아왔을 때 당연히 법궤와 함께 귀환했

68_ K. van der Toorn and Cees Houtman, "David and the Ark," JBL 113/2 (1994), 209–231.

69_ 갑자기 사울이 법궤를 찾은 이 장면을 해석하기 어려워서 '하나님의 궤'를 3절에 나타나는 '에봇'으로 수정하여 번역하기도 한다. 왜냐하면 LXX[BL]에 '에봇'으로 수정되어 있기 때문이다. 그러나 어려운 읽기를 택한다는 본문비평 원칙상(*lectio difficilior*) 이 구절은 '하나님의 궤'로 읽는 것이 타당하다.

70_ K. van der Toorn and Cees Houtman, 윗글, 227–228.

을 것으로 보인다. 투른과 하우트만의 주장을 완전히 받아들이지 않는다 하더라도 최소한 다윗이 하나님에게 물을 수 있는 성전 기구를 제사장에게서 받았고 그 거룩한 기구와 함께 블레셋에서 이동하였다는 사실은 분명하다. 물론 다윗이 헤브론에 귀환했을 때 그 성전 기구가 함께 귀환 했을 것이다.

법궤가 블레셋에서 귀환하였고, 성전 기구(혹은 또 다른 법궤)가 다윗과 함께 귀환했다는 것은 블레셋에서 귀환한 이주자들의 합법성과 권리를 보장해 주는 중요한 것이다.

4. 결론

세계적으로 이주와 더불어 귀환 이주가 증가하는 상황 속에서 이제는 다문화 사회 논의에 귀환 이주를 주목할 필요가 있다. 특히 한국 사회는 해방 후 250만명이 넘는 귀환 이주를 경험하였고, 현재는 재중동포의 귀환 이주가 진행되고 있으며 앞으로 통일문제도 역시 귀환 이주 문제임을 예견할 수 있다.

이러한 우리의 문제를 염두에 두면서 구약을 살펴볼 때 구약에는 귀환 이주의 주제가 중요한 주제로 등장하고 있음을 발견할 수 있다. 본 연구의 목적은 왜 구약에서 귀환 이주를 이처럼 강조하고 중요하게 여기는지 그 이유를 밝히고자 하는 것이다.

팔레스틴 중앙 산지에 몰려온 이주자로 구성된 이스라엘은 이집트에서 돌아온 귀환 이주자들의 전승인 출애굽 전승을 자신들의 건국 설화로 받아들이면서 자신들의 정체성을 확립함과 동시에 토지에 대한 권리를 주장하였다. 또한 포로후기 유대 공동체도 페르시아에서 돌아 온 귀환 이주자들의 주장을 중심으로 정체성을 확립하면서 토지에 대한 권리를 주장하였다.

특이한 것은 왕조를 창건한 다윗과 여로보암이 귀환 이주자였으며 이스라엘 사람들의 영웅인 모세도 귀환 이주자였다. 물론 에스라와 느헤미야도 귀환 이주자였다. 이처럼 지도자 역시 귀환 이주자로 구성되었는데 그 이유는 이주의 고통과 슬픔을 경험한 귀환 이주자인 지도자들은 이주자의 아픔을 이해하고 포용할 수 있는 능력이 있어 사회통합을 이루기에 적합한 인물이었기 때문이다.

귀환 이주자가 구약에서 부각되는 또 다른 이유는 귀환 이주자와 동행하여 함께 귀환하는 하나님의 모습이 있었기 때문이다. 이집트에서 귀환할 때 법궤가 먼저 귀환하였고, 페르시아 시대에 귀환할 때도 성전기구가 귀환하였다. 이처럼 법궤와 성전기구가 귀환한 것은 하나님의 귀환으로 볼 수 있다. 그런데 블레셋으로부터 귀환한 법궤도 있었다. 수많은 전쟁으로 인해 블레셋에 포로로 간 이스라엘 사람도 많았고, 기근으로 인해 블레셋에 피난 간 사람들도 많았기 때문에 귀환 이주자도 많았을 것으로 보인다. 대표적인 블레셋 귀환 이주자인 다윗이 블레셋에서 귀환한 법궤를 예루살렘으로 옮겨 자신의 정통성과 국가의 정체성을 확립한 것을 보면서 블레셋에서 귀환한 법궤도 귀환 이주자와 함께 하시는 하나님의 귀환으로 인정할 수 있다.

Chapter

04

다문화 사회를 위한 새로운 성경해석

Chapter 04

다문화 사회를 위한 새로운 성경해석

본 저서는 한국 다문화 사회의 해법을 성경해석을 통해 발견하려는 목적을 가지고 있다. 왜냐하면 성경의 많은 부분이 이주와 귀환이주의 이야기를 담고 있고, 성경의 백성인 이스라엘은 스스로 자신들의 정체성을 이주자와 귀환이주자의 정체성으로 이야기 하고 있기 때문이다.

Ⅰ. 룻기 해석

룻기는 성경에서 대표적인 이주와 귀환 이주의 책으로 알려져있다. 일반적으로 룻기는 룻의 이주와 성공적인 정착을 이야기하는 책으로 알려져 있다. 모압 여인 룻이 이국 땅인 이스라엘 베들레헴에 와서 어려움을 극복하고 보아스와 결혼하여 행복하게 살았다는 이야기로 이해하려는 것이다. 이런 경우 이주자로서의 룻이 부각되며 이방 여인이 다윗 왕가의 조상이 되었다는 신데렐라의 이야기로 채색되어 진다. 그러나 자세히 살펴보면 나오미의 이주와 귀환이주의 이야기가 함께 들어가 있는 것을 발견할 수 있으며 궁극적으로 다문화 가정, 그리고 다문화 사회를 새롭게 만들어 가는 이야기임을 발견할 수 있다.

나오미는 모압 땅으로 이주했다가 남편과 자식들을 잃고 비탄과 슬픈 마음이 가득한 상태로 고국에 돌아왔다. 그런데 그녀가 룻과 함께 새로운 가문을 일으키고 손자까지 보았다는 이야기다. 상대적으로 나오미의 이야기는 크게 주목을 받지 못하고 있지만, 분명한 것은 룻기 전체에 걸쳐서 나오미의 이야기는 룻의 이야기와 더불어 중요한 한 축을 담당하고 있다는 사실이다.[71] 특히 룻이 결혼하여 아들을 낳은 후 룻은 사라지고 나오미만 부각되어 있으며 "나오미에

71_ Athalya Brenner, "Naomi and Ruth," *Vetus Testamentum* 33, no. 4 (1983), 385–397.

게 아들이 태어났다"(룻 4:17)는 소리만 요란하다(룻 4:14-22). 즉 룻기는 나오미의 등장으로 시작되고 나오미의 이야기로 끝맺고 있는 것이다. 과연 "룻의 책(The Book of Ruth)"으로 불러야 하는지 아니면 "나오미의 책(The Book of Naomi)"으로 이름을 고쳐 불러야 하는지 혼란스러운 면이 있을 정도다.

이 과정에서 보아스의 역할이 중요함을 또한 발견할 수 있다. 그리고 성경에서 가장 중요한 왕조로 인정하고 있는 다윗 왕조의 조상을 룻과 연결시켜 다문화 가정이 유다 왕실의 기원임을 강조하고 있는 것이다. 그리고 성경에서 소중히 여기고 있는 가난한 사람을 돕는 방식과 친족을 돕는 고엘의 전통이 다문화 가정을 위해 요긴하게 활용되고 있는 모습을 보여준다. 따라서 룻기를 다문화 가정의 모델로 새롭게 해석하여 다문화 사회와 다문화 가정을 위한 성경적 대안을 찾을 것이다.

1. 1장 해석 - 이주와 귀환이주

룻기는 히브리 성경에서 성문서에 속하며 '다섯 두루마리' 가운데 하나의 두루마리로 추수시기인 칠칠절(오순절)에 읽혀졌던 두루마리이다. 히브리 성경에서는 잠언 다음에 룻기가 위치해 있으나 한글 성경은 사사기 다음에 위치해 있다. 룻기는 "그리고...있었다"는 의미의 히브리어 '와여히'라는 구절로 시작된다. 이 구절은 앞에 있던 내용과 연결되었다는 것을 표시한 것이다. 따라서 룻기가 잠언과의 어떤 연결성이 있는지 살펴볼 필요가 있다. 지혜가 여성형인 것을 감안한다면 여성의 이야기가 나타나는 룻기가 뒤를 잇는 것이 자연스러울 것이다. 또한 잠언의 마지막 잠언 31장의 '위대한 여인(능력 있는 여인)'의 이야기와 연관시킬 수도 있을 것이다.[72]

'위대한 여인(에쉐트-하일)'이라는 표현은 잠언과 룻기에만 나타나는 용어로(잠 12:4; 31:10; 룻 3:11) 지혜의 표상을 가리키는 용어이다.[73] '지혜'는 잠언에서 여성으로 의인화 되어 나타나며 창조 이전에 이미 있었고 거의 신격화되어 있는 모습도 보여 주고 있다. 그런데 보아스가 외국 여자인 룻에게 '위대한 여인'이라는 이러한 호칭을 사용했다는 것은 파격적일 정도로 최상의 예우를 했다는 것으로 볼 수 있다. 또한 가난하고 과부이며 모압 출신인 '외국 여인'이 '위대한 여인'이 되었다는 것, 그리고 다윗 왕실의 조상이 되었다는 것은 상상하기도 어려운 신데렐라 이야기의 전형으로도 볼 수 있다.

중요한 것은 잠언에서 나타나는 지혜가 어떤 모습인지를 현실 세계에서 일어나고 있는 일상적인 이야기를 통해 보여 주고 있다는 점이다. 기근에 굶주려 외국으로 이주하는 여성 나오미의 이야기부터 시작하여 모압 여인이지만 이스라엘에서 새로운 삶의 터전을 마련하고 새로운 왕조의 조상이 되는 룻의 이야기에 이르기까지 위대한 여인, 지혜로운 여인의 모습을 발견할 수 있다.

책이름이 룻기이니 당연히 룻이 주인공이요 나오미는 조연일 것으로 보이지만 룻기의 내용을 정밀하게 분석해보면 나오미의 역이

72_ 정중호, "잠언 31:10-31의 여성 활동과 고려시대의 여성 활동," **한국기독교신학논총**, Vol.79 (2012), 7-29.

73_ Dorothee Metlitzki, "'A Woman of Virtue'- A Note on Eshet Hayil," *Orim* 1(1986), 23-26.

결코 조연으로 그치는 것이 아님을 발견할 수 있다.[74] 특히 1장의 경우는 단연 나오미가 주연으로 등장하고 있다. 가부장적인 사회 속에서 여인들이 주인공이 되고 이방 여인이 다윗 왕실의 조상이 된다는 이야기는 파격적이며 흥미로운 이야기임이 틀림없다.

우선 룻기 전체의 구조를 분석하여 정리해 보면 아래와 같이 대칭적인 구조임을 발견할 수 있다. 대칭적인 구조에 있어서는 가장 중앙에 있는 부분이 핵심적인 부분이다. 이 구조에서는 C-C' 부분인데 그것은 룻과 보아스의 만남과 더불어 고엘 역할을 담당하는 보아스의 행동을 가리킨다. 1장과 4장에서 나오미의 이야기가 울타리 역할을 하고 2-3장에서 룻과 보아스의 이야기가 중앙을 차지하는 그러한 형국이다.

A. 첫 장면(1:1-5)　고향을 떠나 이민을 간 나오미의 가정
　B. 둘째 장면(1:6-22)　가족의 죽음을 겪고 귀환이주하는 나오미와 룻
　　C. 셋째 장면(2:1-23)　이삭줍는 룻과 보아스의 호의적 만남
　　C′ 넷째 장면(3:1-18)　고엘 역할을 담당하는 보아스
　B′ 다섯째 장면(4:1-12)　고엘로서의 보아스와 가문을 세우는 룻의 결혼
A′ 여섯째 장면(4:13-17)　두 여인의 힘으로 몰락한 가정을 회복시킴
후기(4:18-22)　새로운 가정의 현재, 미래 - 다윗의 족보

74_ Athalya Brenner, "Naomi and Ruth," *VT* 33 (1983), 385–397; W. S. Prinsloo, "The theology of the Book of Ruth," *VT* 30 (1980), 334–337.

그리고 룻기 전체가 6장면과 후기로 이어지고 있음을 또한 발견할 수 있다. 정확하게 장면을 재현해 보면 총 12장면으로 구성되어 있지만 크게 보면 6장면으로 나눌 수 있다.[75] 이처럼 구조로 본다면 룻기는 한 편의 드라마라 할 수 있다. 따라서 룻기는 단순히 전해 듣는 이야기가 아니라 마치 판소리 마당과 같이 무대와 관객이 어우러져 한 마당을 연출하기를 기대하고 있는 것이다. 드라마 속으로 초대하시는 하나님의 의도를 보면서 어떻게 드라마 속으로 걸어 들어가야 할지, 그리고 다시 드라마에서 나와서 우리의 행동이 어떠해야 할지를 고민하며 그 해답을 찾기를 원한다.

룻기 1장은 나오미의 이야기로 점철되어 있다. 나오미 가정의 모압 이주와 나오미 가정의 귀환 이주로 이어진다. 기근을 만나 굶주림에 견디다 못해 모압으로 이주하는 장면도 눈물겹지만 남편과 세 아들을 모두 잃고 다시 돌아오는 나오미의 모습은 더욱 안타까워 할 말을 잃게 만든다. 1장의 구조를 분석해 보면 다음과 같은 구조를 발견할 수 있다.

구조

A. 나오미 가정의 모압 이주 1-5
- 1. 이주 - 베들레헴에서 모압으로 1-2
- 2. 이주 생활 - 남편의 죽음과 두 아들의 결혼과 죽음 3-5

75_ Bush, F. W. 룻기. 에스더 (솔로몬, 2007), 102.

A. 나오미 가정의 모압이주 장면(1-5절)

번역

1 사사들이 다스리던 때에 그 땅에 기근이 들었다. 그리하여 한
사람이 그의 아내와 그의 두 아들을 데리고 유다 베들레헴에서
걸어 나와 모압 지방으로 이주하였다.
2 그 사람의 이름은 엘리멜렉이요 그의 아내의 이름은 나오미요
그의 두 아들의 이름은 말론과 기룐이니 유다 베들레헴 에브랏
사람들이었다. 그들이 모압 지방에 들어가 거기서 살았다.
3 나오미의 남편 엘리멜렉이 죽고 그녀가 남았다. 그리고 그녀의 두
아들,
4 그들은 모압 여자 중에서 그들의 아내를 맞이하였는데 한 사람
의 이름은 오르바요 또 한 사람의 이름은 룻이었다. 그들이 거
기에 거주한 지 십 년쯤에,
5 말론과 기룐 둘이 죽었고 그 여인은 그녀의 두 아들과 그녀의
남편의 뒤에 남게 되었다.

해석

(1) 베들레헴에서 모압으로 이주하는 나오미 가족(1-2절)

"사사들이 다스리던 때에... 한 사람이..."라는 시작 구절은 마치 "옛날 옛적에... 한 선비가..."라고 시작하는 이야기의 서두와 같다. 즉 전형적인 '이야기의 시작'을 알리는 서두임을 알 수 있다. 따라서 이 구절을 단서로 이 이야기가 사사시대에 만들어졌다고 주장하기는 힘들다. 그러나 이 이야기 자체의 배경이 사사시대라는 것은 틀림없다.

히브리어 '라아브'는 '굶주림'이란 뜻인데 '기근'으로 번역하였다. 이스라엘에는 땅이 척박하고 강우량이 많지 않아 풍부한 물을 구경하기가 힘든 지역이다. 그런데 그나마 있었던 비가 거의 오지 않게 되면 곡식이 자라지 못하고 기근이 들어 사람이 살 수가 없다. 이 외에도 메뚜기 떼의 습격이나 지진으로 인해 굶주리게 되는 경우도 있었다. 이렇게 기근이 들면 견디다 못해 다른 나라로 이주하게 되는데 그 신세가 처량하기 그지없다. 아브라함도 기근이 들어 이집트로 이주하였고, 이삭은 블레셋으로, 야곱은 이집트로 이주하였다. 엘리야 시대에는 3년 동안 가뭄이 계속된 때도 있었으며, 엘리사 시대에는 수넴여인이 기근을 만나 다른 나라로 이주하는 모습을 볼 수 있다.

다른 나라로 이주한다는 것은 오늘날에도 힘든 일이지만 고대 사회에서는 가장 가난하고 불쌍한 계층으로 떨어지는 것을 의미하며 심지어 신변의 안전도 보장받지 못하는 경우가 많았다. 이주자들은 쉽게 희생양이 되었기 때문에 남자들이 죽는 이러한 불행한 일들이 일어날 수도 있는 상황이었다. 아브라함은 이집트에서 아내를 빼앗길 뻔 하였다. 그래서 전통적으로 가장 불쌍한 사람들을 가리켜 '고와와 나그네(이주자)와 과부'라고 하였다. 그런데 나오미는 자신의 불행한 처지를 하나님의 징벌이라 이해하였다(룻 1:13; 19-22).

'베들레헴'은 그 이름이 '떡(양식) 집'이라는 뜻인데 역설적이게도 떡(양식)이 없는 집이 되어버렸다. 이제 나오미 가족은 떡이 없는 '떡집'을 떠나 모압을 향했다.[76] '모압'을 이야기할 때 '모압의 밭(땅)'이라고 표현하였다. 이것은 '그(유다) 땅'이라고 하였기 때문에 모압을 표현할 때도 '모압의 밭(땅)'(1, 2절)이라고 한 것으로 보인다. 이러한 표현은 룻기에서 7회나 반복된다(1:1, 2, 6[2회], 22; 2:6; 4:3). 나라 이름이나 지역 이름이 크게 중요하지 않다. 다만 굶주리고 배고픈 '땅'에서 배부르게 먹을 수 있는 '땅'으로 이주한 것이다.

나오미 가족은 모압으로 이주하여(룻 1:2), 정착하였다(야샤브, 룻 1:4). 10년간 모압에서 살았으니 잠시 있다가 돌아가는 것이 아니라 뿌리를 내리고 정착했다는 것을 알 수 있다. 특히 그 지역 여인들과 결혼했다는 것은 베들레헴에 다시 돌아갈 생각이 없었기 때문에 일어날 수 있는 일이었다. 그런데 모압은 이스라엘과 적대적 관계였다(신 23:3). 다른 나라의 경우이기에 당연히 종교도 달랐다. 모압은 그모스 신을 섬기는 나라였다(민 21:29).

76_ 베들레헴은 오늘날 아랍어로 '식육점'이란 뜻으로 '베이틀람(Beit-Lahm)'이라 불리고 있다. 그리고 라틴 교부 제롬이 성서를 라틴어로 번역할 때 베들레헴의 굴에서 번역했다고 한다. 베들레헴은 예수의 탄생지이며 라헬의 묘지가 있는 곳이기도 하다(창 35:19-20). 베들레헴의 원래의 이름은 '에브랏'이며(창 35:16, 19; 48:7; 룻 4:11) 다윗의 출생지로서 '다윗의 동네'(눅 2:4)라고 불려질 정도로 다윗왕조와 연결된 곳이다. 김의원, 민영진, **사사기/룻기**(성서주석 제7권; 대한기독교서회, 2007), 709.

이야기에는 통상 이름을 살펴보면 그들의 역할과 정체를 짐작할 수 있는 단서를 발견하게 된다. '엘리멜렉'은 '나의 하나님은 왕이시라'는 뜻이며, '나오미'는 '기쁨'이라는 뜻이다. 그리고 아들들의 이름인 '말론'은 '아픈,' 혹은 '병약한'이란 뜻이며, '기룐'은 '파멸,' 혹은 '작은 용기'라는 뜻이다. 모압으로 이주를 결정한 것은 당시의 관습으로 보아도 가장인 엘리멜렉의 결정일 수밖에 없으며 용기가 없으면 이러한 결정을 할 수가 없었을 것이다. 그의 이름은 가장으로서 걸 맞는 이름이다. 아내인 나오미라는 이름은 '기쁨'인데 나중에 남편과 아들들을 잃고 나서는 '쓰다'라는 의미의 이름인 '마라'라 부르라고 탄식하였다. 즉 이름의 의미가 자신의 상황을 대변해 주는 모습을 볼 수 있다. 그리고 두 아들은 이름과 비슷하게 일찍 죽어버렸다. 따라서 이 이름들은 이 이야기의 등장인물을 묘사하는 적합한 이름들인 것을 알 수 있으며 룻기가 원래 구전되어 내려온 이야기라는 주장을 뒷받침해주는 또 다른 단서로 볼 수 있다. 또한 나오미 가족들을 '에브랏 사람'이라고 하였는데 다윗도 이렇게 부른 적이 있었다(삼상 17:12). 이들은 유다 지파 가운데 베들레헴에 살고 있는 에브랏 사람인 것이다.

(2) 이주 생활 – 남편의 죽음과 두 아들의 결혼과 죽음(3–5절)

3절부터는 나오미가 전면에 나타난다. "엘리멜렉이 죽고 그의 아내가 남았다"고 하지않고 "나오미의 남편 엘리멜렉이 죽고 그녀가 남았다"고 하면서 엘리멜렉을 "나오미의 남편"으로 소개한 것이다. 그리고 아들을 소개할 때도 '그녀의 두 아이'(1:5)라 소개하고 있어 1절의 '그의 두 아들(바나우)'과 대조를 이루고 있다. 특히 '아들들'

이라 소개하지 않고 '그녀의 아이들(열라데하)'이라 소개하고 있다. '아이'라는 용어는 어머니와 밀착되어 있는 표현이며 어머니인 나오미가 부각되어 있는 표현이기도 하다. 1-2절이 엘리멜렉의 이야기라면 이제부터는 '나오미의 이야기'가 전개되는 것이다. 5절에도 남편을 '그녀의 남자'로 소개하고 있다.

룻기가 나오미의 이야기 혹은 나오미의 귀환이주 이야기라는 점은 '슈브'라는 단어를 통해서도 발견할 수 있다. '돌아오다'로 번역되는 히브리어 '슈브'는 1장에서만 11번이나 나타나는 핵심적인 단어이다(1:6, 7, 8, 10, 11, 12, 15[2회], 16, 21, 22). 이 단어는 나오미가 모압으로 이주했다가 다시 베들레헴으로 귀환이주하는 장면에 주로 나타난다. 그리고 베들레헴으로 돌아오는 도중에 며느리들에게 다시 친정으로 돌아가라고 권유하는 대화에서 나타난다.

나오미의 아들들인 말론과 기룐은 모압여인인 오르바와 룻과 결혼하였다. '오르바(오르파)'는 '파라오'를 거꾸로 부르는 이름으로 '목 뒤'라는 의미가 있다. 즉 '목이 곧은 백성'이라는 구절에 사용되던 단어였다. 룻기에서 오르바가 결국 모압에 있던 친정집으로 돌아갔다는 의미에서 이러한 이름이 붙여졌던 것으로 짐작된다.

남편의 죽음으로 크게 타격을 받은 나오미지만 아들들이 결혼하여 그나마 위로를 받고 살고 있었다. 그러나 아들들마저 10년쯤 뒤에 모두 죽고 말았다. 나오미는 이제 홀로 '남겨진' 존재가 되고 말았다. 이제 나오미는 어떻게 살아가나?

B. 나오미 가정의 귀환이주(6-22절)

번역

6 그 여인이 모압 지방에서 야웨께서 자기 백성을 돌아보시고 그
들에게 양식을 주셨다 하는 소식을 듣고 이에 두 며느리와 함
께 일어나 모압 지방에서 돌아오려 하였다.
7 그녀가 있던 곳에서 나오고 두 며느리도 그와 함께 하여 유다
땅으로 돌아오려고 길을 걸어갔다.
8 나오미가 두 며느리에게 말하였다. "너희는 각기 너희 어머니
의 집으로 돌아가라. 너희가 죽은 자들과 나를 선대한 것 같이
야웨께서 너희를 선대하시기를 원하며
9 야웨께서 너희에게 허락하사 각기 남편의 집에서 위로를 받게
하시기를 원하노라" 하고 그들에게 입 맞추매 그들이 소리를 높
여 울었다.
10 그리고 그들이 나오미에게 말하였다; "아닙니다. 우리는 당신
과 함께 당신의 백성에게로 돌아가겠습니다."
11 이에 나오미가 말하기를, "내 딸들아 돌아가라. 너희가 어찌
나와 함께 가려느냐? 내 태중에 너희의 남편 될 아들들이 아직
있느냐?
12 내 딸들아 돌아가라. 나는 늙었으니 남편을 두지 못할 것이다.
가령 내가 소망이 있다고 말한다든지 오늘 밤에 남편을 두어
아들들을 낳는다 하더라도
13 너희가 어찌 그들이 자라기를 기다리겠으며 어찌 남편 없이 지

내겠다고 결심하겠느냐? 내 딸들아 그렇지 아니하니라. 야웨
의 손이 나를 치셨으므로 나는 너희로 말미암아 더욱 마음이
아프다" 하였다.
14 그러자 그들이 소리를 높여 다시 울었다. 그리고 오르바는 그
의 시어머니에게 입을 맞추었으나 룻은 그녀에게 붙어 있었다.
15 나오미가 또 말하기를, "보라 네 동서는 그의 백성과 그의 신들
에게로 돌아갔으니 너도 너의 동서를 따라 돌아가라" 하였다.
16 이에 룻이 말하기를, "내게 당신을 떠나며 당신을 따르지 말고
돌아가라 강권하지 마옵소서. 당신께서 가시는 곳에 나도 가
고 당신께서 머무시는 곳에서 나도 머물겠습니다. 당신의 백
성이 나의 백성이 되고 당신의 하나님이 나의 하나님이 되시
는 것입니다.
17 당신께서 죽으시는 곳에 나도 죽어 거기 묻힐 것입니다. 만일
죽음이 나와 당신 사이를 갈라놓는 일 외에 (떠나면) 야웨께서
내게 벌을 내리시고 더 내리시기를 원합니다" 하였다.
18 나오미가 룻이 자기와 함께 가기로 굳게 결심함을 보고 그에
게 말하기를 그쳤다.
19 이에 그 두 사람이 베들레헴까지 갔다. 베들레헴에 이를 때에
온 성읍이 그들로 말미암아 떠들며 이르기를 "이이가 나오미
냐" 하였다.
20 이에 나오미가 그들에게 말하기를, "나를 나오미라 부르지 말고
나를 마라라 부르라. 이는 전능자가 나를 심히 괴롭게 하셨기
때문이라.
21 내가 풍족하게 나갔더니 야웨께서 내게 비어 돌아오게 하셨다.
야웨께서 나를 괴롭게 하셨고 전능자가 나에게 재앙을 내리셨

거늘 너희가 어찌 나를 나오미라 부르느냐" 하였다.
22 나오미가 모압 지방에서 그의 며느리 모압 여인 룻과 함께 돌
아왔는데 그들이 보리 수확이 시작할 때에 베들레헴에 도착하
였다.

해석

(1) 유다로 귀환하는 나오미와 룻(6-18절)

나오미는 남편과 아들들이 죽은 후 유다로 귀환할 것을 결정하고 두 며느리와 함께 베들레헴으로 향했다. 귀향 혹은 귀환이주를 결심한 것은 나오미였다. 따라서 6절에는 동사들이 여성단수형이다. 그런데 7절 처음 동사인 '나오다'라는 동사는 단수형인데 비해 그 다음 동사는 복수형이다. 즉 귀환이주를 주도한 것은 나오미였으며 며느리들은 수동적으로 따르고 있는 모습을 발견할 수 있다.

나오미가 귀향을 결정을 하게 된 배경에는 모압에서 도저히 살아가기 힘든 상황이 있었을 것이다. 만일 남편과 자식도 없이 과부인 나오미가 모압에 계속 머물러 있겠다고 한다면 많은 어려움을 당할 수밖에 없었다. 즉 여자는 남자에게 소속되어야 하는데 남자들이 모두 죽었으니 나오미와 오르바와 룻이 소속될 수 있는 남자가 없었던 것이다. 즉 나오미와 두 며느리는 이제 모압에서 뜨내기 신세가 되어 버린 것이다. 이러한 상황은 사회적으로나 경제적으로 더 이상 모압 땅에 머물러 있을 수 없다는 것을 보여준다.

귀향을 결심하고 함께 떠났지만 유다로 돌아가는 도중에 나오미

는 두 며느리가 너무나 젊은 나이이기에, 그리고 모압 여자들이기에 그들을 차라리 모압 친정으로 돌려보내는 것이 좋겠다고 생각하고 그 생각을 며느리들에게 말하였다. 그런데 이 때 사용한 용어 가운데 '어머니의 집'이라는 표현을 발견할 수 있다. 일반적인 표현은 '아버지의 집'인데 왜 '어머니의 집'이라는 표현을 사용했을까? '어머니의 집'이라는 표현은 8절과 창세기(24:28)와 아가(3:4; 8:2)에서만 나타나는 표현이다. 당시 이스라엘은 가부장적인 사회였지만 이러한 표현이 나타나는 것으로 보아 모계사회의 잔재가 남아 있는 것으로 보여진다. 시어머니인 나오미의 권유에 오르바는 현실적으로 결정하고 울면서 입 맞춘 후 친정으로 돌아갔다. 그러나 룻은 시어머니를 따라 유다로 가겠다는 뜻을 밝혔다.

이러한 대화 속에 한 가지 주목할 만한 내용이 있다. 즉 시형제 결혼(levirate marriage)에 관한 것이다. 15절 "네 동서는 그의 백성과 그의 신들에게로 돌아갔으니"에서 '동서'로 번역된 히브리어 '예비므테크'가 시형제 결혼에 대한 본문인 신명기 25장에만 다시 나타난다. 룻기가 시형제 결혼과 관련이 있을 것이라는 단서로 볼 수 있다. 분명한 것은 12절에 나오미가 낳을 수 있는 아들이 며느리들의 새로운 남편이 될 수 있다는 가능성을 이야기 한다는 것이 이미 시형제 결혼 관습을 이야기한 것이다.[77]

나오미는 며느리들을 부를 때 '내 딸들아'(1:11, 12)라고 불렀다. 며느리들이 처음에 시어머니와 함께 유다 땅으로 돌아가려고 동행

77_ Timothey Willis, *The Elders of the City: A Study of the Elders-Laws in Deuteronomy* (Atlanta: SBL, 2001), 262-263, 302; Josh Ketchum, "The go'el custom in Ruth a comparative study," *Restoration Quarterly* 52 (2010), 237-245.

한 것이라든가, 룻이 기어이 시어머니와 함께 가겠다고 결심한 배경에는 시어머니의 며느리 사랑이 먼저 있었던 것이다. 나오미는 며느리들에게 입맞춤으로 작별인사를 대신하였다(1:9). 그리고 오르바가 이별할 때도 입맞춤으로 이별을 고했다(1:14). 이처럼 '입맞춤'은 이별의 인사였던 것이다.

그러나 룻은 시어머니인 나오미에게 붙어있었다. 여기서 사용된 히브리어 '다바크'라는 단어는 "혀가 입천장에 붙어있다"라는 표현에도 사용된 것으로 빈틈을 주지않고 붙어있는 모습을 가리킨다.

룻기에서 하나님은 어떤 하나님으로 묘사되어 있는가? 주로 '야웨'라는 용어가 자주 나타나며(1:6, 8, 9, 13, 21[2회]), '하나님(엘로힘, 1:16[2회])과 '전능자(샤다이, 1:21)' 등이 간혹 나타난다. 하나님은 양식을 풍성하게 거둘 수 있도록 하시는 분이며, 재앙을 내리시기도 하시고 괴롭게도 하시는 분으로 묘사되어 있다. 또한 하나님은 행위에 대해서도 공정하게 판단하며 보상해주시는 분으로 이해하고 있다. "너희가 죽은 자들과 나를 선대한 것 같이 야웨께서 너희를 선대하시기를 원하며"(룻 1:8b)라는 구절 속에는 선한 행위를 하나님께서 갚아주신다는 믿음이 들어있다.

나오미는 하나님께서 자신과 가정에 재앙을 내리시고 괴롭게 하셨다고 토로하면서 자신의 서글픈 처지를 탄식하였다. 왜 나오미는 이렇게 생각했는가? 모압지방으로 간 것이 잘못이었는가? 혹은 모압 여인들을 며느리로 맞아들이고 그 땅에서 계속 살아가려고 한 것이 잘못이었는가? 비록 모압 지방에 살고 있었지만 나오미의 말 가운데 나타나는 것은 나오미가 야웨 하나님을 섬기고 있었다는 것을 알 수 있었다.

당시 다른 지역으로 이주하여 정착한다는 것은 그 지역의 신을 섬기고 그 지역에 동화된다는 것을 의미하였다. 요셉도 이집트 총리 대신이 되었지만 이집트 제사장의 딸과 결혼하여 정착해서 살았다. 그리고 이집트의 관습에 따라 점을 치기도 하였다. 그러나 창세기에서는 이러한 요셉의 행동을 비난하지 않았다. 그리고 요셉은 이러한 상황에서도 하나님을 믿는 신앙을 지키고 있었다. 종교적으로는 다른 종교를 포용하면서도 야웨 종교를 지키고 있는 모습이다. 따라서 나오미가 모압 지방에서 국제결혼을 하고 정착해서 살려고 한 것이 잘못된 것은 아니었다. 그러나 생사화복이 하나님의 손 안에 있고 자신에게 닥친 불행이 하나님의 허락으로 인한 것임을 고백하고 있을 뿐이다. 이민을 했다고 해서 하나님의 벌을 받은 것이라 고백한 것은 아니었다.

"내가 풍족하게 나갔더니 야웨께서 내게 비어 돌아오게 하셨다. 야웨께서 나를 괴롭게 하셨고 전능자가 나에게 재앙을 내리셨다" (21절)라는 표현은 야웨를 향한 불신앙의 표현이 아니라 나오미의 탄식 소리였다. 시편에도 자주 등장하는 탄원시의 한 형태와 유사하다.

또한 룻기에는 곳곳에서 축복하는 말들이 자주 나타나는 것을 볼 수 있다. 나오미가 며느리들에게 친정으로 돌아가기를 권했을 때도 '야웨의 헷세드'가 함께 하기를 축복하였다(1:8). 그리고 남편을 만나 위로받기를 축복하였다. 그런데 룻의 경우에는 이러한 축복이 성취되었다. 이처럼 룻기에는 축복의 말이 허공으로 흩어지지 않고 성취되고 이루어지는 모습을 자주 볼 수 있다.

다시 한 번 오르바와 룻을 비교해보자. 오르바는 당시의 상황에서는 상식적인 선택을 했다고 볼 수 있다. 젊은 여인이 외국 땅에 가서 남편도 없이 이주민으로 살아가는 것보다 모압에서 다시 재혼하여 살아가는 것이 보다 더 현명한 선택이라고 할 수 있는 것이다.

그러나 룻은 상식을 뛰어넘는 선택을 하였다. 유다 땅에 가면 이방 여인, 특히 모압 여인이었기에 다시 결혼할 수 있는 가능성도 낮고 이방인으로서 차별대우를 받을 각오를 해야만 했던 것이다. 그러나 늙고 연약한 시어머니를 남겨두고 혼자 좋은 길을 택하기 보다 시어머니를 봉양하면서 함께 살겠다고 결심한 것이다. 이것은 이미 가족이 되었기 때문에 끝까지 한 가족으로서 살겠다고 결심한 것이다. 유대의 전통적인 해석은 룻이 야웨종교로 개종했다고 하면서 신앙적인 이유에서 룻이 나오미를 따르는 것으로 결심했다고 해석하고 있지만 그 이유보다 더 큰 이유는 가족을 사랑하였기 때문에 룻이 결단했다고 짐작된다. 왜냐하면 당시 다른 지역으로 이주한다는 것은 당연히 그 지역의 종교를 받아들인다는 것을 의미하기 때문이다. 따라서 "당신(어머니)의 백성이 나의 백성이 되고"(16절)라는 표현에 이미 시댁의 종교 즉 유다 백성의 종교를 받아들인다는 의미가 포함되어 있다고 볼 수 있는 것이다. 동시에 야웨 종교와 유대인에 대한 호감도 작용했으리라는 점을 또한 추측해 볼 수 있다.

룻이 시어머니 나오미에게 고백한 내용인 16-17절은 사실 모두 대명사로 되어 있다. 즉 개역개정(룻 1:16-17)에 '어머니'라는 단어로 번역되어 있지만 히브리어 성경에서는 이인칭 대명사인 '당신'으로 되어 있다. 따라서 이 구절을 서양에서는 결혼서약서로 활용하기도 한다.[78]

78_ 결혼 서약문은 다음과 같다; "당신이 가시는 곳에 나도 가고 당신이 머무시는 곳에 나도 머물겠습니다. 당신의 백성이 나의 백성이 되고 당신의 하나님이 나의 하나님이 되실 것입니다. (For whither thou goest, I will go. And where thou lodgest I will lodge. Thy people shall be my people. And thy God my God.)"

(2) 베들레헴에 도착한 나오미와 룻(19-22절)

나오미와 룻은 보리 수확기인 4-5월 경에 베들레헴으로 돌아왔다. 모든 것이 풍성한 계절이 되었지만 그들이 베들레헴으로 돌아왔을 때 느낀 것은 이중의 고통이었다. 우선 나오미는 실패한 이주자로서, 즉 모압으로 이주를 했더니 남편과 아들들이 모두 죽는 참담한 일을 겪었으며 홀로 남은 과부의 신세가 되었으니 참으로 비참한 느낌이 들었을 것이다. 더구나 친척들과 지인들 앞에 자신의 초라한 모습을 보였으니 수치스러운 마음으로 괴로웠을 것이다. 그래서 자신을 이제는 나오미라 부르지 말고 마라라 불러달라고 하였다. '나오미'라는 이름은 기쁨, 사랑스러움, 아름다움 등의 뜻을 지닌 고운 이름이다. 반면에 '마라'라는 이름의 뜻은 쓴 맛이라는 뜻이다. 그러나 아무도 나오미를 마라라 부르지 않았다. 나오미가 쏟아내는 말이 괴로움에 못이긴 탄식임을 알았던 것이다.

특히 나오미는 자신의 괴로운 처지가 하나님에 의한 것임을 토로하였다; "야웨의 손이 나를 치셨으므로..."(13절), "전능자가 나를 심히 괴롭게 하셨기 때문이라"(20절), "내가 풍족하게 나갔더니 야웨께서 내게 비어 돌아오게 하셨다. 야웨께서 나를 괴롭게 하셨고 전능자가 나에게 재앙을 내리셨거늘..."(21절). 사실 모압으로 이주한 것도 그리고 다시 돌아온 것도 모두 나오미가 결정한 것인데 말이다. 따라서 나오미가 쏟아내고 있는 말들을 논리적이며 합리적인 말로 볼 것이 아니라 다른 각도로 살펴볼 필요가 있다. 여기서 중요한 것은 나오미가 더 이상 추락할 수 없을 정도로 비참한 처지에 처해 있다는 점이다. 나오미는 이러한 상황에서 벗어나게 해 달라고 하나님께 부르짖을 힘도 찾지 못하고 있다.[79] 그냥 그 쓰디쓴 잔을 마시고 있을 뿐이다. 나오미가 하나님께 책임을 전가하려는 것이 아니라 자신이 처한 고통의 심연에서 비명을 지르듯 탄식을 토해내고 있는 것이다. 어디서도 희망을 발견할 수 없을 때 할 수 있는 최후의 행동이 바로 탄식이며 눈물이다. 그러나 모든 것의 배후에 하나님이 계심을 믿는 믿음을 잃어버리지는 않았다.

여기서 우리가 발견할 수 있는 것은 성경에 나타나는 '탄식'과 '비명'의 부분을 토대로 해서 신학을 수립하는 것에 대한 위험성이다. 탄식은 논리적이며 합리적인 말이 아니다. 그냥 쏟아내는 말이다. 따라서 하나님의 약속의 땅을 떠나 이방 땅으로 간 것이 잘못이며 나오미는 이 일로 인해 형벌을 받았다고 해석을 하는 것은 탄식이라는 장르를 이해하지 못해서 나온 잘못된 해석이라 할 수 있다. 또한 편안하게 지내는 사람들이 가끔 다가오는 충분히 감내할 수 있는 불편한 상황이 되었을 때 '하나님의 주신 것'이라 하면서 하나님께 책임을 전가하는 말과 행동도 위험한 해석일 수가 있다. 더 이상 희망을 찾기 힘든 상황 속에서, 혹은 극심한 고통 속에서 비로소 이러한 탄식과 비명을 부르짖을 수 있는 자격을 얻게 되는 것이다. 십자가 상에서 예수님이 "엘리 엘리 라마 사박다니(나의 하나님 나의 하나님 어찌하여 나를 버리시나이까)"하면서 부르짖은 것은 바로 시편의 전통에 나타나는 탄식시(시 22:1)를 외우면서 그 고통을 호소한 것이다.

그런데 나오미는 룻의 가련한 처지에 대해서는 한 마디 언급도 없다. 나오미의 괴로움이 너무 심해서 일까? 사실 룻은 과부이면서

79_ K. D. Sakenfeld, 민경진 역, **룻기** (한국장로교출판사, 2001), 77.

증오의 대상이 되어있는 이방인 모압의 여자였다.[80] 어쩌면 룻의 처지가 더더욱 어려웠을 수가 있다. 시어머니가 든든한 방패막이가 되어주기는커녕 자기가 보호하고 돌봐야 할 처지이니 말이다. 이방인 모압의 여자이며 과부인 룻이 무엇을 할 수 있을까? 막막한 상황이 이어지고 있다.

1장 결론

히브리어 성경에서는 룻기가 잠언 다음에 배치되어 있고 잠언의 지혜와 연결되어 있다. 즉 지혜의 표상이 잠언 31장의 '위대한 여인'으로 나타나며 지혜롭고 위대한 여인의 실제적인 이야기가 바로 룻기인 것이다. 또한 룻기는 6장면으로 구성된 드라마이다. 룻기에 다가서는 모든 사람들은 룻기에서 펼쳐지는 드라마에 초대되고 있다. 그리고 이 드라마에서 활약하는 주인공으로 룻과 보아스가 부각되어 있지만 자세히 살펴보면 나오미도 중요한 역을 담당하고 있음을 발견할 수 있다.

굶주림에 견디다 못해 베들레헴을 떠나 이방 땅 모압으로 이주하였지만 남편과 두 아들을 모두 잃고 다시 돌아온 나오미, 그리고 함께 돌아 온 룻의 모습이 1장에 등장한다. 룻의 단호한 결심을 통해 시어머니를 봉양하려는 룻의 가족애와 굳은 의지를 발견할 수 있었

80_ 신명기에는 "암몬 사람과 모압 사람은 여호와의 총회에 들어오지 못하리니 그들에게 속한 자는 십 대뿐 아니라 영원히 여호와의 총회에 들어오지 못하리라"(신 23:3)고 기록되어 있다.

다. 또한 나오미의 탄식을 통해 나오미의 깊은 고통을 느낄 수 있었으며 탄식의 진면목을 또한 발견할 수 있었다.

2. 2장 해석 – 보아스와의 만남과 이삭줍기

가난하고 굶주린, 그리고 늙은 시어머니를 모시고 있는 룻은 궁여지책으로 이삭줍기에 나섰다. 나오미는 젊은 여인인 며느리가 이삭줍기를 하러 나선다고 했을 때 들판에서 폭행당할 수도 있는 위험한 상황을 알고 있었기에 염려했지만, 다른 방도를 찾을 수 없었기에 허락할 수 밖에 없었다. 외국 여자 특히 모압 여자였던 룻은 이삭줍기가 허용될지 혹은 들판에서 희롱만 당하고 이삭줍기를 거절당할지 알 수는 없었지만 추수하는 밭으로 용기를 내어서 나갔다.

그런데 놀랍게도 보아스가 룻을 친절하게 맞아주었고 특별한 배려를 아끼지 않았다. 특히 젊은 여인인 룻의 신변보호를 위해 세심한 배려를 해주었다. 이 소식을 들은 나오미는 '기업무를 자' 중 한 사람인 보아스에게 새로운 기대를 하게 되었고 희망을 품게 되었다.

구조

1. 머리말	1
2. 이삭줍기하러 나서는 룻	2-3

3. 보아스와 룻의 만남 4-16
  1) 보아스의 등장과 룻과의 대화 4-13
  2) 룻을 위한 보아스의 계속되는 배려 14-16
4. 나오미에게 보고하는 룻 17-22
5. 맺는말 23

번역

1 나오미에게, 그녀의 남편에게 친척이 있으니 유력한 자요 엘리멜렉의 친족인데 그의 이름은 보아스였다.
2 모압 여인 룻이 나오미에게 말하기를, "원하건대 내가 밭으로 가서 내가 누구에게 은혜를 입으면 그를 따라서 이삭을 줍겠습니다" 하니 나오미가 그에게 대답하기를, "가라. 내 딸아"라고 하였다.
3 룻이 가서 추수하는 사람들을 따라 밭에서 이삭을 줍는데 엘리멜렉의 친족 보아스에게 속한 밭에 이르렀다.
4 보라! 보아스가 베들레헴에서부터 와서 추수하는 사람들에게 이르기를, "야웨께서 너희와 함께 하시기를 원하노라" 하니, 그들이 대답하기를, "야웨께서 당신에게 복 주시기를 원합니다"라고 화답하였다.
5 보아스가 추수하는 사람들을 거느린 사환에게 이르기를, "이는 누구의 여인이냐?" 하니
6 추수하는 사람들을 거느린 사환이 대답하여 이르기를, "이는 나오미와 함께 모압 지방에서 돌아온 모압 여인인데

7 그의 말이 나로 추수하는 사람들을 따라 단 사이에서 이삭을
줍게 하소서 하였고 아침부터 와서는 잠시 집에서 쉰 외에 지
금까지 계속하는 중입니다" 하였다.
8 보아스가 룻에게 말하기를, "내 딸아! 들으라! 이삭을 주우러
다른 밭으로 가지 말며 여기서 떠나지 말고 나의 소녀들에게
붙어 있으라
9 그들이 추수하는 밭을 보고 그들을 따르라. 내가 사환들에게
너를 건드리지 말라고 명령하였다. 목이 마르거든 그릇에 가서
사환들이 길어 온 것을 마실 것이라" 하였다.
10 룻이 엎드려 얼굴을 땅에 대고 절하며 그에게 이르되 "당신이
어찌하여 외국 여자인 제게 은혜를 베푸시며 저를 알아주십니
까?" 하니
11 보아스가 그에게 대답하여 말하기를, "네 남편이 죽은 후로 네
가 시어머니에게 행한 모든 것과 네 부모와 네 고국을 떠나 전
에 알지 못하던 백성에게로 온 일이 내게 분명히 알려졌다.
12 야웨께서 네가 행한 일에 보답하시기를 원하며, 이스라엘의 하
나님 야웨께서 그의 날개 아래에 보호를 받으러 온 네게 온전
한 보상을 해 주시기를 원하노라" 하였다.
13 룻이 말하기를, "내 주여 당신은 나에게 은혜로우십니다. 나는
당신의 하녀 중의 하나와도 같지 못하오나 참으로 당신이 이
하녀를 안심시키고 마음에 말해 주셨습니다" 하였다.
14 식사할 때에 보아스가 룻에게 이르기를, "이리로 와서 떡을 먹
으시오. 당신의 떡 조각을 초에 찍으이오" 하므로 룻이 곡식
베는 자 곁에 앉으니 그들이 볶은 곡식을 주매 룻이 배불리 먹
고 남았더라.

15 룻이 이삭을 주우러 일어날 때에 보아스가 자기 사환들에게
명령하여 이르기를, "그가 곡식 단 사이에서 줍게 하고 부끄럽
게 만들지 말라.
16 또 그를 위하여 곡식 다발에서 조금씩 뽑아 버려서 그가 줍게
하고 책망하지 말라" 하였다.
17 룻이 밭에서 저녁까지 줍고 그 주운 것을 떠니 보리가 한 에바
쯤 되었다.
18 그것을 가지고 성읍에 들어가서 시어머니에게 그 주운 것을 보
이고 그가 배불리 먹고 남긴 것을 내어 시어머니에게 드렸다.
19 시어머니가 그에게 이르기를, "오늘 어디서 주웠느냐? 어디서
일을 하였느냐? 너를 알아본 자에게 복이 있기를 원하노라!"
하니, 룻이 누구와 함께 일했는지를 시어머니에게 알게 하여 말
하기를, "오늘 함께 일한 사람의 이름은 보아스입니다" 하였다.
20 나오미가 자기 며느리에게 이르기를, "그가 야웨로부터 복 받
기를 원하노라. 그가 살아 있는 자와 죽은 자에게 은혜 베풀
기를 그치지 아니하도다" 하고 나오미가 또 그에게 이르기를,
"그 사람은 우리와 가까우니 우리 기업을 무를 자 중 하나라"
하였다.
21 모압 여인 룻이 말하기를, "그가 내게 또 이르기를 내 추수를
다 마치기까지 너는 내 사환들에게 가까이 붙어있으라 하더이
다" 하니
22 나오미가 며느리 룻에게 이르기를, "내 딸아 너는 그의 소녀들
과 함께 나가고 다른 밭에서 사람들이 너를 괴롭히지 않도록
하는 것이 좋으니라" 하였다.
23 이에 룻이 보아스의 소녀들에게 가까이 붙어 있어서 보리 추

수와 밀 추수를 마치기까지 이삭을 주우며 그의 시어머니와 함께 거주하였다.

해석

2장의 주인공은 룻이요 보아스라 볼 수 있는데 시작은 '나오미에게'라는 단어로 시작된다. 그리고 엘리멜렉도 '그녀의 남편'으로 소개되고 있다. 즉 나오미는 전면에 나타나는 주인공은 아니지만 이야기의 큰 흐름은 나오미의 이야기임을 알려주는 것이다.

나오미와 더불어 2장을 주도하는 또 다른 인물은 보아스다. 2장 전체를 이끄는 서두인 1절에서 이야기꾼은 보아스를 대대적으로 부각시키고 있다. 이야기꾼은 보아스를 '유력한 자'로 소개하고 있다. '유력한 자'는 '이쉬 깃보르 하일'을 번역한 것인데 시리아의 군대장관인 나아만과 같은 용사이며 군대 지휘관을 가리킬 수도 있고(왕하 5:1; 참조; 대상 12:28), 능력이 있고 부유한 '대인(大人)'일 수도 있으며(왕하 15:20), 명예로운 신분이거나 존경받는 인물일 수도 있다. 여기서 이야기꾼은 절망에 빠진 나오미에게 일말의 희망의 빛이 비출 수도 있다는 것을 암시하고 있다. 가난한 나오미에게 부유한 친족이 있다는 것이다.

이와 더불어 보아스를 소개할 때 '친척' 혹은 '친족'이라는 용어를 사용하고 있다. 나중에는 '가까운 사람(근족)' 혹은 '구속자(고엘)'라는 단어로 소개되고 있지만 여기서는 가까운 피붙이라는 의미로 보아스를 소개하고 있다. '친척'이라 번역한 히브리어 '모다'(2:1; 3:2)는 다소 의미가 모호한 단어이다. 잠언(7:4)에는 '누이'와 평행하는 단어로 나타나기에 '친척'이라는 번역이 적절하게 여겨진다. 캠벨은 '언약 형제'로 번역하기도 하지만 이러한 주장은 설득력이 부족하다.[81] '친족'이라 번역한 히브리어 '미쉬파흐'는 지파와 대가족(아비의 집) 사이의 집단을 가리키는 것으로 씨족이라 볼 수 있다. 즉 한 조상의 후손이라는 의미이다. '친족'이라고 할 때는 계속해서 '엘리멜렉의 친족'이라 묘사하고 있다(2:1, 3).

'보아스'라는 이름은 그 의미가 모호하지만 솔로몬 성전 입구에 세워진 기둥의 이름이기도 하다. 그 기둥의 이름들은 '보아스'와 '야긴'이었다.

이야기꾼은 룻을 소개할 때 '모압 여인 룻'이라는 수식어를 먼저 제시하고 있다. 이러한 어투는 외국인을 부를 때 일상적으로 사용하는 어투였다. 예를 들면 '헷 사람 우리야'(삼하 11:3, 6, 21, 24) 혹은 '가드 사람 잇대'(삼하 15:19-22; 18:2-12)같이 출신지를 밝히는 것이 외국인의 완전한 이름으로 나타나고 있다. 따라서 외국 여자이기 때문에 '모압 여인 룻'이 완전한 이름인 것이다. 우리나라에도 이러한 풍습이 있었다. 다른 지역에서 시집을 오면 흔히 '여주댁' 혹은 '사천댁'이라고 그 출신지 이름을 붙여 부르는 관습이 있었다.

룻이 나오미에게 이삭줍기를 하겠다고 말할 때 '원하건데'로 번역되는 히브리어 '나'라는 용어를 사용한다. 이러한 용어는 존경하는 사람에게 정중하게 요청할 때 사용되는 용어이다. 이것은 룻이 나오미를 존경하고 있다는 것을 나타내는 용어이며, 시어머니의 허락이 있어야 행동할 수 있다는 며느리로서의 예의바른 모습을 보여주는

81_ Edward F. Campbell Jr., *Ruth: AB* vol. 7, (Garden City, N.Y.: Doubleday & Company, Inc., 1975) 89-90.

것이다.

'이삭줍기'는 밭이 없는 고아와 과부와 가난한 사람들이 연명할 수 있는 방편이었다. 그런데 이스라엘에는 전통적으로 밭을 소유하는 사람들이 가난한 사람들에게 베푸는 특별한 방식이기도 하였다. 왜냐하면 '이삭줍기'는 가난한 사람의 자존심을 세워주면서 그들을 도울 수 있는 방식이기 때문이다. 그래서 율법에도 가난한 사람들이 '이삭줍기'를 할 수 있도록 도와주라는 조항을 강조하고 있다(레 19:9-10; 23:22; 출 22:22-24; 신 10:18; 14:29; 16:11; 24:17; 24:19-21; 사 1:23; 10:2; 렘 7:6; 욥 24:3, 21; 시 94:6).

만일 가난한 사람에게 곡식을 직접 건네준다면 받는 사람들은 수치감을 느낄 것이고 거지 취급한다는 자괴감을 맛보게 될 것이다. 그러나 '이삭줍기'를 하면 스스로 노력해서 양식을 마련한다는 자부심을 느낄 수 있기 때문에 자존심에 상처를 주지 않게 된다. 왜 이것이 이토록 중요한가? 이 세상에는 예수님도 지적하였듯이 언제나 부자와 가난한 사람들이 있게 마련이다. 중요한 것은 부자와 가난한 사람들이 자존심을 지키면서 서로 어울려 살 수 있는 상황을 마련해야 한다는 것이다. 이러한 분위기가 마련될 때 공동체는 한 가족처럼 서로 웃으면서 살아갈 수 있는 것이다. 그러나 만약 한 쪽은 자선을 베풀고 다른 한 쪽은 거지취급을 받는다면 나누어 주면서도 공동체는 깨어져 버린다. 이러한 불행한 일을 미연에 방지하기 위해 '이삭줍기'라는 방식을 통해 부자와 가난한 사람들이 함께 어울려 살 수 있도록 상황을 의도적으로 만들어 가는 것이다.

사실 곡식을 추수하는 사람들 입장에서는 낟알 하나도 아깝게 여기면서 모두 수확을 하고 싶어 한다. 그러면 이삭줍는 사람들이 주울 낟알이 없어진다. 그래서 이삭줍기를 도우려면 일부러 추수할 때 일부분을 남겨두어야 한다. 때로는 밭 모퉁이 부분을 아예 낫을 데지 않고 남겨두는 경우도 있다. 룻기에는 마음씨 좋은 아저씨인 보아스가 일부러 곡식단에서 조금 뽑아서 흩어두라고 할 정도로 이삭줍기하는 사람들을 배려하는 모습도 볼 수 있다.

"가라. 내 딸아"라고 시어머니가 며느리에게 이삭줍기를 허락할 때 나오미의 마음이 어떠했는지 살펴보자. 며느리를 '내 딸'이라고 부르는 나오미의 마음은 안타까움이 배어있는 말이다. 왜냐하면 들판에서 젊은 여성이, 그것도 외국인 여성이 이삭줍기를 한다는 것은 추수하는 남자들에게서 희롱을 받기 십상이기 때문이다(2:15, 16). 때로는 인적이 드문 들판에서 폭행을 당할 수도 있는 위험한 일이기도 하였다(2:22). 이러한 염려가 있기 때문에 룻도 나오미에게 간청할 때 "내가 누구에게 은혜를 입으면"이라는 표현을 사용하는 것이다. 즉 누군가가 자신을 보호해주고 배려할 것을 기대한다는 것과 그렇게 잘 될 것이라고 나오미의 마음을 안심시키는 표현을 한 것이다. 이러한 상황에서 나오미가 룻을 들판으로 내 보낼 때는 여전히 염려되고 안타깝지만 당장 끼니를 해결할 방도가 없으니 내 보낼 수 밖에 없는 것이다. 늙고 힘없는 시어머니인 나오미의 염려와 참담한 심정, 그리고 며느리에 대한 애틋한 사랑이 느껴지는 대화이기도 하다.

다시 살펴보면 "내가 누구에게 은혜를 입으면 그를 따라서"라는 표현 속에는 이삭줍기가 쉽지 않을 수도 있다는 내용이 들어있다. 즉 가난한 사람들이 이삭을 주우려고 할 때 방해를 하거나, 자기 밭에서 이삭줍는 것을 탐탁치 않게 여기는 경우가 있다는 것이다.

"내가 누구에게 은혜를 입으면 그를 따라서"라고 번역한 히브리어 구절을 직역하면 "내가 그의 눈에 은총을 받을 수 있는 그 사람의 뒤에서"라고 번역할 수 있다.

3a절을 직역하면 다음과 같다; "그녀가 걸어갔다. 그리고 그녀가 왔다. 그리고 그녀가 밭에서 추수하는 사람을 따라 이삭을 주웠다." 룻이 밭으로 간 행동을 이처럼 두 개의 동사로 표현하는 것은 구약에 나타나는 관용구로 볼 수 있다(삿 19:10; 삼상 22:5; 왕상 14:17; 왕하 4:25). 즉 룻이 (밭으로) 걸어간 것을 묘사한 것이다. 그리고 의도하지 않았지만 보아스의 밭에 이르게 되었다. 참으로 다행한 일이 아닌가! 하나님이 다스리는 세상에는 우연이라는 것이 없으니 결국 선하게 인도하시는 하나님의 보이지 않는 손길로 보아야 할 것이다.

보아스가 나타났을 때 이야기꾼은 '보라!'라는 감탄사를 터뜨리면서 보아스를 크게 환영하는 빛을 보인다(4절). 무엇인가 중요한 일을 할 사람임을 암시하는 것이다. 기대에 부응하여 보아스는 첫 마디를 축복 혹은 기도로 시작한다. "야웨께서 여러분과 함께 하시기를"(4절)이라는 보아스의 말은 '야웨 임마켐'이라는 히브리어 인사말이면서 축복의 말이기도 하다. 지금도 아랍어권에서는 '하나님께서 당신과 함께 하시기를(알라 마이크)' 하면서 인사를 한다. 이에 추수하는 일꾼들이 "야웨께서 당신에게 복 주시기를(여바레크카 야웨)"이라는 축복의 인사말로 화답하였다(4절).

보아스가 사환에게 물었을 때 "이는 누구에게 속한 소녀냐?"라고 물었다. 당시 여자는 어렸을 때는 부모에 속했고, 결혼하면 남편에게 속한 존재였다. 따라서 보아스의 물음은 당시의 관습상 적절한 물음이었다. 여자는 누구에게 속해 있어야 하기 때문에 남편이 없으면 합법적인 신분을 얻을 수가 없었다. 남편이 있다가 죽은 경우에는 과부('죽은 자의 아내)의 신분이 될 수는 있었다. 여성의 위상이 이러했기 때문에 '이주자(게르)의 경우 단어 자체가 남성형이만 있고 여성형이 없다.[82]

사환이 보아스에게 보고하는 내용을 보면 룻이 모압 여인인 것을 두 번이나 언급하면서 강조하였다(6-7절). 2장에서 이야기꾼은 룻을 소개하기를 '모압 여인 룻'이라 불렀고(2절) 마지막에도 '모압 여인 룻'이라 불렀다(21절). 2장에서는 아직 룻의 정체성이 '모압 여인'에 머물고 있는 것이다. 룻의 경우 가난한 외국여인으로 나타나는데 당시 외국여인은 부정적인 이미지가 강한 시대였다. 특히 창녀의 이미지가 겹쳐져 있었다.[83] 더구나 모압 여자인 경우에는 모압에 대한 원한과 반감이 더해져서 더더욱 천대와 멸시를 받을 수 밖에 없었다.

"단 사이에서 이삭을 줍게 하소서"라는 부분은 번역하기 어려운 부분이다. 이 부분을 직역하면 "제가 이삭 사이에서 줍고 그리고 모으기를 원합니다(알라코타-나 붸아사프티 바오마림)"라고 번역할 수 있다. 이러한 번역에 따르면 이삭을 주운 후 모은 이삭을 단으로 묶는 모습이 연상된다. 히브리어 '오마르'는 '곡식 단'을 가리키는 것이 아니라 곡식의 이삭을 가리킨다. 따라서 '단 사이에서'가 아니라 '이삭 사이에서'라는 번역이 더 정확하다고 볼 수 있다(15절 참조).

8절과 9절 그리고 3장 1, 2절에는 특이하게도 의문부정문이 나타

82_ Agenthe Siquans, "Foreignness and Poverty in the Book of Ruth: A Legal Way for a Poor Foreign Woman to Be Integrated into Israel," *JBL* 128(2009) 446.

83_ 윗글, 449, 각주 26.

난다. 8a절을 직역하면 "듣지 않았느냐? 내 딸아!(할로 샤마아트 비티)"라고 번역된다. 이렇게 의문부정문을 사용하면 말하고자 하는 내용을 강조할 수 있으며, 어투는 감탄조의 어투가 된다. 9절의 경우에도 "내가 사환들에게 너를 건드리지 말라고 명령하지 았았느냐(할로 치위티 에트-한느아림 레빌티 나그에크)?"고 번역할 수 있다. 이렇게 보아스는 자신의 속 깊은 마음을 의문부정문에 담아 강조한 것이다.

보아스는 이례적으로 관대하며 특별하게 룻을 대하였다(8-9, 11-12, 14-16절). '내 딸아'라고 친근하게 부르면서 룻을 보호해 주었다. 보아스가 룻을 돕고 보호해 주는 것을 세 가지로 요약할 수 있다. 첫째는 이삭을 줍도록 허락하고 도와 줄 것이다. 둘째는 신변보호를 해주겠다. 셋째는 마실 물을 제공하겠다. 곡식을 추수하고 있는데 누군가 이삭줍기를 하려고 하면 밭주인이나 일꾼들이 탐탁치 않게 여길 수도 있고 희롱을 당할 수도 있다. 그래서 밭 주인이나 일꾼들의 허락을 얻을 수 있다면 참으로 다행한 일인 것이다. 보아스는 쾌히 룻의 이삭줍기를 허용한다고 하였다.

그다음 중요한 것은 신변보호였다. 젊은 여인이며 외국인인 룻의 상황을 알고 있는 보아스는 이 점을 중요하게 여겨 반복해서 강조하였다. 즉 보아스의 소녀들과 함께 '붙어 있으라'고 하고 일꾼들이 룻을 '건드리지' 않도록 하겠다고 하였다. 여기서 '붙어 있으라'고 번역한 단어는 히브리어 '다바크'인데 이 단어는 "내 혀가 입천장에 붙어있다"(시 137:6)라는 표현에도 사용된 것으로 빈틈을 주지않고 붙어있는 모습을 가리킨다(1:14; 2:8, 21, 23). 원래 이삭줍기 하는 사람들은 추수하는 일꾼들과는 간격을 두고 이삭을 줍기 마련이다.

그런데 이처럼 추수하는 소녀들과 함께 붙어있으라는 것은 특별한 배려이며 룻의 안전을 위한 특별한 조치로 볼 수 있다. 더 심각한 단어는 '건드리다'라는 단어인데 이 단어는 히브리어 '나가'로서 그 뜻은 '만지다(touch)' 혹은 '치다(strike)'이다. 밭의 일꾼들이 이삭줍기 하는 젊은 여성에게 폭력(창 32:26)을 행사한다는 것은 단순한 성추행을 넘어서서 성폭행(삼하 4:10; 렘 12:14)까지도 연상되는 용어이다. 일꾼들이 룻에게 이렇게 행동하지 않도록 단단히 '명령'했다고 보아스는 룻을 안심시켰다.

세 번째, 마실 물을 제공한다는 것은 룻을 위한 따뜻한 마음을 표시한 것이다. 추수할 때는 더위도 심하고 들판에서 물을 구하기도 힘들어 미리 물통에 물을 길어 놓았다가 일꾼들이 시시로 물을 마시는 것이다. 룻에게 이러한 물을 마실 수 있도록 한 것은 단순한 배려 이상으로 필요한 모든 것에 마음을 쓰면서 세심하게 배려하는 보아스의 마음을 읽을 수 있는 대목이다.

10절을 직역하면 다음과 같다; "당신이 어찌하여 외국 여자인 제가 당신의 눈에서 은혜를 발견하며 당신이 저를 알아 주십니까?" 룻은 보아스에게 자신을 '외국 여자'라고 했다. '외국 여자'으로 번역되는 '노크리야'는 가장 낮은 계층의 대명사였다. 노크리야는 안식년의 이자를 면제해 주라는 규정에서도 제외되었으며(신 15:3) 일반적인 이자 면제 규정에도 제외되었다(신 23:21). 이주자에게 주어지는 여러 가지 혜택도 외국인에게는 해당되지 않았다. 예를 들면 '이삭줍기'도 외국인에게는 허용되지 않는 것이 관례였다. 기대하지도 않았는데 보아스가 특별히 자신을 위해 필요한 모든 것을 허락해주며 세심하게 보살펴주었을 때 룻은 감격하여 의문문으로 강한 감사의 뜻을 표시하였다.

보아스는 룻의 착한 행실을 상세히 짚어가면서 그 행실에 대해 하나님께서 복주시기를 기원하였다(11-12절). 룻이 홀로 남은 시어머니를 모신 것과 고국을 떠나 이스라엘 땅으로 온 것을 들면서 하나님의 축복을 기원하였다. 그런데 룻의 남편이 죽은 것을 굳이 말한 것은 나중에 '죽은 자의 아내'라는 룻의 또 다른 명칭과 연결시키기 위한 것이다. 즉 보아스는 룻의 신분이 단순한 외국여자가 아니라 이스라엘 남자의 미망인이라는 신분으로 보았다는 것이다. 이러한 보아스의 생각이 있었기에 룻이 고엘이 되어달라는 요구에 대해 흔쾌히 응할 수 있었다고 볼 수 있다(3:9-10).

"네 아비와 어미와 네 친족의 땅을 떠나 알지 못하던 백성에게로 온 일"(2:11)이라는 표현은 마치 아브라함이 하나님의 명령을 받고 가나안 땅으로 출발할 때의 표현과 비슷하다. 아브라함은 "너는 너의 땅과 친척과 아비의 집을 떠나 내가 네게 지시할 땅으로 가라"(창 12:1)라는 하나님의 명령을 받아 알지 못하는 땅으로 떠났다.[84] 이 두 구절을 대조해보면 상응하는 단어가 교차대구적으로 정렬되어 있는 것을 발견할 수 있으며 내용은 거의 동일함을 알 수 있다. 이처럼 이스라엘의 족장인 아브라함과 비교될 수 있는 인물이 바로 룻임을 은연중 제시해 주고 있는 것이다. 이러한 표현은 나중에 나타나는 '위대한 여인'(3:11)이라는 표현과 연결되면서 룻이 여족장(matriarch)으로서의 면모를 가질만한 여걸임을 보여주는 것이다. 실

84_ 히브리서는 아브라함에 대해서 "아브라함은...장래 기업으로 받을 땅에 나갈 새 갈 바를 알지 못하고 나갔으며"라고 해석하였다(히 11:8).

제 룻은 다윗 왕조의 선조가 되었다. 아브라함과 룻의 차이를 지적한다면, 아브라함은 하나님의 명령을 듣고 아비의 집을 떠났지만, 룻은 홀로 된 늙은 시어머니를 봉양하기 위해 스스로 결단하여 아비의 집을 떠났다. 보이지 않는 하나님의 손길이 룻의 결단에 함께 했다는 것을 짐작할 수는 있지만 표면상 돋보이는 것은 룻의 담대함과 선한 결단이다. 이러한 결단과 행동은 아브라함 못지않은 행동이며, 오히려 아브라함보다 더 위대한 행보라는 인상을 주고 있다. 룻과 아브라함에 관해 기록된 것을 비교해 보면 다음과 같다;

> [룻] ...네 부모와 네 고국을 떠나 전에 알지 못하던 백성에게로 온 일이 내게 분명히 알려졌다. (룻 2:11)
> [아브라함] ...너는 너의 고향과 친척과 아버지의 집을 떠나 내가 네게 보여 줄 땅으로 가라. (창 12:1)

선한 행실에 대해 하나님께서 보답하신다는 것을 보아스는 반복해서 강조하고 있다(2:12). 특히 "야웨께서 그의 날개(카나프)아래" 보호해 주신다는 표현을 사용하였다. 그런데 이러한 축복과 기원을 드리면서 실제로는 보아스가 하나님을 대신해서 룻을 위해 보상해 주고 그의 날개아래 보호해 주었다. 룻이 타작마당에서 보아스 곁에 누워있었을 때 룻은 보아스에게 "당신의 옷자락으로 나를 덮어소서"(3:9)라고 했다. 그런데 이 때 사용된 '옷자락'은 '날개'로 번역되는 '카나프'라는 단어로 보아스가 말했던 야웨의 '날개'에 사용되었던 단어와 동일하다. 즉 룻은 하나님께서 날개 아래 보호해 주신다는 축복을 했는데, 보아스 당신이 그 일을 성취시킬 수 있다는 뜻으로 말하고 있는 것이다. 하나님의 축복의 대리자(agent)로 행동해 달라는 요청으로 볼 수도 있다. 보아스는 이 요청을 흔쾌히 받아들여 '기업무를 자'의 책임을 다하였고 룻과 결혼하기까지 하였다.

룻은 보아스를 '주인님'이라 부르고 자신을 '하녀(쉬프하)'라 부르면서 보아스의 은혜에 감사들 드렸다(13절). '하녀'라는 호칭은 룻이 타작 마당에서 보아스에게 한 말에도 나타난다(3:9). 다만 이 때 사용된 히브리어 단어는 다른 단어인 '아마'이다. '하녀'라는 신분은 사회계층에서 아주 낮은 계층을 일컫는 말이다. 그러나 보다 더 중요한 것은 '하녀'라는 표현은 자신을 낮추어 말하는 겸손한 표현이지 굳이 신분을 밝히는 용어가 아니라는 것이다.

룻이 보아스에게 감사의 뜻을 표시할 때 미완료형을 사용하였다. 13a절을 직역해보면 다음과 같다; "내주여 나는 당신의 눈에서 은혜를 발견하고 있습니다". 이 말의 뜻은 "당신은 나에게 은혜로우십니다"라는 의미이다. 이러한 표현은 완료형을 사용한 10절의 감사의 표시와는 차이가 난다. 즉 13a절의 표현은, 과거에도 은혜를 베풀었지만 현재에도 은혜를 베풀고 있고 미래에도 은혜를 베풀 수 있는 분이라는 뜻으로 볼 수 있는 것이다; "참으로 당신이 이 하녀를 안심시키고 마음에 말해 주셨습니다"(13절).

개역개정에 '위로하다'로 번역된 히브리어 '낙함'이라는 단어의 피엘형은 오히려 '안심시키다'로 번역하는 것이 적절하다(창 50:21). 왜냐하면 두 가지 의미로 번역할 수는 있지만 룻의 상황을 보면 이삭을 주우러 들판으로 나선 젊은 외국 여자이기에 두려움을 느낄 수 밖에 없었기 때문이다.

또한 이 구절 가운데 '마음에 말하다(디바르타 알 레브)'는 표현은 용기를 북돋워 주는 말을 하는 것으로 이해할 수 있다(창 50:21; 삼하 19:8; 대하 32:6).[85] 이 표현은 '부드럽게 말하다'(창 34:3; 삿 19:3; 호 2:16) 혹은 '동정적으로 말하다'(사 40:2)라는 의미를 전달할 때도 사용하지만 룻의 처지를 생각한다면 용기를 불러 일으켜 주는 말을 한 것으로 짐작된다.

14절

보아스가 룻을 향해 베푼 친절은 한걸음 더 나아간다. 식사할 때 룻을 초대해서 함께 먹을 수 있도록 배려하였다(14절). 굶주림에 시달려 이삭 주우러 온 사람이 음식을 준비해서 올 리 만무하다. 이러한 사정을 알고 있는 보아스가 룻을 식사에 초대한 것이다.

'초'라고 번역된 히브리어 '하마츠'는 '식초'로 번역될 수 있는데 신 맛이 나는 양념 종류로 포도로 만들 수도 있고 또 다른 술로 만들 수도 있는 것이다(민 6:3). '볶은 곡식'은 중동 지역에서는 흔히 볼 수 있는 음식으로(레 2:14; 삼상 17:17; 25:18) 군인들의 주식이었다고 전한다.

15–16절

보아스는 룻을 위해 넘치도록 자상하게 배려하였다. 룻이 이삭을 많이 주울 수 있도록 일부러 곡식 다발에서 조금씩 뽑아 버리라고 사환들에게 명령한 것이다. 수치스러운 느낌이 들지 않으면서도 룻을 도울 수 있는 방법을 보아스가 특별히 모색한 것이다. 더구나

85_ F. W. Bush, **룻기. 에스더**, 정일오 역 (솔로몬, 2007) 207.

사환들에게 룻을 부끄럽게도 하지 말고 책망하지도 말아라고 명령하면서 룻의 마음이 상처받지 않도록 세심하게 배려하는 모습을 볼 수 있다. 이러한 모습을 볼 때 보아스가 룻에게 특별히 배려한 것을 분명히 확인할 수 있다. 아마도 경험이 많은 나오미가 보아스의 이러한 특별한 배려와 룻에 대한 호의적인 마음을 읽고 있었을 것이다. 이러한 확신을 가지고 있었기에 나오미가 밤에 룻을 타작마당으로 보낼 수 있었고 룻도 용기를 낼 수 있었을 것이다.

17절

한 에바의 분량은 22리터 혹은 36.4리터다. 하루 동안 이삭줍기로 모은 것으로는 아주 많은 양이라 할 수 있다. 보리를 떨 때는 막대기로 이삭 줄기와 낟알들을 때려 타작하는 것이 관습이었다. 그래서 '치다(하바트)'라는 단어를 사용한다.

18-20절

주운 곡식과 남은 음식을 나오미에게 드리니 나오미가 놀라움을 감추지 못한다. 연거푸 묻는 질문에서 나오미의 놀라는 모습을 짐작할 수 있다. 그런데 그 질문은 어느 지역에서 이삭줍기를 했는지를 묻는다기 보다 누구의 밭에서 이삭을 주웠는지를 묻는 것으로 보인다. 왜냐하면 그 다음 밭주인에 대해 축복하는 말이 이어져 나오기 때문이다. 나오미는 누군지는 알 지 못하지만 누군가의 배려 없이는 이러한 일이 일어나지 않는다는 사실을 알아채고 배려한 사람, 곧 '돌본 자'를 축복한다.

개역개정에 '돌본 자'로 번역된 히브리어 '마키르'는 히필 분사형으로 기본적인 뜻은 '알아보는 자'이다(19절). 이삭줍기하는 여인을

'알아보았다'는 것은 '눈여겨 보았다'라는 뜻도 있다. 단순히 돌보아 주는 것으로 이 많은 양의 이삭을 주웠을 리가 없다는 것을 나오미도 알고 있었고, 더구나 먹을 것까지 준 사람이라면 룻에게 보통 이상의 관심이 있었다는 것을 나오미가 눈치 챈 것이다. 혹시나 친척이 아닐까 혹은 혹시나 젊은 여인인 룻에게 남자로서의 특별한 감정을 가진 것이 아닐까하는 추측을 나오미가 했을 것으로 보인다.

룻이 나오미에게 밭 주인의 이름을 이야기 할 때 '함께 일하다(아시티 임모)'라는 구절을 반복하는 것을 볼 수 있다(19절). 누구에게서 동정을 받은 것이 아니라 함께 일했다는 점을 강조함으로 당당한 자신이 모습을 보여준 것이다. 이것이 바로 이삭줍기의 취지라고 할 수 있다. 가난한 사람의 자존심을 지켜주고 일한 보람을 느끼게 해 주는 제도인 것이다.

룻이 보아스라는 이름을 이야기하자 나오미는 새로운 희망을 느낀다. 즉 보아스가 가까운 친척이요 '기업무를 자' 중 한 사람이라 밝히면서 앞으로 일어날 수도 있는 것에 대해 강한 희망을 표시하였다.

'기업무를 자'(20절) 혹은 '구속자'로 번역되는 고엘은 가족(친족)으로서 어려움을 당한 가족(친족)을 돕는 사람이다. 예를 들어 친족이 가난하여 돈을 빌렸는데 갚지 못하여 땅을 차압당했다면 가장 가까운 친족(가족)이 자기의 돈을 들고 가서 그 빚을 갚고 그 땅을 다시 찾아와야 하는데 이러한 역할을 하는 사람을 '고엘'이라 한다(레 25:47-49). 경우에 따라서는 많은 빚을 져서 사람이 노예로 팔려가는 경우가 있다. 이 때도 가장 가까운 친족(가족)이 자기의 돈을 들고 가서 그 빚을 갚고 노예로 팔려간 친족(가족)을 해방시켜 데려오는데 이러한 역할을 하는 사람을 '고엘'이라 부른다.[86]

그런데 나오미가 보아스를 축복할 때 왜 '죽은 자'라는 용어를 사용했을까? - "그가 야웨로부터 복 받기를 원하노라. 그가 살아 있는 자와 **죽은 자**에게 은혜 베풀기를 그치지 아니하도다"(20절). 이러한 용어를 사용하는 것은 이미 나오미의 마음 속에는 보아스가 '기업무를 자'의 역할을 해 줄 것이라는 기대가 싹트고 있었기 때문이다. '살아 있는 자'라면 나오미와 룻을 가리키고 '죽은 자'라면 나오미의 남편 엘리멜렉과 룻의 남편 말론을 가리킨다. '기업무를 자'의 역할을 한다는 것은 엘리멜렉과 말론의 이름을 이어주는 것이기 때문에 '죽은 자'라는 용어를 사용한 것이다. '죽은 자'라는 용어는 나중에 나타날 '죽은 자의 아내'(4:5)라는 용어와 바로 연결되는 것으로 룻의 신분을 변화시키는 결정적인 용어로 사용된다.

한 가지 논란이 되는 부분이 있다. 즉 "그가 야웨로부터 복 받기를 원하노라. 그가 살아 있는 자와 죽은 자에게 은혜 베풀기를 그치지 아니하도다"의 문장에서 누가 은혜를 베푸는 것이냐는 물음이다. 히브리어 문장을 살펴보면, 은혜를 베푼 존재가 보아스일 수도 있고 야웨일 수도 있다. 캠벨(Edward F. Campbell Jr.)과 자켄펠트(K. D. Sakenfeld)는 야웨가 은혜를 베푼 것으로 해석하였고, 부쉬(F. W. Bush)는 보아스가 은혜를 베푼 것으로 보았다.[87] 이러한 논란이 있음에도 불구하고 문맥상 야웨보다 앞에서 언급한 인물인 보아스가 베푸는 은혜로 보여진다.

86_ 정중호, **레위기- 만남과 나눔의 장**, 400-401.

87_ Edward F. Campbell Jr., *Ruth*, 106; K. D. Sakenfeld, **현대주석 룻기**, 104-107; F. W. Bush, **룻기. 에스더**, 225.

21-23절

이야기꾼은 2장 말미에 다시 '모압 여인 룻'이라고 하면서 룻이 외국 여자 특히 모압 여자임을 강조하고 있다. 이러한 외국 여자에게 보아스가 오늘 뿐 만 아니라 추수가 모두 마치기 까지 이삭줍기 하는 것을 허락하고 룻의 안전을 위해 사환들에게 붙어있으라고 배려하였다.

이 이야기를 들은 나오미는 룻에게 안전을 위해서도 보아스의 밭에서 이삭을 줍는 것이 좋겠다고 하였다. 그래서 보아스가 '내 사환들'과 가까이 있으라고 했는데 나오미는 '그의 소녀들'과 함께 다니라고 충고하고 있다. 나오미가 무엇을 염려하고 있는지 짐작할 수 있는 대목이다. 보아스는 룻의 신변안전과 많은 이삭을 주울 수 있도록 배려했다면, 나오미는 남자들 사이에서 혹시나 희롱을 당하지 않을까하는 염려를 하면서 소녀들과 함께 다니라고 충고하고 있는 것이다.

개역개정에는 "(다른 밭에서) 사람을 만나지 (않는 것이 좋으니라)"(22절)고 번역되어 있지만 "그들이 너를 괴롭히지 않도록"으로 번역하는 것이 적절하다. 왜냐하면 히브리어 '파가으'라는 단어는 '만나다' 혹은 '괴롭히다' 혹은 '공격하다'(출 5:3; 삿 15:12)라는 뜻이 있기 때문이며 이 문맥에서는 '괴롭히다'라는 번역이 가장 적합하기 때문이다. 결국 다른 밭에 가면 일꾼들이 모압 여자인 룻을 희롱하며 폭행할 수도 있기 때문에 나오미는 보아스의 밭에서 소녀들과 가까이 있으면서 이삭을 줍도록 하라는 것이다. 나오미가 사용하는 단어는 보아스가 사용한 단어(9, 15절)보다 훨씬 더 강력한 단어이다. 룻의 신변안전에 대해서는 나오미가 보아스보다 훨씬 더 염려하고 두려워하고 있었다는 것을 알 수 있다.

"보리 추수와 밀 추수를 마치기까지"의 기간은 대략 4월 말에서 6월 초까지 약 6주간의 기간이라 볼 수 있다. 그리고 타작하는 것은 보리 타작도 밀을 추수하는 것과 더불어 계속되었다. 이 기간 동안 룻은 이삭을 주웠고 보아스는 룻에게 특별하게 배려해주었을 것이다. 그러나 룻과 보아스 사이에 더 이상의 진전은 없었다는 이야기이기도 하다. 나오미는 보아스에 대한 기대감으로 부풀어 올랐지만 역시 기대로 끝나는 것은 아닌가 하는 회의가 들 만한 기간이기도 하였다.

룻이 시어머니와 함께 '거주하였다(야솨브)'(23절)고 하였는데, 여기에 사용된 단어는 이미 정착해서 살아가고 있는 모습을 표현하였다. 더 이상 떠돌아다니지 않고 베들레헴에 머물러 살고 있었다는 뜻이다.

3. 3장 해석 – 타작마당에서

구조

A. 타작마당 계획을 말하는 나오미 1-5
B. 룻의 요구에 화답하는 보아스 6-15
C. 보아스의 이행을 믿는 나오미 16-18

번역

1 룻의 시어머니 나오미가 그에게 말하기를, "내 딸아! 내가 너를
위하여 너에게 좋은 안식할 곳을 구하여야 하지 않겠느냐?
2 네가 함께 하던 하녀들을 둔 보아스는 우리의 친척이 아니냐?
보라 그가 오늘 밤에 타작 마당에서 보리를 까불리라.
3 그리고 너는 목욕하고 기름을 바르고 의복을 입고 타작 마당에
내려가서 그 사람이 먹고 마시기를 다 하기까지는 그에게 보이
지 말고
4 그가 누울 때에 너는 그가 눕는 곳을 알았다가 들어가서 그의
다리부분 담요를 들치고 거기 누우라. 그가 네 할 일을 네게
알게 하리라"하였다
5 룻이 나오미에게 말하기를, "당신의 말씀대로 내가 행하겠습니
다" 하였다.
6 그가 타작 마당으로 내려가서 시어머니의 명령대로 모두 행하
였다.
7 보아스가 먹고 마시고 마음이 즐거워 가서 곡식 단 더미의 끝
에 누웠다. 룻이 가만히 가서 그의 다리부분 담요를 들치고 거
기 누웠다.
8 밤중에 그 남자가 놀라 몸을 돌이켜 본즉, 보라! 한 여자가 그
의 발치에 누워 있는지라.
9 그가 이르기를, "네가 누구냐?" 하니, 대답하기를, "나는 당신
의 여종 룻이오니 당신의 옷자락을 펴 당신의 하녀를 덮으소
서. 이는 당신이 기업을 무를 자가 되기 때문입니다" 하였다.
10 그가 이르기를, "내 딸아! 야웨께서 네게 복 주시기를 원하노

라. 네가 가난하건 부하건 젊은 자를 따르지 아니하였으니 네
가 베푼 인애가 처음보다 나중이 더하구나.
11 그리고 이제 내 딸아! 두려워 말라. 내가 네 말대로 네게 다 행
할것이라. 네가 위대한 여인인 줄을 나의 성읍 백성이 다 아느
니라.
12 참으로 나는 기업을 무를 자이나 기업 무를 자로서 나보다 더
가까운 사람이 있으니
13 이 밤에 여기서 머무르라. 아침에 그가 기업 무를 자의 책임을
네게 이행하려 하면 좋으니 그가 그 기업 무를 자의 책임을 행
할 것이니라. 만일 그가 기업 무를 자의 책임을 네게 이행하기
를 기뻐하지 아니하면 야웨께서 살아 계심을 두고 맹세하노니
내가 기업 무를 자의 책임을 네게 이행할 것이다. 아침까지 누
워 있을지니라" 하였다.
14 룻이 새벽까지 그의 발치에 누웠다가 사람이 서로 알아보기
어려울 때에 일어났으니 보아스가 말하기를 "여인이 타작 마
당에 들어온 것을 사람이 알지 못하여야 할 것이라" 하였기 때
문이었다.
15 보아스가 이르기를, "네 겉옷을 가져다가 그것을 펴서 잡으라"
하매 그것을 펴서 잡으니 보리를 여섯 번 되어 룻에게 지워 주
고 성읍으로 들어가니라.
16 룻이 시어머니에게 가니 그가 이르기를, "내 딸아 어떻게 되었
느냐?" 하니, 룻이 그 사람이 자기에게 행한 것을 다 알리고
17 이르기를, "그가 내게 이 보리를 여섯 번 되어 주며 이르기를
빈 손으로 네 시어머니에게 가지 말라 하더이다" 하였다.
18 이에 시어머니가 이르기를, "내 딸아! 이 사건이 어떻게 될지

네가 알기까지 앉아 있으라. 그 사람이 오늘 이 일을 성취하기 전에는 쉬지 아니하리라" 하였다.

해석

1–5절

'안식할 곳(마노아흐)'이란 여성이 결혼하여 가정을 이루고 안정된 상태에 들어간 것을 가리킨다(1:9). 이것은 룻을 재혼시키려는 계획인데 '너에게 좋은'이란 수식어가 붙어 있다. 이것은 다른 어떤 이유보다 룻의 행복을 위한 계획임을 밝히는 것이다. 가문의 대를 잇는다든가 가문의 경제적인 안정을 위해 희생해 달라는 주문이 아니라는 뜻이다. 젊은 과부로서 남편을 얻어 가정을 이루는 것이야말로 룻에게 참으로 중요하다는 것을 지적한 것이다. 동시에 외국 여자로서 이스라엘 사회에 정착하기 위해서는 결혼보다 더 좋은 방법이 없다는 점을 상기시키는 것이다. 비록 나이가 차이나는 점이 있지만 나오미가 보기에는 이러한 여러 가지 이유로 인해 나이 차이는 충분히 극복할 수 있는 요인으로 보았다.

그리고 나오미는 보아스가 '친척'이라는 점을 강조하였다. 즉 보아스가 '기업무를 자' 중 한 사람임을 밝히는 것이요 시형제 결혼의 의무가 있는 사람임을 강조한 것이다. 2절에서 '친척'으로 번역된 히브리어 '모다'는 2장 1절에도 나타난다.

타작마당에서 보리를 까부른다는 것은 볏짚과 겨와 곡식이 혼합된 것을 커다란 갈퀴로 바람에 던지는 것을 묘사한 것이다. 이렇게 바람에 던질 때 곡식은 바로 아래 떨어지고 볏짚과 겨는 멀리 날아가 버리는 것이다. 보통 낮에는 바람이 세기 때문에 까부르기 힘들고 주로 밤에 보리를 까불게 된다.

"목욕하고 기름을 바르고 의복을 입고..."의 의미가 무엇일까? 우선 떠오르는 것은 룻이 보아스를 유혹하기 위해 꽃단장을 했다는 것이다. 왜냐하면 신부가 결혼을 준비하는 모습으로 비쳐졌기 때문이다.[88] 물론 이러한 의도가 전혀 없는 것은 아니지만 보다 더 다른 의미가 있을 수도 있다. 왜냐하면 동일한 구절이 다윗의 행동에도 나타나기 때문이다. 다윗이 밧세바와의 사건 때문에 불륜의 자식인 자기 아들이 죽게 되었다고 할 때 금식하고 하나님앞에 엎드렸다. 그러나 아이가 죽었다는 소식을 듣고는 "(다윗이 땅에서 일어나) 몸을 씻고 기름을 바르고 의복을 갈아입고..."(삼하 12:20)라는 행동을 하였다. 즉 금식과 회개의 기간이 끝나고 평상시로 돌아왔다는 표시인 것이다. 따라서 룻의 경우도 과부로서의 애도의 기간이 끝났다는 표시로 이러한 행동을 한 것으로 보인다. 특히 룻이 입은 옷은 특별한 옷이 아니라 '시믈라'로서 평상복이었다. 이 옷은 '긴 옷'으로 몸 전체를 감싸는 소위 '겉옷'이었고, 가난한 사람의 경우 밤에 잘 때 이불을 대신하는 것이기도 하였다(출 22:25-26). 이제 룻은 일상적인 활동을 할 수 있는데 이것은 결혼할 수도 있다는 표시도 되는 것이다. 이러한 모습을 통해 보아스가 룻의 의도를 파악한 것이

88_ H. W. Hertzberg, *Die Bucher Josua, Richter, Ruth*. ATD9, 2nd ed. (Goetingen: Vandengoeck & Ruprecht, 1959) 274; G. Gerleman, *Ruth: Das Hohelied*, BKAT 18 (Neukirchen: Neukirchener, 1965) 31.

지 여자의 유혹에 넘어갔다는 설명은 설득력이 부족하다. 특히 룻과 보아스의 대화를 살펴보면 남녀가 사랑에 겨워 나누는 대화라기 보다는 너무도 차분한 대화가 오고가고 있다는 점도 눈여겨 볼 대목이다.

"그 사람이 먹고 마시기를 다하기까지는 그에게 보이지 말고"의 의미는 7절을 참조할 때 분명히 알 수 있다. 열심히 타작일을 한 후 맛있게 식사를 마치고 기분좋게 잠자리에 들어가는 보아스를 상상할 수 있다. 말하자면 보아스가 한껏 기분이 좋을 때 그의 곁으로 가도록 하라는 것이다. 현재 룻의 상황을 보면 보아스의 보살핌과 보아스의 은혜를 요청하려는 상황이기에 이러한 룻의 행동은 아주 자연스럽고 지혜로운 행동으로 볼 수 있다.

'그의 다리부분 담요를 들치고(웨길리트 마르겔로타이우)'는 어떤 행동을 가리키는가? '마르겔로트'라는 단어(3:4, 7)는 '발'이라는 뜻의 '레겔'에서 파생된 단어로 '발 부분' 혹은 '다리 부분'이라는 뜻이다. '갈라'라는 단어는 '벗기다' 혹은 '드러내다' 등의 뜻이 있다. 따라서 이 구절을 직역하면 "그녀가 그의 다리부분을 벗기다"라는 뜻이 된다. 보아스가 타작마당에서 잠을 잘 때는 무엇인가 덮고 자기 마련이다. 집에서 자는 것이 아니었으니 아마도 담요나 겉옷을 덮었을 것으로 짐작된다. 룻은 가만히 가서 덮고 자는 담요(겉옷)의 아랫부분을 들치고 그의 곁에 누운 것이다.

그런데 이러한 결론을 내리면서도 여전히 타작마당의 장면 묘사에는 에로틱한 용어들이 포진하고 있다는 사실을 말할 수 밖에 없다. '눕다(샤카브)'라는 단어는 '성교하다'라고도 번역할 수 있는 단어인데 3장에서 8회 반복되고 있다(3:4[3회], 7[2회], 8, 13, 14). 그리고 '발'(3:4, 7)은 '성기'를 완곡하게 표현하는 단어이기도 하다. 또한 '벗기다' 혹은 '드러내다' 등의 뜻이 있는 히브리어 '갈라'라는 단어(3:4, 7)는 '성교하다'라는 뜻으로도 사용된다. 따라서 학자들 가운데는 히브리어 단어 가운데 '발'이 성기를 완곡하게 표현하는 것을 주목하면서[89] 이 룻의 동작이 남자의 아랫도리를 벗기는 동작으로 이해하였다. 그러나 이러한 행동은 룻에게는 어울리지 않는 행동이었다. 그리고 이러한 행동은 무례한 행동으로 남녀 관계에도 도움이 되지 않는다. 그리고 룻과 보아스의 대화를 살펴보면 상당히 차분한 대화가 오고가는 것으로 보아도 룻이 무례한 행동을 하지는 않은 것으로 보이다. 따라서 룻이 보아스가 덮고 자는 담요(겉옷)의 아랫부분을 들치고 누운 것으로 보인다.

나오미는 룻에게 나머지 행동에 대해서는 "그가 네 할 일을 네게 알게 하리라"(4절)고 하면서 보아스와 룻에게 일임하였다. 마치 신방에 들어가는 신부에게 이르는 말과도 비슷하다. 나오미는 룻이 보아스와 결혼하기를 원했으며 그것이 룻에게 희망을 주고 정착할 수 있게 해주며 행복을 얻는 길임을 확신하고 있었던 것이다. 물론 이러한 시도로 인해 룻이 희롱만 당하고 수치를 당할 수도 있다는 사실을 알고 있었지만 보아스를 믿는 마음이 있었기에 나오미는 대담하게 룻을 타작마당으로 보낸 것이다.

룻은 시어머니의 지시대로 타작마당에 내려가서 보아스가 먹고 마시며 마음이 즐거울 때를 기다려 그가 누운 곳으로 갔다. 여기서 '마

89_ Phyllis Trible, *God and the Rhetoric of Sexuality* (Philadelphia: Fortress, 1978) 198 n 23.

음이 즐거워'라고 번역한 부분은 '웨이타브 리보'인데 직역하면 '그의 마음이 좋았다'이다. 이러한 상태는 편안하고 행복한 모습을 표현한 것인데(왕상 8:66; 삿 18:20) 룻이 이러한 기회를 눈여겨보고 활용하였다고 이야기꾼은 전하고 있다. 이야기꾼은 룻의 행동 가운데 "가만히 가서... 누웠다"(7절)고 묘사하면서 룻이 보아스를 깨우지 않도록 하기 위해 지혜롭게 행동하고 있음을 또한 알려주고 있다.

"그 남자가 놀라 몸을 돌이켜 본즉(와예헤라드 하이쉬 와일라페트)"이라는 구절에서 특이한 것은 '남자(이쉬)'라는 단어가 등장한 것이다. 대명사를 사용할 수도 있고 보아스라는 이름을 사용할 수도 있는데 굳이 '남자'를 사용한 것은 그 다음 나타나는 '여자(이샤)'와 짝을 이루기 위함이다. 한 남자와 한 여자가 밤중에 나란히 누워있다는 사실, 그것도 남자가 잠든 사이에 한 여인이 담요를 들치고 들어 온 상황을 부각시킨 것이다.

"당신의 옷자락을 펴 당신의 여종을 덮으소서(우파라스타 케나페타 알-아마트카)" 옷자락으로 덮는다는 표현은 어떤 의미의 표현인가? 그런데 '옷자락'이라 번역한 히브리어 '카나프'라는 단어의 기본 뜻은 '날개'이다. 시편에는 하나님의 보호를 간구하는 기도 속에 다음과 같은 표현을 발견할 수 있다; "내가 영원히 주의 장막에 머물며 내가 주의 날개 아래로 피하리이다(시 61:4)". 즉 날개로 덮는다는 뜻은 보호한다는 의미가 있는 것이다. 따라서 룻이 보아스의 보호를 요청한 것으로 볼 수 있다. 아랍 세계에는 결혼의 상징적 행위로 겉옷으로 신부를 덮는 관습이 있다.[90] 그리고 문맥으로 보아도

90_ G. Gerleman, *Ruth: Das Hohelied*, BKAT 18 (Neukirchen: Neukirchener, 1965) 32.

룻이 보아스에게 청혼한 것으로 보인다(참조, 겔 16:8).

룻이 보아스를 이삭줍는 밭에서 처음 만났을 때 보아스가 "이스라엘의 하나님 야웨께서 그의 날개 아래에 보호를 받으러 온 네게 온전한 보상을 해 주시기를 원하노라"(2:12)고 축복한 적이 있다. 보아스가 하나님의 보호를 간구하며 축복한 말을 떠올리면서 룻은 보아스 당신이 바로 하나님을 대신해서 그 일을 해야 한다고 요청한 것이다. 이처럼 룻기에는 축복의 말 혹은 기도를 하면서, 그다음 기다리기만 하는 것이 아니라 최선을 다해서 그 일에 뛰어들어 하나님과 더불어 그 일을 성취시키는 장면을 여러 군데서 발견할 수 있다.

룻이 보아스에게 청혼할 때 '당신의 하녀(아마)'라는 표현을 사용하였다. '하녀'는 겸손하게 자신을 낮추는 말이며 중요한 것은 결혼 상대자로 인정해 달라는 요청이었다. 여기서 주목할 점은 룻이 자신을 '모압 여자' 혹은 '말론의 아내' 등으로 자신의 정체성을 밝히지 않고 한 '여자'라는 점을 부각시켰다는 것이다. 즉 가문을 잇는다는 것보다 한 여자로서 결혼하려는 목표를 분명히 제시한 것이다. 나오미가 룻에게 타작마당에서 어떻게 보아스에게 접근할 것을 가르쳐 주었지 어떻게 말을 해야 할 지에 대해서는 가르쳐 주지 않았다. 그런데 룻은 한 여자로서 청혼하려 한다는 목표를 분명히 세웠던 것이다.

그다음 룻은 이러한 청혼의 근거로 보아스가 '기업 무를 자(고엘)'이기 때문이라고 주장했다. 즉 보아스가 룻을 보호할 책임이 있다는 점을 상기시킨 것이다. 보아스는 '고엘'로서 룻을 압제와 고통에서 해방시켜 줄 의무가 있다는 것이다. 원래 '고엘'의 의무는 빚을 갚지 못해 땅이 차압당했을 때, 혹은 사람이 노예로 팔려갔을 때 속전을 지불하고 땅과 사람을 되찾아 오는 사람을 가리키는데(레

25:47-49) 룻은 청혼하면서 보아스가 '고엘'임을 강조하였다. 결혼과 관련되는 것은 시형제 결혼(levirate marriage)인데 룻은 '고엘'을 강조하면서 결국 시형제 결혼의 의무를 동시에 요청한 것으로 볼 수 있다. 보아스도 이러한 점을 알고 있었기 때문에 나오미의 밭을 되찾아 오고 룻과의 결혼을 한 것이다(4:5).

룻이 보아스에게 베푼 '인애'(10절)가 무엇인가? '인애'로 번역된 단어는 히브리어 '헤세드'인데 '친절,' '사랑' 등의 뜻으로 진실되며 약속을 잘 지키는 사랑이라는 뜻이 들어있다. 10절을 볼 때 보아스는 나이가 많은 사람임을 알 수 있다. 룻이 젊은 남자를 택하지 않고 나이가 많은 자기를 택한 것이 큰 '인애'를 베푼 것이라 말하고 있는 것이다. 룻이 젊은 남자를 택하여 행복한 결혼생활을 할 수도 있었는데, 나이가 많지만 '고엘'을 택하여 죽은 남편의 이름과 가문을 이어 주려는 결단을 한 것을 보아스는 칭찬하고 있는 것이다.[91]

외국인인 모압 여자였으며 가난하고 과부인 룻에 비하면 그 지역의 유지이고 부자인 보아스는 아주 높은 위상을 지녔지만 이 밤에는 오히려 보아스가 룻을 칭송하고 있다. 더구나 룻을 보면서 '위대한 여인'(11절)이라 높여주고 귀히 여기는 말까지 하였다. 단순한 인사치레가 아니라 진심으로 존중하며 룻을 높여주는 태도를 보여주었다. 더구나 룻이 '위대한 여인'이라는 것을 보아스 뿐 만 아니라 성읍에 있는 사람들 모두가 잘 아는 사실임을 들면서 룻의 위상을 높여 주었다.

91_ R. I. Hubbard, *The Book of Ruth*. NICOT (Gran Rapid, MI: Eerdmans, 1988) 213-214.

'위대한 여인(에쉐트 하일)'이라는 표현은 잠언 31장에도 나타나는 용어로 지혜의 표상을 가리키는 용어이다. '위대한 여인'이라는 용어는 룻기와 잠언(12:4; 31:10)에 만 나타나는 용어로 지혜와 관련이 있다. 지혜(호크마)는 여성으로 나타나며 그 구체적인 모습이 잠언 31장에 '위대한 여인'의 이야기로 묘사되어 있다. '지혜'는 잠언에서 의인화 되어 나타나며 창조 이전에 이미 있었고 거의 신격화되어 있는 모습도 보여 주고 있다. 그런데 보아스가 외국 여자인 룻에게 '위대한 여인'이라는 이러한 호칭을 사용했다는 것은 최상의 예우를 했다는 것으로 볼 수 있다. 또한 가난하고 과부이며 모압 출신인 '외국 여인'이 '위대한 여인'이 되었다는 것은 신데렐라 이야기의 전형으로 볼 수 있다.

그런데 "네가 베푼 인애가 처음보다 나중이 더하구나"(10절)라는 보아스의 말에서 '처음의 인애'는 무엇을 가리키는가? 룻이 언제 보아스에게 인애를 베푼 적이 있었는가? 아마도 룻이 늙고 외로운 시어머니를 잘 봉양하기 위해 타국 땅인 베들레헴까지 왔다는 것을 첫 번째 인애라 볼 수 있을 것이다. 보아스가 이 일에 대해 칭찬한 적이 있었다(2:11-12).

보아스는 밤중에 남자의 침상으로 다가온 룻의 떨리는 마음을 짐작하고 '두려워 말라'라고 안도감을 주면서 룻이 원하는 것을 모두 들어줄 것이라 약속하였다. 그런데 장애물이 있다는 점을 보아스가 이야기 해주었다. 즉 보아스보다 룻과 더 가까운 친척이 있다는 사실이다. 그래서 우선권이 있는 그 사람이 '고엘'이 되기를 원하면 그 사람에게 맡길 수 밖에 없지만 만일 그 사람이 고엘의 의무를 하지 않는다면 자신이 기꺼이 고엘의 의무를 다하겠노라 약속하였다. 이러한 보아스의 말을 들어보면 '고엘'제도가 이미 이스라엘 사회에 정착되어 있었다는 것을 알 수 있으며 권리와 의무에 대한 것도 구분되어 있음을 알 수 있다.

또한 보아스는 룻의 평판을 위해 세심하게 배려하였다. 남자가 잠든 곳에 여자의 몸으로 함부로 다닌다는 스캔들이 나지 않도록 사람들이 알아보지 못할 새벽에 타작마당을 빠져 나갈 수 있도록 인도하였다. 그리고 나오미에게 보아스의 호의를 알리기 위해(17절) 많은 양식을 선물로 전하도록 하였다. 그런데 '보리 여섯되'라고 번역했지만 양을 측정하는 단위는 사실 묘사되지 않고 '보리 여섯...'으로 기록되어 있다. 따라서 측정 단위가 에바, 스아, 오멜 중 어느 것인지 알 수가 없다. 에바라면 180-300 파운드(80-170kg)가 되니 너무 많고, 스아일 경우 60-100파운드(27-45kg)이니 그것도 여자 혼자서 가지고 가기에는 무거운 것이다. 아마도 측정 단위는 오멜로 짐작되며 약 18-30파운드(8-17kg) 정도의 양식을 선물받아 가지고 갔을 것으로 추정된다.

17절에 보면 이 곡식을 주면서 보아스가 한 말이 나타난다. 즉 "빈 손으로 네 시어머니에게 가지 말라"라는 말이다. '빈 손'이라는 말은 나오미가 한 말, "야웨께서 내게 비어 돌아오게 하셨다"(1:21)라는 탄식의 말을 떠올리게 한다. 빈 손이었던 나오미가 이제 보아스와 룻으로 인해 풍족한 손이 될 것임을 알려주는 신호가 바로 보아스가 선물로 준 양식이었다.

"내 딸아 어떻게 되었느냐?"(16절)를 직역하면 "너는 누구냐? 내 딸아(미 아트 비티)"이다. 그러나 그 의미는 "너에게 무슨 일이 일어났느냐?" 혹은 "어떻게 되었느냐?"라는 뜻이다. 나오미의 질문에 룻은 보아스가 어떻게 룻을 대했는지 상세히 말씀드렸다. 나오미는 룻으로부터 자세한 이야기를 듣고 또 보아스가 보낸 선물인 많은 양의 양식을 보면서 깊은 안도의 숨을 내쉬었다. 나오미는 "그 사람이 오늘 이 일을 성취하기 전에는 쉬지 아니하리라"(18절)라고 단정적으로 말하면서 보아스의 확고한 마음을 신뢰하였다. 이제 보아스가 전면에 나타나 이 모든 문제를 해결하고 행복한 결말을 만들어갈 것이라는 기대감을 높이고 있다.

18절에 나오미는 룻에게 "네가 알기까지" 앉아 있으라고 말한다. 여기서 나오미는 "우리가 알기까지"라고 말할 수도 있지만 의도적으로 나오미 자신을 배제하려고 하는 것을 발견할 수 있다. 안절부절 하는 룻의 마음을 헤아리며 룻의 마음을 집중적으로 다독거리는 말이기에 나오미 자신을 굳이 넣지 않아도 되는 것이다.

4. 4장 해석 – 나오미의 아들, 다윗의 계보

구조

A. 고엘의 권리를 취득하는 보아스	1-12
B. 나오미의 아들이 태어나다	13-17
C. 다윗의 계보	18-22

번역

1 보아스가 성문으로 올라가서 거기 앉아 있더니, 보라! 보아스
가 말하던 기업 무를 자가 지나가는지라. 보아스가 그에게 이
르되 "아무개여 돌이켜 와서 앉으라" 하니 그가 와서 앉았다.
2 보아스가 그 성읍 장로 열 명을 모셔와서 이르기를, "여러분들
이여 여기 앉으시오" 하니 그들이 앉았다.
3 보아스가 그 기업 무를 자에게 말하기를, "모압 지방에서 돌아
온 나오미가 우리 형제 엘리멜렉에게 속한 분깃인 밭을 팔려
하므로
4 내가, 내가 말하여 너의 귀를 열어 하려는 말은, 여기 앉은 이
들과 내 백성의 장로들 앞에서 그것을 사라. 만일 네가 무르
려면 무르려니와 만일 네가 무르지 아니하려거든 내게 고하여
알게 하라. 왜냐하면 당신 외에는 무를 사람이 없기 때문이다.
내가 당신 다음이다"하였다. 이에 그가 말하기를 "내가 무를
것이다"하였다.
5 보아스가 말하기를, "네가 나오미와 죽은 자의 아내 모압 여인
룻의 손에서 그 밭을 얻는 날에 그 죽은 자의 이름을 그의 기
업 위에 세우기 위해 너는 얻어야 할 것이라" 하니
6 그 기업 무를 자가 말하기를, "나는 내 기업에 손해가 있을까
하여 나를 위하여 무르지 못하노니 내가 무를 것을 네가 무르
라 나는 무르지 못하겠노라" 하였다.
7 옛적 이스라엘 중에는 모든 것을 무르거나 교환하는 일을 확
정하기 위하여 사람이 그의 신을 벗어 그의 이웃에게 주더니
이것이 이스라엘 중에 증명하는 전례가 되었다.

8 이에 그 기업 무를 자가 보아스에게 이르기를, "네가 너를 위하
여 얻으라" 하고 그의 신을 벗었다.
9 보아스가 장로들과 모든 백성에게 이르기를, "내가 엘리멜렉과
기룐과 말론에게 있던 모든 것을 나오미의 손에서 얻은 일에
너희가 오늘 증인이 되었고
10 또 말론의 아내 모압 여인 룻을 얻어 나의 아내로 맞이하고 그
죽은 자의 기업을 그의 이름으로 세워 그의 이름이 그의 형제
중과 그 곳 성문에서 끊어지지 아니하게 함에 너희가 오늘 증
인이 되었다" 하니
11 성문에 있는 모든 백성과 장로들이 이르기를, "우리가 증인이
되나니 야웨께서 네 집에 들어가는 여인으로 이스라엘의 집을
세운 라헬과 레아 두 사람과 같게 하시고 네가 에브랏에서 유
력하고 베들레헴에서 명성이 높아지기를 원하며
12 여호와께서 이 젊은 여자로 말미암아 네게 상속자를 주사 네
집이 다말이 유다에게 낳아준 베레스의 집과 같게 하시기를
원하노라 하니라
13 이에 보아스가 룻을 맞이하여 아내로 삼고 그에게 들어갔더니
여호와께서 그에게 임신하게 하시므로 그가 아들을 낳은지라
14 여인들이 나오미에게 이르되 찬송할지로다 여호와께서 오늘
네게 기업 무를 자가 없게 하지 아니하셨도다 이 아이의 이름
이 이스라엘 중에 유명하게 되기를 원하노라
15 이는 네 생명의 회복자이며 네 노년의 봉양자라 곧 너를 사랑
하며 일곱 아들보다 귀한 네 며느리가 낳은 자로다 하니라
16 나오미가 아기를 받아 품에 품고 그의 양육자가 되니
17 그의 이웃 여인들이 그에게 이름을 지어 주되 나오미에게 아들

이 태어났다 하여 그의 이름을 오벳이라 하였는데 그는 다윗
의 아버지인 이새의 아버지였더라
18 베레스의 계보는 이러하니라 베레스는 헤스론을 낳고
19 헤스론은 람을 낳았고 람은 암미나답을 낳았고
20 암미나답은 나손을 낳았고 나손은 살몬을 낳았고
21 살몬은 보아스를 낳았고 보아스는 오벳을 낳았고
22 오벳은 이새를 낳고 이새는 다윗을 낳았더라

해석

첫 번째 장면은 보아스가 성문에서 '기업무를 자'를 부르고 장로들을 불러 누가 룻의 '고엘(기업무를 자)'이 될지를 결정하는 자리를 마련하는 장면이다. 성문은 많은 사람들이 들락거리는 곳이며, 성문 위에서는 중요한 회의도 열리고 중요한 결정을 하기도 한다. 그리고 성문 앞의 광장에는 성읍 사람들이 모이는 장소이기도 하다. 즉 성문은 성읍 사람들의 여론이 모이는 곳이요 의사결정을 하는 중심지였다.

보아스는 누가 '고엘'이 될 것인지를 결정하려고 이 성문 위로 올라 온 것이다. 1절 첫머리에 "그리고 보아스가…"라고 시작하는 것은 보아스기 '고엘' 문제를 신속히 해결하려고 서두른 흔적이라 볼 수 있다. "그 사람이 오늘 이 일을 성취하기 전에는 쉬지 아니하리라"(3:18)고 예측한 나오미의 말대로 보아스가 부지런히 행동에 옮기고 있는 것이다. 그런데 보아스가 사람을 보내어 부를 필요도 없이 그 '고엘'이 나타났다. 이야기 꾼은 "보라! 보아스가 말하던 기업 무를

자가 지나가는지라" 하면서 감탄하고 있다. 이처럼 우연히 되어지는 것같은 장면은 이삭줍기한 밭에서도 나타난다(2:4). 그러나 그 이면에는 우연을 가장한 하나님의 섭리와 인도하심이 있다는 것을 독자들은 쉽게 눈치 챌 수가 있다.

이야기꾼이 이름을 밝히지 않고 '아무개여(펠로니 알모니)'라는 표현을 사용한 이유가 무엇일까? 친족이기에 보아스가 이름을 모를 리 없다. 그러나 이야기꾼은 그의 이름을 밝히기를 꺼려하고 있다. '고엘'의 의무를 거부한 불명예스러운 행동을 했기에 굳이 수치스러운 이름을 남기지 않으려는 배려일까? 혹은 이야기 흐름에서 이 사람이 굳이 전면에 이름을 밝히며 나타날 필요가 없다고 판단한 것일까? 아마도 두 가지 이유가 모두 그럴듯해 보인다. 동시에 이러한 표현은 여러 이야기 속에서 종종 나타나는 표현이기도 하다. 예를 들면 "옛날 아주 깊은 산골에 한 사람이 살고 있었는데..."라는 형식의 표현인 것이다. 결과적으로 이야기꾼은 이 사람을 잠깐 나타났다가 사라져 버리는, 얼굴 없는 인물로 격하시켜 버린 것이다.

보아스가 장로들을 초청하였다. 그냥 지나가는 장로들을 부른 것이 아니라 사람을 보내어 10명의 장로들을 모셔온 것이다. 히브리어 '라카흐'라는 단어는 '취하다' 혹은 '데려오다'라는 뜻이 있는 단어이기에 보아스가 노력하여 장로들은 모셔 왔다는 사실을 알 수 있다.

보아스는 '고엘'에게 다음과 같이 상황을 설명하였다. 즉 "모압 지방에서 돌아온 나오미가 우리 형제 엘리멜렉에게 속한 분깃인 밭을 팔려 하므로 내가 여기 앉은 이들과 내 백성의 장로들 앞에서 그것을 사라고 네게 말하여 알게 하려 하노라"라고 말하였다. 이 말 가운데 나오미가 소유지를 '판다'는 표현이 있는데 그 의미가 무엇인가? 5절에도 '사다'라는 표현이 나타난다. 즉 밭을 매매한다는 표현이 반복해서 나타나는 것이다. 과연 나오미가 밭을 소유하고 있었는가? 그렇다면 밭을 소유하고 있는 나오미와 룻이 이삭줍기할 정도로 가난하다는 것은 어떻게 설명할 수 있는가?

우선 이 문장에서 '형제'라는 표현은 '친척'이라는 의미로 이해할 수 있다. 그리고 '엘리멜렉에게 속한 분깃인 밭(헬콰트 하사데 아쉐를 레아히누 렐리멜렉)'이라고 했는데 과연 엘리멜렉의 소유로 된 밭이 아직도 남아있는 것인가? 보다 더 중요한 단어는 '팔다'로 번역된 '마카르'이다. 이 단어는 고기(신 14:20), 기름(왕하 4:7), 의복(잠 31:24) 등을 파는, 일반적인 상거래에 사용되는 단어이다.

그런데 땅의 경우는 특이한 면이 있다. 땅을 완전히 파는 경우에는 '마카르'보다 '나탄'이라는 단어가 주로 사용된다는 것이다. 나봇의 포도원을 매매라는 형식으로 완전히 빼앗으려 할 때 '나탄'을 사용하였다(왕상 21:2, 3, 6). 또한 아브라함이 사라를 매장할 막벨라 굴과 밭을 구입할 때도 '나탄'을 사용하였다(창 23:4, 9, 13). 이러한 현상이 일어나는 이유는 지파 안에 있는 땅, 혹은 가문 안에 있는 땅은 완전히 매매할 수 없다는 정신이 있었기 때문이다. 그리고 '고엘'이 자기의 돈을 지불하고 친족이 잃어버린 땅을 회복할 수 있도록 '땅(기업)을 무를 수 있는 권리'를 존중해 주기 때문이다. 그리고 희년이 되면 원소유자에게 돌아간다는 정신이 있었기 때문이다. 따라서 땅의 경우는 완전한 매매가 아니라 일정기간 동안 사용할 수 있는 사용권이 매매될 수 밖에 없다.

따라서 엘리멜렉이 나오미와 아들들과 더불어 모압으로 이주할 때 밭의 사용권을 팔고 갔을 가능성이 크다. 이제 과부가 된 나오미가 돌아왔지만 나오미는 그 밭의 소출에 대해서 아무 권리도 행사할 수 없다. 그래서 가난할 수 밖에 없었고 이삭줍기를 했던 것이다. 그러나 나오미에게는 "그 밭을 무를 수 있는 권리"가 있었다. 나오미가 '고엘'에게 팔 수 있는 것은 밭이 아니라 "그 밭을 무를 수 있는 권리"인 것이다.

4절

"내가, 내가 말하여 내가 너의 귀를 열어(와아니 아말티 에글레 아즈네카)"라는 구절에서 '너의 귀를 열어'라는 구절은 '알게하다'라는 뜻이다. 즉 '고엘' 의무에 대해 지금 일깨워주려는 것이다. 그래서 그 다음은 강하게 명령형으로 '사라'고 주문하고 있다; "여기 앉은 이들과 내 백성의 장로들 앞에서 그것을 사라". 사실 나오미가 베들레헴에 돌아왔다는 사실을 성읍 안에 있는 모든 사람들이 아는 사실인데 나오미와 가까운 친족이 모를 리 없는 것이다. 그런데 이 사람은 '고엘'의 의무를 감당하지 않고 있는 것이다. 이에 보아스는 '내가'를 반복해서 강조하면서 자신이 '고엘' 의무에 대해서 정식으로 표면화시키려 한다는 것이다.

"여기 앉은 이들과 내 백성의 장로들 앞에서" 라는 구절을 통해 알 수 있는 것은 장로들 뿐 만 아니라 성읍의 있는 여러 사람들이 함께 있는 자리에서 보아스가 말하고 있다는 사실이다. 그리고 '우리 백성'이라 하지 않고 '내 백성'이라고 보아스가 말한 것은 의도적으로 '가까운 친족'을 배제하려는 의도가 있음을 알 수 있다. 이렇게 자신을 강조하는 것은 '내가, 내가'를 반복하는 태도에서도 찾아 볼 수 있다(4a절).

"네가 나오미의 손에서 그 밭을 사는 날에 곧 죽은 자의 아내 모압 여인 룻에게서 사서 그 죽은 자의 이름을 그의 기업 위에 세워야 할것이라" 하니 그 사람이 고엘의 임무를 수행하겠다고 선선히 대답했을 때 보아스는 또 다른 고엘의 임무에 대해 이야기 해주었다. 즉 '죽은 자의 이름'을 '죽은 자의 기업' 위에 세워야 한다는 것이다. 즉 밭을 무를 때 그 밭이 새로 태어날 나오미와 룻의 자손에게 상속된다는 것이다. 이러한 설명을 듣고 그 사람은 "내 기업에 손해가 있을까 하여 나를 위하여 무르지 못하겠다"라고 말하면서 고엘의 의무를 수행하지 못하겠다고 하였다. 이 사람은 나오미와 룻을 위해 순수하게 고엘의 의무를 하겠다고 나선 것이 아니었다. 만일 고엘로서 자신의 돈으로 나오미의 밭을 구입한다면 결국 그 밭은 자기 가정의 소유가 된다는 계산에서 결정한 것이다. 나오미는 늙었으니 아이를 낳지 못할 것이고 나오미가 죽고 나면 그 밭은 자기 가정의 소유가 될 것이라 생각한 것이다.

그러나 보아스는 말론의 아내 룻이 아기를 낳을 수 있다는 사실을 지적한 것이다. 룻이 아기를 낳을 경우 그 아이 앞으로 밭이 상속될 것이고 그 아이는 나오미의 남편 엘리멜렉과 룻의 남편 말론의 이름을 이어나가게 될 것이라 설명한 것이다. 여기서 한 가지 의문이 떠오른다. 왜 이 사람은 젊은 여인 룻의 존재를 무시해버렸는가 하는 점이다. 우선 보아스가 "엘리멜렉에게 속한 분깃"이라 하면서 그 밭이 엘리멜렉의 것이었고 그것에 대해 무를 수 있는 권한을 나오미가 가지고 있다고 이야기 하였다. 따라서 이 사람은 나오미만 주목한 것이다. 더구나 룻은 외국인이었고 거기다가 모압 여인이었기에 그 존재를 무시해 버린 것으로 보인다.

그리고 보아스는 기업 무를 권한을 이미 룻이 상속했다는 점을 강조하면서 그 밭을 사는 것은 곧 "죽은 자의 아내 모압 여인 룻에게서" 사는 것이라 구체적으로 설명하였다. 즉 엘리멜렉의 밭은 그 밭을 무를 수 있는 권한만 남아있는 상태지만 이미 그의 아들 말론에게 상속되었고 결국 그의 아내 룻이 그 권한을 가지고 있다는 점을 지적한 것이다. 비록 외국인이지만 말론의 아내이기에 그 존재를 인정해야 한다고 보아스는 주장한 것이다.

그러면 보아스가 왜 처음부터 '말론의 아내 룻'을 거론하지 않았는가? 논리적으로는 룻이 말론의 아내이고 나오미의 며느리였지만 정서나 분위기로는 외국인, 더구나 모압여자인 룻의 존재를 달갑게 여기지 않는 상황이었다. 이러한 분위기 속에서 룻의 이름을 먼저 거론한다면 쓸데없는 감정적인 논쟁에 휘말리게 될 가능성이 많았던 것으로 보인다. 따라서 보아스는 나오미와 엘리멜렉을 먼저 거론하면서 감정적으로든 논리적으로든 누구도 반대하지 않을 주장을 펴 나갔던 것이다.

이러한 설명을 들은 그 사람은 모든 밭이 룻의 아들에게 상속될 것이기 때문에 자신은 돈만 지불하고 손해만 본다는 계산을 하게 된 것이다. 따라서 이 사람은 비록 체면은 깍이지만 당장 자기 가정에 큰 손해를 끼치는 행동은 할 수 없다는 생각을 한 것이다. 이러한 결정을 하게 된 요인 중에는 보아스가 기다리고 있다는 점도 염두에 두었을 것이라 보인다. 자기가 고엘의 역할을 하지 못할 경우 나오미와 룻이 크게 곤란을 당할 수 밖에 없다는 생각이 들었다면 보다 더 신중히 생각하고 결정하였겠지만, 부자인 보아스가 기다리고 있다는 생각이 들 때 가벼운 마음으로 보아스에게 고엘의 자격을 넘긴 것으로 보인다. 아마도 보아스는 처음부터 이러한 모든 요인을 감안하여 일을 진행시킨 것으로 보인다. 보아스의 현명함과 용의주도한 면을 엿볼 수 있는 대목이다. 또한 '아무개'씨의 이기적인 행동과 보아스의 이타적인 행동이 대비되면서 보아스가 한층 더 돋보이게 되었다.

한 가지 눈여겨 볼 것은 '사다'라고 번역할 수 있는 단어를 처음에는 '마카르'를 사용했는데(4절) 룻에 대해 추가로 이야기할 때는 '카나'라는 단어를 사용했다는 점이다(5, 9, 10절). 그리고 무명의 사람도 '카나'라는 단어를 사용했다(8절). '마카르'는 일반적인 상거래에 사용되는 단어이지만 '카나'는 '얻다' 혹은 '결혼하다'라는 의미로 사용되기도 하는 단어다. 따라서 보아스는 룻에 대해 이야기할 때는 '결혼'에 대한 강한 뉘앙스를 풍기면서 이야기하고 있는 것이다. 예를 들어 "너는 얻어야 할 것이라"(5절)라는 구절을 "너는 결혼해야 할 것이라"라고 번역할 수도 있다. 이 때 히브리어 단어는 본문에 기록된 '내가 얻어야 한다(카니티)'가 아니라 난외주에 기록된 '케레'인 '네가 얻어야 한다(카니타)'를 택하는 것이 적합하다.

이제 모든 것이 끝났다. 보아스는 고엘로서 의무를 수행할 수 있게 되었고 룻과 결혼할 수 있게 되었다. 남아있는 한 가지 순서가 있는데 그것은 고엘의 의무를 넘겨준다는 의식이다. 그런데 그 의식은 시형제 결혼의 의식이다(신 25:7-10). 정말 고엘과 시형제 결혼이 어떻게 이렇게 연결될 수 있는가? 고엘과 시형제 결혼은 원래 다른 제도였지만 공통되는 점은 가난하고 생활대책이 없는 친족을 살아갈 수 있도록 생활 기반을 마련해주고 희망을 주려는 제도라는 점이다. 차이가 나는 점은, 고엘은 어느 사람에게나 적용되지만 시형제 결혼은 아들 없는 과부에게 해당되는 것이다. 룻의 경우에는 가난하면서도 아들 없는 과부이기에 고엘과 시형제 결혼의 관습을 모두 적용할 수 있는 것이다. 왜냐하면 아들 없는 과부는 아무리 밭을 다시 찾아도 희망이 없기는 마찬가지이기 때문이다. 룻의 경우, 아들이 있어야 비로소 기본적인 생활대책을 얻을 수 있고 공동체의 구성원으로서 살아갈 수 있는 신분을 얻을 수 있게 되는 것이다. 따라서 룻에게 충분한 도움울 주기 위해서는 고엘과 시형제 결혼이 결합된 도움을 제공해야하는 것이다. 이것이 성경적인 해결책이며 하나님의 의도라 볼 수 있다.

자기 신을 벗어 남에게 준다는 의식은 시형제 결혼 의식의 일부다(신 25:7-10). 과부, 즉 죽은 자의 아내와 결혼하여 죽은 자의 이름을 잇게하는 의무를 행하지 아니할 때 과부가 그의 발에서 신을 벗기고 그 얼굴에 침을 뱉으며 "그 형제의 집 세우기를 즐겨 아니하는 자에게는 이같이 할 것이라" 말하는 의식이다. 그리고 마을 사람들은 그를 향해 '신 벗기운 자의 집'이라 부르도록 한다는 것이다. 룻기에 나타나는 의식을 보면 침 뱉음을 당하는 수치를 당하지는 않았다. 과부인 룻이 이 자리에 나타나지 않았기 때문일까? 그러나 만일 룻이 이 자리에 있다 하더라도 외국인인 모압 여자이기에 룻이 감히 그러한 행동을 할 수 없었을 것으로 짐작할 수 있다.

그런데 7절을 보면 신 벗는 행동을 "무르거나 교환하는 일을(알-하그울라 웨알-하트무라) 확정하는" 의식이라 소개하고 있다. 히브리어 '트무라'의 뜻은 '교환' 혹은 '대체' 등인데(욥 20:18; 28:17) '양도'의 의미도 있다. 따라서 이 구절의 의미를 "기업을 무를 권리의 양도"로 볼 수 있다.[92] 분명하지 않는 것은 신 벗는 행동이 시형제

92_ H. C. Brichto, "Kin, Cult, Land & Afterlife — A Biblical Complex," *HUCA* 44 (1973) 18.

결혼에 관한 특별한 의식인지 아니면 "무르거나 교환하는 일"을 확정짓기 위한 일반적인 의식인지에 관한 것이다. 우선 성경을 살펴보면 이러한 의식은 시형제 결혼 밖에 없다. 따라서 7절을 시형제 결혼에 관한 의식이라 볼 수 있다.

그런데 룻기에는 '시형제' 혹은 '시형제의 의무를 행하다'라는 단어가 나타나지 않는다. 오직 1장 15절에 나타나 '동서'로 번역된 '예비므테크'가 시형제 결혼에 대한 본문인 신명기 25장에만 다시 나타난다는 점은 특이하다. 그러나 단어 하나 만으로 룻기의 본문이 시형제 결혼과 관련이 있다고 결론내리기는 힘들다.

그러나 비록 '시형제'라는 단어가 나타나지는 않지만 시형제 결혼의 취지와 유사하다는 것을 발견할 수 있다. 시형제 결혼의 목적은 죽은 자의 아들을 낳아주는 것, 재산보호, 과부에게 안식처 제공 등이므로 룻과 보아스의 경우가 적합함을 알 수 있다.

룻기의 경우 이처럼 시형제 결혼이냐 아니냐에 대해 논란이 일어나는 것은 신명기 25장에서 시형제 결혼이 형제에 국한되어 있기 때문이다. 즉 형이 죽고 아들이 없으면 동생이 형수와 결혼하여 아들을 낳도록 해야 하는 제도다. 그리고 이 아들은 형의 이름을 잇게 되고, 유산을 상속하여 과부인 어머니와 더불어 살 수 있도록 기본생활 대책을 마련해 주는 것이다. 다말과 유다의 경우(창 38장)는 시아버지까지 시형제 결혼의 범위를 확대한 것이라 볼 수 있다. 다만 룻기의 경우는 기업(밭)을 무르는 '고엘' 문제가 먼저 등장하고 그 다음 룻의 결혼 이야기가 나오기 때문에 '고엘'과 결합된 시형제 결혼의 경우라 할 수 있다. 룻기의 경우도 보아스는 형제가 아닌 가까운 친척이기 때문에 시형제 결혼의 범위를 확대한 것이라 볼 수 있는 것이다.

보아스는 이 회합의 결정을 선포하였다. 그리고 장로들과 백성들이 증인이 되었음을 선포하였다. 당시에는 대부분의 일이 문서가 아닌 말로서 마무리되었으며 증인들의 기억에 의해 그 효력이 유지되었다.

"말론의 아내 모압 여인 룻"은 생략되지 않은 정식 이름이다. 이와 비슷한 이름은 "죽은 자의 아내 모압 여인 룻"(5절)이다. '죽은 자의 아내'라는 호칭은 과부라는 면을 강조한 이름으로 기업에 대한 룻의 자격을 부각시킨 호칭으로 보인다. 한 걸음 더 나아가 룻이 말론의 아내로 등장한다는 것은 룻을 이스라엘 사회 구성원으로 인정한다는 의미도 들어있다. 룻은 이제 더 이상 단순한 '외국 여자'가 아니라 이스라엘 구성원으로 인정받게 된 것이며 그 출신이 모압일 뿐이다.

이제 백성과 장로들이 보아스에게 삼중적인 축복을 하였다. 물론 룻을 향한 축복도 포함되어 있다. 축복의 내용은, (1) 룻이 라헬과 레아처럼 많은 자녀들을 낳아 가문을 일으켜 세우기를 축복하고(11b절), (2) 보아스가 이 지역에서 부유하고 존경받는 인물이 되기를 축복하며(11c절), (3) 보아스의 가문이 야웨의 복을 받아 상속자가 태어나기를 축복하였다.

"네 집에 들어가는 여인"(11절)이라는 표현은 결혼예식 가운데 신부가 신랑의 집으로 들어가는 공식적인 행렬을 연상시키는 표현이다.

이스라엘의 12지파를 세운 인물들은 야곱의 12 아들이다. 결국 12 아들을 낳은 레아와 라헬이 이스라엘의 집을 세운 것이다. 비록 그들의 시녀 실바와 빌하에게서 태어난 아들도 있었지만 족보상 레아와 라헬의 아들로 인정되는 것이다. 그런데 왜 언니 레아를 제치고 라헬이 먼저 나타났을까? 아마도 야곱의 사랑을 받은 여인이기에 라헬이 먼저 등장하지 않았나 짐작해 본다. 지금 룻을 축복하고 많은 자녀들을 낳아 행복하게 살기를 원하는 마음을 표시하고 있으니 룻이 사랑받는 아내로 살아가기를 바라는 마음이었을 것이다.

백성들과 장로들은 또 보아스를 축복하였다. "에브랏에서 유력하고"에서 '유력하다(עֲשֵׂה־חָיִל 아세-하일)'는 것은 '능력있다' 혹은 '용감하다' 등의 의미도 있고 '부를 이루다'라는 의미도 있다. 이 상황에서는 보아스의 가문이 부유해지기를 바라는 마음을 표시한 것으로 보인다. 베들레헴에서 "유명하게(우크라-쉠)..."라는 말은 '이름을 부르다'의 뜻인데 의미는 '명성을 얻다'라고 볼 수 있다. 결국 이 구절은 동의 평행법으로 볼 수 있다. 즉 보아스가 이 지역에서 부유하고 명성이 높아 존경받기를 원한다는 내용이다.

축복을 할 때 왜 다말의 경우를 들어 축복하였는가? 아마도 다말의 경우(창 38장)가 시형제 결혼의 경우이기 때문에 다말과 같이 성공적인 경우가 되기를 바란다는 의미로 축복한 것으로 보인다. 또한 다말의 경우는 유다 지파의 경우이며 보아스의 선조의 이야기이기 때문에 다말의 경우를 들면서 축복한 것으로 보인다. 중요한 것은 상속자가 태어나는 것이다. 그런데 그것은 하나님의 허락없이는 이루어질 수 없는 것이기에 하나님께 기도하면서 복을 비는 것이다.

드디어 보아스와 룻이 아기를 낳았다(13절). 그리고 이것은 하나님께서 주신 선물임을 또한 강조하고 있다. 정확히 번역하면 "야웨께서 그녀에게 잉태를 주셨다(와이텐 야웨 라흐 헤라욘)"이다. 사실 룻기에서는 하나님의 행동이 전면으로 나타나지도 않고 하나님의 음성도 들리지 않으며 하나님께 기도하는 목소리도 잘 들리지 않는다. 오직 축복하는 말 속에서 하나님께 기도를 드리는 흔적을 찾을 뿐이다. 그러나 룻기는 하나님의 섭리와 행동이 배후에서 움직이고 있다는 사실을 독자들이 느낄 수 있게 해준다. 특별히 아기 낳는 경우는 야웨께서 하신 것임을 분명히 제시해 주고 있다.

"보아스가 룻을 맞이하여 아내로 삼고 그에게 들어갔더니"를 직역하면 "보아스가 룻을 취했다. 그리고 그녀가 그의 아내가 되었다. 그리고 그가 그녀에게 갔다"로 번역할 수 있다. 여기서 "그리고 그가 그녀에게 갔다(와야보 엘레하)"는 표현은 동침한 것을 완곡하게 표현한 것이다(창 16:2; 29:21, 23; 삼하 16:21).

"그녀가 아들을 낳았다(와텔레드 벤)". 드디어 룻이 아기를 낳았다. 보아스와 룻의 결혼도 중요하지만 아들을 낳았다는 것은 룻기 전체에서 클라이맥스를 이루는 것이요 대전환점이라 할 수 있다.

아기가 태어나자 여인들이 기뻐하며 하나님께 찬송하고 나오미를 축복하였다. 나오미가 남편과 아들을 잃고 베들레헴에 돌아 왔을 때 온 성읍 사람들이 한 마디씩 하면서 가십꺼리로 삼았던 경우(1:19)와 비교해 보면 큰 차이가 있음을 발견할 수 있다. 특히 맨 먼저 하나님을 찬양하였다; "야웨를 송축하라(ברוך יהוה 바루크 야웨)". 그리고 나오미를 축복하고 아기에게도 축복을 하고 있는 모습을 볼 수 있다. "그의 이름이 이스라엘 가운데서 높아지기를 원하노라"(14절)

에서 '이름이 높아지다'라는 부분은 (קרה שׁם 카라 쉠)으로 장로와 백성들이 보아스를 축복할 때도 사용한 표현이다(11절). 또한 베들레헴의 지역사회를 벗어나 이스라엘 전체에서 명성이 높아지기를 원한다고 축복하였다.

또한 여인들이 태어난 아기의 이름까지 지어주었다. 그런데 여인들이 축복하는 '기업 무를 자'는 누구를 가리키는가? 보아스인가 아니면 아기인가? 그러나 '오늘'이라는 시간을 주목해볼 때 갓 태어난 아기를 가리키는 것임을 알 수 있다. 그리고 보아스가 지역 사회에서 명성이 높아지는 축복을 받은데(11절) 비해 아기는 이스라엘 전역에서 명성이 높아지는 축복을 받았다(14절). "이는 네 생명의 회복자이며 네 노년의 봉양자"(15절)라는 표현을 볼 때도 아기를 가리키는 것으로 볼 수 있다.

"생명의 회복자(מֵשִׁיב נֶפֶשׁ 메쉬브 네페쉬)"라는 뜻은 태어난 아기가 나오미의 활력과 힘을 되찾아 준다는 뜻이다. 남편과 아들을 잃고 베들레헴에 돌아왔을 때 나오미는 하나님이 '나를 비어 돌아오게 하셨다(הֱשִׁיבַנִי 헤쉬브니)'(1:21)고 탄식하였다. 이 문장에서 사용했던 동사 '슈브'가 이제 다시 나타나면서 희망으로 가득찬 나오미의 모습을 보여주고 있다. 또한 "노년의 봉양자(우러칼켈 엘-시바테크)"라는 말은 장래에도 불안하지 않고 안정된 삶을 보장받을 수 있게 되었다는 것이다. 이 두 구절은 현재의 활력과 미래의 보장을 함께 제공해주는 '아기 탄생'을 축하해 주는 말이다. 또한 이 두 구절은 '쉬브'와 '시바'가 교차대구형으로 위치해 있어 시적인 묘미를 느끼게 해준다.

"너를 사랑하는 네 며느리(킬라테크 아쉐르-아헤바테크)". 룻이 시어머니를 사랑한다는 것은 룻의 행동 가운데서 찾아 볼 수 있다. 비록 룻은 이러한 표현을 한 적이 없었지만 이러한 모습을 지켜 본 여인네들이 룻이 시어머니를 얼마나 사랑하는지를 알려주고 있다. 국적이 다르고 시어머니와 며느리의 사이였지만, 노인과 젊은이였지만 그들은 서로 사랑하는 사이임을 여인네들이 입을 모아 말해주며 칭송해 주고 있는 것이다.

"일곱 아들보다 귀한(아쉐르-히 토바 라크 미수브아 바님)". 아들이 얼마나 귀하다는 것은 누구나 알고 있다. 더구나 '일곱'이라는 숫자는 완전 숫자이므로 '일곱 아들'이란 하나님이 주시는 최고의 복을 가리키는 것이다. 그런데 며느리인 룻이 바로 나오미에게는 이러한 복덩이라고 축복해 주고 있는 것이다.

"그녀가 아기를 받아 품에 품고(와트쉬테후 베헤콰흐)" 히브리어 '헤크'는 '품' 혹은 '가슴'으로 번역된다. 아기를 품에 품는 행동은 사랑의 행동이며 부드러움이 느껴지는 모습이다. 아기를 자기 품에 품는 행동이 입양을 의미하는 상징적인 행동이라는 주장이 있다. "가슴에 품고"라는 표현이 입양을 나타내는 표현이라는 것은 하투실리스(Hattusilis I)가 태양 여신 아리나(Arinna)에게 입양되어 합법성을 보장받는 대목에서 발견된다; "그녀가 그를 그녀의 가슴에 품고 그의 손을 잡아 선두에 서서 (전쟁터를) 달렸다".[93] 그러나 나오미의

93_ 정중호, **고대 이스라엘 사회와 제사장의 정체**, 17-18.

행동이 입양을 나타내는 행동일 수도 있지만 나오미가 자신의 손자, 엘리멜렉의 상속자인 오벳을 굳이 입양할 필요가 있었는가 하는 의문이 든다. 혹은 나오미가 유모가 아니냐는 주장도 있다.

그런데 "그리고 그의 양육자가 되니(와트히-로 레오메네트)"에서 오메네트()는 결코 유모가 아니라 양육자이다. 왜냐하면 이 단어 '양육자'는 남성형도 있어서 남자가 양육자가 될 수도 있기 때문이다. 그리고 유모로 보기에는 나오미가 너무 늙었다는 사실을 주목할 필요가 있다. 나오미는 자신의 혈육을 기르는 '양육자'인 것이다.

특이한 것은 여인네들이 나오미의 손자라고 하지 않고 "나오미에게 아들이 태어났다"고 하였다. 그런데 후기로 나타나는 족보에는 오벳이 보아스의 아들로 나타난다. 이 아기의 정체를 무엇이라 해야 하는가? 보아스가 오벳을 입양했는가? 분명히 오벳은 엘리멜렉의 가문을 이어주는 상속자이지만 보아스와 룻 사이에서 태어난 아들이기도 하다. 즉 보아스의 아들이기도 하다.

이 문제를 해결하기 위해 시형제 결혼에 대해 다시 살펴보자. 시형제 결혼의 목적은 동생이 죽은 형의 이름을 이어줄 상속자가 태어날 수 있도록 해주는 것이다. 그런데 만일 동생이 형수를 정식으로 아내로 맞이한다면 어떻게 될까? 형의 유산을 동생이 차지하게 될 것이지만 형수는 평생 '안식할 곳'을 얻게 되고 그 소생은 동생의 아들이 되어 대를 이어가게 될 것이다. 시형제 결혼의 목적이 죽은 사람의 이름을 이어주는 것이기도 하지만 동시에 과부가 된 형수를 경제적으로나 사회적으로 보장해주는 것이 더 중요하였다. 따라서 형수를 정식으로 아내로 맞이하기만 한다면 형수로서는 최상의 보장과 혜택을 얻게 되는 것이기에 시형제 결혼의 목적에 위배된다고 볼 수는 없다. 룻과 보아스의 경우가 바로 이러한 형태의 시형제 결혼이라 할 수 있다.

나오미의 경우를 보자. 만일 보아스가 룻을 아내로 맞이 하지 않고 아들만 낳아 준다면 나오미와 룻은 과부로서 엘리멜렉의 소유인 기업을 얻어 손자(아들)를 기르며 여생을 살았을 것이다. 그러나 여자의 몸으로 농삿일을 하면서 가정 경제를 꾸려 나가기는 그리 쉽지 않았을 것이다. 더구나 모압 여자라는 명함은 계속 남아있어 이들이 소외당할 수도 있었을 것이다.

한편 룻과 보아스가 정식으로 결혼을 하고 나오미와 더불어 한 가족으로 살았을 경우, 경제적으로나 사회적으로 안정되고 풍요로운 삶을 살았을 것이다. 룻은 더 이상 과부가 아니라 한 남자의 아내로 그리고 부유한 보아스의 아내인 '마님'으로 살 수 있었을 것이다. 더 이상 모압 여자라는 이름으로 불려지지 않았을 것이다. 비록 엘리멜렉의 이름이 계속 이어지기는 어렵겠지만 나오미와 룻과 오벳의 삶은 더 안정되고 풍요롭고 보장을 받을 수 있게 되는 것이다.

어느 편이 더 인자(헤세드)의 정신에 가까운 것인가? 룻을 정식으로 아내로 맞이하는 보아스의 선택은 현실적으로 룻과 나오미와 오벳을 더 행복하게 해주는 것이므로 헤세드 정신을 따르는 것이라 볼 수 있다.

요약해 본다면, 보아스는 고엘로서의 임무와 시형제 결혼의 임무를 수행하였으며 나오미와 엘리멜렉 가문의 이름을 이어줄 수 있었다. 그리고 룻과 정식으로 결혼하여 아들을 얻었으므로 보아스는 자신의 대를 이어 줄 아들을 또한 얻게 된 것이다. 그리고 룻과 나오미에게 안정되고 행복한 삶을 선물로 줄 수 있게 된 것이다. 결국 오벳은 보아스의 가문을 이어주는 아들로 살아가고 엘리멜렉의 이름은 잊혀지겠지만 이 정도는 용인될 수 있는 사회였다. 예를 들어 보자. 슬로보핫의 딸들이 유산(기업)을 상속하겠다면서 요구할 때 아버지의 이름을 잇겠다고 하였다(민 27장). 그러나 딸들이 유산을 상속받은 후 결혼하면 더 이상 아버지의 이름을 이어 갈 수는 없는 것이다(민 36장). 결국 조상의 이름을 이어가겠다는 것은 중요한 명분이지만 보다 더 중요한 것은 남은 가족들이 실제적으로 안정을 보장받고 행복한 삶을 살아갈 수 있게 하는 것이다. 이것이 고엘의 정신이요 시형제 결혼의 정신이며 헤세드의 정신인 것이다.

'이새와 다윗'을 반복하는 족보 부분은 분명 다윗 왕조를 부각시키고 있다. 족보는 마지막 사람의 정치, 법률, 종교적 역할을 합법화하는 기능이 있다. 마지막 인물은 다윗인데 다윗의 조상이 바로 헤세드를 실천한 조상이었다는 점을 강조한 것이다.

Ⅱ. 룻은 귀환 이주자인가?

본 장의 목적은 다문화 사회에서 귀환이주가 중요함을 주목하면서 구체적으로 룻기에서 귀환이주 전승이 핵심적인 주제임을 밝히는 것이다. 특히 룻을 이주자가 아니라 귀환이주자의 시각으로 재조명하려는 것이며, 다윗 왕실 족보(룻 4:18-22) 문제도 귀환이주를 중심으로 재조명하려는 것이다.

1. 귀환이주자 나오미

남편도 잃고 자식도 잃은 과부이면서 빈손으로 고향에 돌아온 나오미와, 남편을 잃고 자식이 없는 가난한 과부이면서 모압 여자인 룻이 어떻게 살아갈 수 있을까? 그들에게 과연 '희망'이 있는가? 이러한 질문을 떠오르게 하는 장면이 룻기의 첫 장면이다. 따라서 룻기는 '희망'에 대해 질문하고 '희망'에 대해서 답하고 있다고 할 수 있다. 중요한 것은 그 희망을 어떠한 방법으로 이루어 나가고 있는 가하는 것이다. 언뜻 보기에는 '고엘' 관습과 시형제 결혼 관습으로 보아스가 도와주었기 때문에 이러한 희망이 이루어졌다고 보여 진다. 그러나 룻기에는 보다 더 중요한 흐름이 있으며 그 이면을 흐르고 있는 중요한 줄기를 살펴볼 필요가 있다.

룻기에서 발견되는 특이한 점은 나오미나 룻에게 '과부'라는 용어가 사용되지 않았다는 점이다. 또한 '가난한 자'라는 용어도 사용되지 않았다. 분명히 과부이면서 가난한 두 여자였지만 의도적으로 이러한 용어를 룻기에서는 사용하고 있지 않았다. 일반적으로 가난한 사람의 경우 고엘이 필요하고, 아들 없는 과부의 경우 시형제 결혼(levirate marriage)이 필요한 법이다. 그런데 고엘의 활동이 나타나고 시형제 결혼이 실시된 룻기의 경우 이러한 용어가 나타나지 않는 것은 특이한 일이다.[94] 이유가 무엇인가? 룻기의 경우는 가난하고 과부이기 때문에 고엘과 시형제 결혼이 필요한 것이라기보다 다른 이유가 있기 때문이다. 따라서 우선적으로 그 이유를 밝힐 필요가 있다. 단서는 룻기의 구조에서부터 찾아야 한다.

룻기를 이해할 때 룻을 주인공으로 이해하고 해석하려는 경향이 있다. 모압에서 온 외국 여인이며 과부인 룻이 베들레헴의 유지인 보아스와 결혼하여 아들을 낳고 다윗 왕조의 조상이 되었다는 신데

94_ 룻기에 과연 시형제 결혼(신 25:5–10)이 실시되었는가에 대해 논란이 있다. 그러나 며느리와 시아버지와의 관계로 되어있는 다말의 경우(창 38장)까지도 시형제 결혼으로 본다면 룻과 보아스와의 관계도 확대된 시형제 결혼으로 볼 수 있다. Timothey Willis, *The Elders of the City: A Study of the Elders–Laws in Deuteronomy* (Atlanta: SBL, 2001), 262–263, 302. 시형제 결혼은 이미 나오미가 언급한 바 있고(룻 1:11–13), 나오미가 룻을 타작마당으로 보내어 보아스와 시형제 결혼을 하도록 유도하였다. Josh Ketchum은 룻기의 경우 '고엘' 관습과 시형제 결혼이 결합되어 함께 나타난다는 점을 강조하였다. Josh Ketchum, "The go'el custom in Ruth a comparative study," Restoration Quarterly 52 (2010), 237–245.

렐라 이야기로 이해하려는 것이다. 그리고 룻과 보아스의 사랑이야기도 흥미와 관심의 대상이 된다. 또한 책 이름도 '룻기'로 되어 있다. 이러한 경향 때문에 나오미의 존재는 배후의 인물로 기억되며 조연으로서의 위치만 차지한다고 보기 십상이다.

그러나 나오미는 결코 조연이 아니다. 나오미는 모압 땅으로 이주했다가 남편과 자식들을 잃고 슬픈 마음을 가득 안은 체 고국으로 돌아왔다.[95] 그런데 그녀가 룻과 함께 새로운 가문을 일으키고 손자까지 보았다는 이야기다. 상대적으로 나오미의 이야기는 크게 주목을 받지 못하고 있지만, 분명한 것은 룻기 전체에 걸쳐서 나오미의 이야기는 룻의 이야기와 더불어 중요한 한 축을 담당하고 있다는 사실이다.[96]

룻기에서 나오미 이야기의 중요성에 대해서는 여러 학자들이 언급한 바가 있다. 브랜너(A. Brenner)는 나오미의 이야기와 룻의 이야기가 전혀 다른 이야기였는데 후대에 결합되었다고 주장했다.[97] 글랜즈만(G. Glanzmann)은 룻기의 포로후기 저작설을 비판하면서 룻기가 고대로부터 3단계로 발전해 왔다고 주장하였다.[98] 프린스루(W. S. Prinsloo)는 룻기에서 주도적 인물은 나오미이며 룻은 나오미

95_ '모압 지방(스데 모압)'이라는 구절은 구약 전체에서 모압을 지칭하는 용어로 18회 사용되었는데 룻기에만 5회 나타난다(룻 1:1, 2, 6, 22; 4:3). 그리고 베들레헴의 밭이라는 의미로 히브리어 '사데'가 사용된 경우는 6회 나타난다(룻 2:2, 3(2회), 6, 8, 9). 따라서 모압을 '모압 지방'이라 특이하게 사용한 것을 통해, 곡식이 자라는 '밭'이라는 것을 강조하면서 모압의 밭과 베들레헴의 밭을 대조하려는 의도가 있음을 발견할 수 있다.

96_ Athalya Brenner, "Naomi and Ruth," *VT* 33 (1983), 385–397.

97_ 윗글, 385–397.

98_ G. Glanzmann, "The Origin and Date of the Book of Ruth," *CBQ* 21 (1959), 203.

와 보아스의 중개자임을 강조하였다.[99]

룻기에서, 이름을 소개하는 이야기의 서두에서는 "엘리멜렉과 그의 아내의 이름은 나오미"(룻 1:2)라 나타나지만 이야기가 본격적으로 전개되는 장면에서는 "나오미의 남편 엘리멜렉"(룻 1:3)이라 나타나면서 '나오미의 이야기'가 전개되고 있음을 보여준다. 2장에서도 첫 단어는 '나오미에게'로 시작되고 3장에서는 나오미가 연출가로 전체를 지휘하고 있는 모습이 나타난다.

특히 룻이 결혼하여 아들을 낳은 후 룻은 사라지고 나오미가 부각되어 있으며 "나오미에게 아들이 태어났다"(룻 4:17)는 소리만 요란하다. 즉 룻기는 나오미의 등장으로 시작되고 나오미의 이야기로 끝맺고 있는 것이다. 따라서 비록 전면에 나타나는 중요한 주인공의 모습으로 나타나지 않은 경우도 있었지만 구조상 룻기에서 가장 중요한 인물은 나오미라 볼 수 있다. 그리고 룻기에는 이름이 중요하게 부각되어 있는데 이름도 나오미가 가장 많이 거명되고 있다. 나오미의 이름은 19회 거명되며, 보아스라는 이름은 17회, 그리고 룻의 이름은 12회 거명되고 있다.[100]

나오미의 이야기가 룻기의 중심축을 형성하고 있는데 그 가운데서도 나오미가 귀환이주자라는 사실이 중요하게 부각되어 있다. 이것은 '돌아가다'라고 번역되는 히브리어 '슈브'라는 용어의 사용빈도를 통해서도 확인할 수 있다. 즉 짧은 이야기 중에 '슈브'라는 단

99_ W. S. Prinsloo, "The theology of the Book of Ruth," *VT* 30 (1980), 334–337.

100_ **개역개정**에는 룻의 이름이 아주 많이 거명되는 것같이 번역되어 있지만(27회) 대명사를 '그녀'라고 번역하지 않고 '룻'이라고 번역하였기 때문에(15회) 일어난 현상일 뿐이다. 실제 룻의 이름이 거명된 구절은 다음과 같다: 룻 1:4, 14, 16, 22; 2:2, 8, 21, 22; 3:9; 4:5, 10, 13.

어가 15회나 사용되었다는 것은 '돌아옴' 혹은 '귀환'이 얼마나 중요한 것인지를 확인시켜준다고 볼 수 있다(룻 1:6, 7, 8, 10, 11, 12, 15[2회], 16, 21, 22[2회]; 2:6; 4:3, 15).[101] 이 가운데서 '귀환'의 방향을 결정하는 안타까운 장면들이 나타나는데, 그것은 나오미가 며느리들에게 모압의 친정('어미의 집')으로 돌아갈 것을 권하고 또 오르바가 친정으로 돌아가게 되는데, 룻은 나오미와 더불어 유다로 돌아간다는 내용이다. 이러한 갈등 상황은 1장에 나타나는 '슈브'의 사용빈도를 보아도 알 수 있는데 모압으로 '귀환'하는데 6회(룻 1:8, 11, 12, 15[2회], 16), 유다로 '귀환'하는데 6회 사용된 것을 발견할 수 있다(룻 1:6, 7, 10, 21, 22[2회]).

2. 룻도 귀환이주자인가?

그러면 귀환이주자인 나오미와 함께 온 룻을 룻기에서는 어떻게 제시하고 있는가? 그런데 룻기를 자세히 읽어보면 룻의 정체성 변화를 발견할 수 있다. 특히 나오미와 보아스가 "너는 누구냐"(룻 3:9, 16)라고 이구동성으로 질문하는 모습을 통해 룻기가 룻의 정체성을 얼마만큼 강조하고 있는지를 확인할 수 있다.

룻기에 나타나는 정체성 변화에 대한 연구로는 매티유(Victor H.

101_ 룻 4:15에는 '(생명의) 회복자'라는 뜻으로 분사형인 byvime(메쉬브)가 나타난다.

Matthews), 하이먼(R. T. Hyman), 글로버(Neil Glover) 등의 연구를 들 수 있다. 매티유는 사회적 정체성 변화에 주목하였는데, 나오미는 아기를 얻고서야 비로소 베들레헴 공동체에 사회적으로 완전히 복귀하였고, 룻도 보아스와의 결혼을 통해 베들레헴 사회에 완전히 합류하게 되었다고 주장하였다.[102]

하이먼(R. T. Hyman)은 룻기에 나타나는 16개의 질문을 4그룹으로 나누어 분석하였다. 그리고 그 질문들의 핵심이 룻과 나오미의 정체성에 대한 질문이라 주장하였다.[103] 그리고 나오미와 보아스가 질문을 통해 룻의 정체성 변화를 이끌었음을 분석해 내었다. 그런데 이러한 분석도 역시 외국인 룻이 보아스와 결혼함으로서 정체성 변화가 일어났다고 보았다.

그러나 외국인 룻이 보아스와 결혼함으로서 보아스의 배우자 자격으로 이스라엘 사람이 되었다고 보는 것은 중요한 과정을 놓쳐버린 주장이다. 중요한 것은 보아스와 결혼하기 전에 이미 룻은 '죽은 자의 아내' 즉 말론의 아내로서 귀환이주자의 자격을 갖추었다는 사실이다. 그래서 결혼하기 전에 이미 보아스는 룻을 '능력 있는 여인'으로 불렀던 것이다.

글로버(Neil Glover)도 룻의 정체성 변화에 대해 연구하였는데 주로 민족의 변화에 주목하였다. 즉 모압인인 룻이 이스라엘인으로 변화하는 추이를 추적한 것이다.[104] 글로버는 인류학 이론을 사용

102_ Victor H. Matthews, "The determination of social identity in the story of Ruth," *Biblical Theology Bulletin* 36 (2006), 49–54.

103_ Ronald R. Hyman, "Questions and Changing Identity in the Book of Ruth," *Union Seminary Quarterly Review* 39 (1984), 200.

104_ Neil Glover, "Your people, my people: an exploration of ethnicity in Ruth," *JSOT* 33

하여 연구하였는데 민족의 변화를 이야기할 때, 자신의 고백으로 민족이 변한다는 일방적 상황론자(unilateral situationalist)의 주장[105], 사람들의 인정으로 인해 민족이 변한다는 동정적 구성주의자(sympathetic constructivist)의 주장, 태어날 때부터 민족이 정해지는 것이지 변하지 않는다는 강경한 태생주의자(hard primordialist)의 주장을 열거하였다.[106] 우선 글로버는 룻이 나오미의 민족이 되겠다고 고백했지만 나오미는 침묵했고 나중에 보아스의 밭에서 룻 자신도 여전히 모압 여인임을 고백하고 있다(룻 2:10)는 점을 지적하면서 일방적 상황론자의 주장을 비판하였다.[107]

글로버는 다른 수식어가 붙지 않은 '룻'이라는 이름이 베들레헴에서 거명되는 것을 주목하면서 베들레헴 사람들이 룻을 인정하였을 때 거명된 룻이라는 이름을 통해(룻 4:13) 이스라엘 사람으로 받아들여졌다고 보았다. 마치 보아스나 나오미가 이름으로만 거명된 것처럼 단순히 룻이라고 불리었을 때 룻은 이스라엘 사람으로 인정된 것이다. 이러한 주장을 긍정적 구성주의자(Optimistic Constructivist)라 부를 수 있다.[108]

하이먼과 마찬가지로 글로버도 룻이 보아스와 결혼함으로서 이

(2009), 293-313.

105_ 일방적 상황론자(unilateral situationalist)의 주장을 따르는 학자들은 W. Coxen과 I. Rashkow를 들 수 있다; W. Coxen, "Was Naomi a Scold? A Response to Fewell and Gunn," *JSOT* 45 (1989), 26; I. Rashkow, "Ruth: The Discourse of Power and the Power of Discourse," in A Brenner(ed.), *A Feminist Companion to Ruth* (Sheffield: Sheffield Academic Press, 1993), 32.

106_ Neil Glover, 윗글, 295.

107_ 윗글, 296.

108_ 윗글, 300-302.

스라엘 백성이 되었다고 보았다. 그러나 이러한 주장에는 중요한 결함이 있다. 고엘의 도움과 시형제 결혼의 대상이 될 수 있는 것은 외국인이 아니라 이스라엘인이 되어야 가능한 것인데 결혼 후에야 이스라엘 백성이 될 수 있다는 것은 논리적으로 모순을 안고 있는 것이다.

룻의 정체성 변화의 단서는 룻에 대한 명칭에서 먼저 발견할 수 있다. 룻을 부르는 호칭은 다양하다. 우선 룻의 이름이 나타난다(룻 1:4, 14, 16; 2:2, 8, 21, 22; 3:9; 4:5, 10, 13). 그런데 룻의 이름에는 수식어가 따라 다닌다. 즉 '모압 여자'라는 수식어가 나타나며(룻 1:4; 2:2, 6[2회], 21; 4:5, 10), '외국(이방) 여인'(룻 2:10), '죽은 자의 아내'(룻 4:5), '말론의 아내'(룻 4:10), '네 집에 들어가는 여인'(룻 4:11), '소년 여자'(룻 4:12) 등이 나타난다. 그리고 룻은 자신을 가리켜 '시녀'(룻 2:13)라고 말하기도 하였다. 특히 '능력 있는 여인'이라는 용어를 보아스가 사용했다는 점을 주목할 필요가 있다(룻 3:11). 그리고 나오미와의 관계를 이야기할 때는 '며느리'라는 용어와(룻 1:6, 7, 8, 22; 2:20, 22; 4:15), '시어머니'(룻 1:14; 2:11, 18, 19, 23; 3:1, 6, 16, 17)라는 용어가 따라 다닌다.

룻에 관한 수식어 중 가장 먼저 나타나고 반복되는 용어는 '모압 여인'이라는 것이다. '모압 여인'이라는 호칭은 주로 해설자가 반복해서 사용한 호칭인데(룻 1:4, 22; 2:2, 21), 보아스의 사환이 사용한 호칭이며(룻 2:6), 나중에 보아스가 이러한 호칭을 사용했다(룻 4:5, 10).

'모압 여인(모아비요트)'이라는 호칭에는 특별한 의미가 있다. 우선 '외국 여인(노크리야)'(룻 2:10)이다. 더구나 모압 여자다. 모압인에 대해서는 극도로 배척하는 분위기가 있었는데 그 근거를 토라에

서 발견할 수 있다.[109]

'외국 여인'이라는 '노크리야'에게 중요한 것은 이주자(게르)와 같은 도움을 받을 수 없었다는 점이다.[110] 도움을 받아야 하는 가난한 사람들의 대명사인 과부와 고아와 레위인들을 이야기할 때 '게르'로 표현하기는 해도 '노크리'라고 표현한 적은 없다.[111] 외국인은 안식년의 이자를 면제해 주라는 규정에서도 제외되었으며(신 15:3) 일반적인 이자 면제 규정에도 제외되었다(신 23:21). 심지어 룻이 외국여인이었기 때문에 이삭줍기도 허용되지 않았다고 브로릭(Georg Braulik)은 지적하였다.[112] 이러한 정황은 룻의 말에서도 발견할 수 있다. 룻이 이삭줍기를 하러갈 때 "내가 밭으로 가서 내가 누구에게 은혜를 입으면 그를 따라서 이삭을 줍겠나이다"(2:2)라고 나오미에게 이야기 하였다. 즉 누군가의 은혜를 입지 못하면 이삭줍기도 할 수 없는 상황임을 내비친 것이다. 실제 룻은 이삭을 줍기 전에 "단 사이에서 이삭을 줍게 하소서"(룻 2:7)라고 사환에게 요청하여 허락을 받았다.[113] 키드(Jose E. Ramirez Kidd)는 주장하기를 '게르'는 '자르'

109_ 이스라엘 사람들이 모압인을 배척하게 된 연유를 살펴보면, 아버지와 딸 사이에서 태어났다는 근친상간의 후예라는 점(창 19:30–38), 이스라엘 백성을 박대한 점(신 23:3–4), 발람을 통해 이스라엘을 저주하려 했다는 점(민 22:1–7), 유혹하여 우상숭배를 하도록 한 점(민 25:1–3) 등이다. 이로 인해 "암몬 사람과 모압 사람은 여호와의 총회에 들어오지 못하리니 그들에게 속한 자는 십 대뿐 아니라 영원히 여호와의 총회에 들어오지 못하리라"(신 23:3)고 기록되어 있다.

110_ 이태훈, "구약의 외국인 복지," **구약논단** 통권 27집 (2008), 72–74.

111_ Agenthe Siquans, "Foreignness and Poverty in the Book of Ruth: A Legal Way for a Poor Foreign Woman to Be Integrated into Israel," *JBL* 128 (2009), 448.

112_ Georg Braulik, "The Book of Ruth as Intra-Biblical Critique on the Deuteronomic Law," *Acta Theologica* 19 (1999), 13.

113_ "단 사이에서 이삭을 줍게 하소서"라는 부분은 번역하기 어려운 부분이다. 이 부분을 직역하면 "제가 이삭 사이에서 줍고 그리고 모으기를 원합니다(알라코타–나 웨아사프티

나 '노크리'와 결코 동의어로 사용된 적이 없다고 하였다.[114]

외국 여인이라는 신분은 아직 '이주자(게르)'의 신분이 아니다. 일반적으로 모압에서 왔기 때문에 룻을 이주자라 부르는 경우가 있다. 그러나 엄밀히 따져보면 룻은 이주자가 될 수 없다. '게르(이주자)'라는 용어는 남성형만 있을 뿐 여성형이 없다.[115] 즉 남성에게 소속되어 있지 않은 여성은 단독으로서는 '게르'의 신분을 얻는 경우가 없었던 것이다.[116] 룻기 전체에서 '게르'라는 단어가 나타나지 않는다.

따라서 룻은 이주자가 아니기에 원칙적으로 이주자로서 받을 수 있는 특별한 배려를 받을 수 없었다. 비록 룻이 가난한 과부였지만 외국 여자였기에 특별한 배려를 받을 수 없었던 것이다. 룻이 이주자가 아니고 외국인이었기에 신분상 이삭줍기도 힘들었다는 것은 그 지역의 유지인 보아스에게 한 말을 보면 짐작할 수 있다; "룻이 엎드려 얼굴을 땅에 대고 절하며 그에게 이르되, 나는 외국 여인이거늘 당신이 어찌하여 내게 은혜를 베푸시며 나를 돌보시나이까"(룻 2:10).

바오마림)"라고 번역할 수 있다. 이러한 번역에 따르면 이삭을 주운 후 모은 이삭을 단으로 묶는 모습이 연상된다. 오메르는 '곡식 단'을 가리키는 것이 아니라 곡식의 이삭을 가리킨다. 따라서 '단 사이에서'가 아니라 '이삭 사이에서'라는 번역이 더 정확하다고 볼 수 있다(룻 2:7절 참조).

114_ Jose E. Ramirez Kidd, *Alterity and Identity in Israel: The rg in the Old Testament*, BZAW 283 (Berlin: De Gruyter, 1999), 111.

115_ Agenthe Siquans, 윗글, 446; '게르'와 서로 교환하여 사용할 수 있는 유사한 단어 '토샤브'의 경우에도 남성형만 있고 여성형은 없다.

116_ 모압의 관습이 이스라엘의 관습과 동일하다면 나오미가 귀환을 결심하게 된 또 다른 동기를 찾을 수 있다. 물론 고향 땅에 풍년이 들었다는 소문이 있어서 귀환을 결심하게 되었겠지만, 모압에서는 도움을 받을 수 있는 이주자(게르)의 신분도 얻을 수 없는 외국인이었기 때문에 생계유지에 대한 불안감이 높아졌다는 요인도 또 다른 귀환 동기로 볼 수 있다.

그런데 나오미의 며느리라면 룻의 위상이 달라진다. 나오미의 가족의 일원이 되며 엘리멜렉과 말론으로 이어지는 가정의 일원이 되는 것이다. 그러나 특이한 것은 이웃이나 다른 사람들이 '며느리'라는 표현을 거의 사용하지 않는 이상한 현상을 발견할 수 있다. '며느리'라는 용어는 해설자가 주로 사용하였다(룻 1:6, 7, 8, 22; 2:20, 22). 그리고 룻과 나오미의 관계를 이어줄 수 있는 또 다른 용어 '시어머니(하모트)'라는 용어도 해설자가 주로 반복해서 9회나 사용하였다(룻 1:14; 2:11, 18, 19, 23; 3:1, 6, 16, 17). 물론 나오미는 룻에게 직접적으로 '나의 딸'이라 부르며(룻 1:11, 12, 13; 2:2, 22; 3:1, 16, 18) 가족으로서의 친근함을 표시하였고 '동서'(룻 1:15) 혹은 '남편(룻 2:11)'이라는 용어를 사용하여 룻이 며느리임을 말하였다.[117]

다른 사람이 룻에게 '며느리'라는 용어를 사용한 것은 룻이 아들을 낳고 나서 여인들이 나오미를 축하해 주면서 인정해준 것이 유일하다; "... 일곱 아들보다 귀한 네 며느리가 낳은 자로다"(룻 4:15). 따라서 룻이 아들을 낳기 전에는 다른 사람들이 룻을 가리켜 나오미의 며느리라고 부르기보다 나오미와 함께 온 외국 여인이었을 뿐이다. 즉 베들레헴 사람들에게는 룻이 외국인이었으며 그 이상도 그 이하도 아니었던 것이다.

그러나 보아스는 달랐다. 보아스는 이삭줍기를 하는 룻에게 '시어머니'라는 용어를 사용하였으며 타작마당에서도 룻에게 이 용어를 사용하여(룻 2:11; 3:17) 룻과 나오미의 며느리-시어머니 관계를 인정하였다.

117_ 보아스도 '나의 딸'이라는 호칭을 사용하였으나(룻 2:8; 3:10, 11) 이는 친족으로서 그리고 연장자로서 친근하게 룻을 부르는 호칭이었다.

그런데 해설자는 룻이 나오미의 며느리임을 밝힐 뿐만 아니라 룻이 귀환이주자임을 또한 이야기 하고 있다. 1장 7절에는 나오미와 더불어 룻을 포함한 두 며느리가 유다 땅으로 '돌아오려고' 길을 걸어갔다고 해설자는 묘사하고 있다. 룻이 나오미의 가족으로서 귀환의 길을 떠났음을 이야기 하고 있는 것이다. 엄밀히 말해서 룻은 '돌아오는' 것이 아니라 외국으로 떠나는 것인데도 나오미의 가족의 일원이었기에 귀환이주의 길을 걸어갔다고 하는 것이다.

그리고 룻 자신도 귀환이주자임을 이야기 하고 있다. 룻은 동서인 오르바와 더불어 나오미에게 "우리는 당신과 함께 당신의 백성에게 돌아가겠나이다"(룻 1:10)라고 확고한 결심을 피력하였다. '돌아가다'라는 단어를 사용하여 룻은 자신의 입으로 귀환이주자임을 고백한 것이다.

또한 1장 22절을 직역하면 아래와 같다.

> 나오미가 돌아왔다. 그리고 그녀의 며느리이며 모압 여인인 룻이 그녀와 함께 모압 지방에서 돌아왔다. 그리고 그들이, 그들이 보리 추수 시작할 때에 베들레헴에 이르렀다.

해설자는 룻이 '돌아왔다(핫샤바)'고 표현하면서 귀환이주자로 보았다. 『개역개정』은 마치 나오미만 '돌아온' 것처럼 번역하고 있지만 분명히 나오미도 돌아오고 룻도 돌아왔다고 각각 삼인칭 단수 동사로 표기하고 있다. 해설자는 처음부터 룻이 귀환이주자임을 강하게 표현하고 있다. 다만 베들레헴의 이웃이 인정하지 않았지만 결국 보아스를 통해 모두가 인정하게 된 것이다.

심지어 보아스의 사환도 룻이 '돌아왔다(핫샤바)'고 표현하면서 룻을 귀환이주자로 보았다; "이는 나오미와 함께 모압 지방에서 돌아온 모압 소녀..."(2:6). 그러나 보아스의 사환은 룻이 외국인인 '모압 여인'이라는 점도 함께 이야기 하면서 룻의 귀한 이주자 정체성에 대해서는 더 이상 관심을 보이고 있지 않았다. 사실 사환은 보아스의 물음 "이는 누구의 소녀냐?"(룻 2:5)라는 룻의 소속에 대한 물음에 답변한 것이다. 당시 여자의 경우에는 누구에게 소속되어 있는지가 중요했다. 즉 어릴 때는 부모에게 소속되어 있었고, 결혼 후에는 남편에게 소속되어 있었던 것이다. 따라서 사환은 룻이 나오미에게 소속되어 있다는 대답을 강조하였고 그들 사이의 구체적인 관계에 대해서는 관심을 두지 않았던 것이다.

룻이 이미 나오미 가문의 한 가족으로서 귀환한 이주자였지만 결국 룻의 정체성이 귀환이주자임을 공개적으로 알리고 이웃의 인정을 얻도록 한 사람은 바로 보아스였다. 보아스는 룻이 단순한 외국 여자가 아니라 죽은 남편의 아내임을 강조하였다. 즉 '네 남편이 죽은 후로'(룻 2:11), '죽은 자의 아내'(룻 4:5), '말론의 아내'(룻 4:10) 등의 용어로서 룻이 이스라엘 남자 말론의 아내였음을 강조하였다. 죽은 이스라엘 남자의 아내라면 룻은 귀환이주자의 가족인 것이고 곧 귀환이주자가 될 수 있는 것이다. 또한 시형제 결혼의 대상이 될 수 있고 누군가 '구속자' 곧 '고엘'이 되어 룻의 처지를 굳건하게 만들어 줄 수도 있게 된다. 보아스가 등장하여 룻에게 호감을 가졌을 때, 그리고 룻과 결혼하기로 결심하였을 때 보아스는 이러한 용어를 반복해서 사용하면서 룻이 시형제 결혼의 대상이 될 수 있다는 점을 강조하였다.

'죽은 자의 아내(에쉐트-하멜트, 룻 4:5)'라는 호칭은 룻기(4:5)와 신명기(25:5)에만 나타나는데 신명기의 경우에는 시형제 결혼의 문맥에서 나타난다. 즉 '죽은 자의 아내'란 '과부'의 신분을 부여하는 표현인 것이다.[118] 따라서 이러한 표현은 시형제 결혼의 대상이 될 수 있다는 것을 표시해주는 것이다. 또한 신을 벗는 의식도 시형제 결혼 관습에서 나온 의식이다.

룻기에서 '죽은 자'라는 표현이 나타난 것은 나오미가 자기 아들을 가리켜 말 한 장면에서다(룻 1:8; 2:20). 그러나 자기 아들을 가리켜 '죽은 자'라고 표현하는 것은 흔치않은 일이다. 그리고 보아스는 이 표현을 사용하여 중요한 전환을 마련하였다(룻 4:10). '죽은 자'라는 표현은 룻의 정체성을 알려주는 중요한 용어인데 미리부터 나오미의 입을 통해 이 용어를 배치한 것은 룻기 이야기꾼의 의도를 보여주는 중요한 전략이라 볼 수 있다.

따라서 베들레헴에서 인정받은 룻의 정체성 변화를 요약해본다면 외국인인 모압여자가 보아스의 도움으로 '죽은 자(말론)의 아내'로 변화되었다는 것이요, 이 경우 룻은 귀환이주자 가정의 가족으로 인정받게 되는 것이다. 즉 룻이 외국인에서 귀환이주자가 되었다는 이야기다. 정확하게 이야기한다면 룻이 변한 것이 아니라 룻을 바라보는 이웃의 생각이 변화된 것이다. 룻은 결코 '게르(이주자)'가 된 적이 없었다. 룻기의 해설자는 룻이 외국인이며 나오미의 며느리라는 사실을 알려주고 있지만, 베들레헴 사람들은 룻을 외국인으로 보았을 뿐이었다. 그러나 보아스는 백성과 장로들 앞에서 룻의 정체성이 말론의 아내라는 사실을 천명하여 나오미와 동일한 신분, 즉 귀환이

118_ Agenthe Siquans, 윗글, 450.

주자로 인정받게 해 주었다.

이와 더불어 룻의 경우에는 아주 특별한 수식어가 붙어있다. 보아스가 룻을 '능력 있는 여인(에쉐트 하일)'(룻 3:11)이라 불렀다. 이 용어는 잠언 31장에도 나타나는 용어로 지혜의 표상을 가리키는 용어이며 가문을 책임감 있게 일으켜 세우는 여인을 가리키는 용어다. '능력 있는 여인'이라는 용어는 룻기와 잠언(잠 12:4; 31:10)에 만 나타나는 용어로 지혜와 관련이 있다. 지혜(호크마)는 여성으로 나타나며 그 구체적인 모습이 잠언 31장에 '능력 있는 여인'의 이야기로 묘사된 것이다. 지혜는 잠언에서 의인화 되어 나타나며 창조 이전에 이미 있었고 거의 신격화되어 있는 모습도 보여 주고 있다. 그런데 보아스가 룻에게 '능력 있는 여인'이라는 이러한 호칭을 사용했다는 것은 최상의 예우를 했다는 것으로 볼 수 있다. 룻이야말로 엘리멜렉과 말론으로 이어지는 가문을 일으켜 세울 수 있는 '능력있는 여인'임을 보아스가 인정해 준 것이다. 보아스는 룻을 이스라엘의 영웅으로 격상시켰으며 보아스만 인정하는 것이 아니라 '백성이 모두 안다'고 알려주면서 룻을 격려하였다.[119]

그리고 보아스는 룻을 도우면서 룻의 정체성을 마치 족장인 아브라함처럼 높여주었다. 보아스는 이삭줍기한 밭에서 룻에게 "네 부모와 고국(에레츠 몰라드테크)을 떠나 전에 알지 못하던 백성에게로 온"(룻 2:11) 것에 대해 칭찬하였다. 이 구절은 아브라함의 경우와 유사한 것을 발견할 수 있다. 아브라함도 동일하게 '아비의 집(부모)'을 떠났고 '친척(몰레데트)'과 '땅(에레츠)'을 떠났다(창 12:1).

119_ Ronald R. Hyman, 윗글, 200.

아브라함은 하나님의 약속이 있었지만 룻의 경우는 하나님의 약속도 없었고 심지어 나오미의 승인도 보이지 않는다.[120] 트리블(Phyllis Trible)은 아브라함보다 오히려 더 용감한 결단을 룻의 경우에서 찾을 수 있다고 하였다.[121]

더구나 베들레헴 '성문에 있는 모든 백성과 장로들'이 룻을 축복하는 말 가운데 룻을 라헬과 레아, 그리고 다말에 비유하였다. 라헬과 레아는 이스라엘 12지파의 어머니들이며 다말은 시형제 결혼을 통해 유다 지파의 조상이 된 경우이다.[122] 특히 주목할 것은 라헬과 레아는 야곱과 친척이기는 하지만 시리아 출신이라는 사실이다. 그리고 야곱은 시리아에서 귀환 이주하였는데 이 때 라헬과 레아도 야곱과 결혼하였기에 한 가족으로 귀환 이주한 것이다.

3. 다윗 왕실 족보와 귀환이주

룻기의 핵심이 귀환이주라는 주제라면 다윗 왕실의 족보(룻 4:18-22) 문제도 자연스럽게 설명될 수 있다. 사실 언뜻 보기에도 룻기에서 다윗 왕실 족보가 등장하는 것은 뜻밖의 내용으로 보여 진다. 그

120_ Julie L. C. Chu, "Returning home: the inspiration of the role dedifferentiation in the Book of Ruth for Taiwanese women," *Semeia* 78 (1997), 48.

121_ Phyllis Trible, *God and the Rhetoric of Sexuality* (Philadelphia: Fortress, 1978), 173.

122_ Alan T. Levenson은 라헬과 레아 그리고 다말과 룻을 상세히 비교하였다; Alan T. Levenson, "The mantle of the matriarchs: Ruth 4:11-15," *JBQ* 38 (2010), 237-243.

래서 이 족보는 후대에 첨가되었다고 보는 학자들이 많다.[123]

족보를 통해 발견할 수 있는 것은 룻에게 내려진 하나님의 복은 일시적인 것이 아니라 계속 이어져 다윗 왕조까지 이어졌다는 것이다.[124] 니일슨(Kirsten Nielsen)은 룻기가 다윗 왕실을 옹호하기 위해 쓰여졌다고 주장했다.[125] 초기에는 다윗 왕조 족보와 연결되지 않은 이야기였지만 최종 본문에는 다윗 왕조의 족보와 연결되었고 다섯 권의 축제용 두루마리인 메길로트의 한 권으로서 칠칠절(오순절)에 읽혀지는 중요한 책이 되었다는 것이다.

그러나 룻기의 족보가 다윗 왕실을 옹호하기 위해 첨가되었다는 주장에 대해 반대하는 학자들도 있다. 왜냐하면 만일 다윗 왕실을 옹호하기 위해 이 족보를 첨가했다면 유다 지파의 시조인 유다에서 시작되는 족보를 제시해야 한다는 것이다. 그리고 외국 여인인 모압 여인이 조상으로 등장한다는 것이 과연 다윗 왕실을 옹호하는 것인가에 대해서도 의문을 표시하였다. 따라서 다윗 왕실을 옹호하기 위해 만든 족보로 보기 어렵다는 것이다. 자켄펠트(K. D. Sakenfeld)는 다윗의 정통성은 이미 기정사실로 받아들이고 있는 상황이며 이러한 전제 위에 룻기의 이야기가 전개되고 있다고 보았다.[126] 즉 룻기의 이야기가 다윗 왕실에 도움을 주었다기보다 외국 여인들을 향한 포용적 태도의 정당성을 심어주려고 왕실의 권위를 활용한 것이

123_ G. Glanzmann, 윗글, 207.

124_ W. S. Prinsloo, 윗글, 340.

125_ Kirsten Nielsen, *Ruth: A Commentary* (OTL; Louisville: Westminster John Knox Press, 1997), 29.

126_ K. D. Sakenfeld, **현대성서주석-룻기**, 민경진 역 (서울: 한국장로교출판사 2001), 28; 원제는 Ruth (John Knox Press, 1999).

라는 주장이다. 그러나 이러한 주장은 룻이 외국인인 모압 여인의 자격이 아니라 귀환이주자의 자격을 이미 갖추고 있었음을 간과한 주장이다. 그리고 룻은 이미 '능력 있는 여인'(룻 3:11)이라 불릴 정도였으며, 다윗 왕실의 조상이자 족장의 아내들인 레아와 라헬(룻 4:11), 그리고 다말(룻 4:12)과 비교될 정도로 룻의 위상이 격상되어 있음을 간과한 주장이다.

또 다른 주장으로는 룻기와 다윗 왕실의 족보가 서로 상부상조하고 있다는 주장이다. 버얼린(Adele Berlin)은 주장하기를 "다윗과의 관계는 이 이야기가 다윗의 지위를 들어 올리는 경향을 가진 것과 마찬가지로, 또한 그 이야기의 지위도 올려 주는 경향을 가지고 있다"고 하였다.[127] 이러한 주장을 받아들인다 해도 여전히 풀리지 않는 의문은 왜 다윗 왕실의 족보가 룻기에 나타나는가 하는 것이다. 다윗 왕실의 족보가 나타난다는 것은 룻기가 다윗 왕조의 합법성과 권위에 기여하는 바가 있다는 것이며, 나오미 가정의 귀환이주 이야기가 왕조 설화로서 손색이 없을 뿐 만 아니라 오히려 도움이 된다는 것을 뜻한다.

우선 족보를 자세히 살펴볼 필요가 있다.[128] 족보를 분석해 보면 제7대는 명예로운 조상에게 주어지는 경우가 많다. 그런데 이 족보의 제7대에 보아스가 나타나고 있다. 그리고 제10대도 중요한 인물에게 주어지는 자리인데 다윗이 제10대에 언급되며 룻기가 끝을 맺는다. 그러나 제7대가 보다 더 중요한 자리이며 다윗은 후광 역할을

127_ Adele Berlin, *Poetics and Interpretation of Biblical Narrative* (Winona Lake: Eisenbrauns, 1994), 110.

128_ 보다 더 자세한 다윗 왕실의 족보는 대상 2:5–15에서 찾아 볼 수 있다.

한다는 점에 주목할 필요가 있다. 따라서 이 족보는 잘 구성된 족보이며 의도적인 족보임을 알 수 있다. 보아스를 제7대에 위치시키기 위해 다윗 왕실의 중요한 조상인 유다에게서 시작하지 않고 베레스부터 시작한 것임을 알 수 있다.

룻기를 자세히 살펴보면 마지막에 족보로만 다윗 왕실과 연결되도록 한 것이 아님을 알 수 있다. 룻기가 다윗 왕실을 염두에 두고 있다는 것은 다윗의 고향인 "유다 베들레헴(에브랏 사람)"(룻 1:1, 2)이라는 표현과 마지막 부분에 나타나는 '에브랏...베들레헴'(룻 4:11)에 대한 언급을 통해서도 알 수 있다. 그리고 룻은 '능력 있는 여인'이었기에 다윗 왕실의 조상으로도 손색이 없는 인물의 반열에 들어갔다고도 이야기할 수 있다. 또한 모압에서 10년을 살았던 나오미가(룻 1:4) 이제 다윗 왕실 족보의 10번째 세대에서(룻 4:22) 다윗 왕을 얻었다.

그리고 '톨레도트'(족보)라는 단어의 어근인 '얄라드'(아이를 낳다) 동사는 룻기 전체에서 이미 8회나 나타나고 있다. 다른 단어를 사용할 수 있음에도 불구하고 굳이 '얄라드' 단어를 사용한 예를 보면 '아들'(룻 1:5, 12), '고국 (룻 2:11)' 등이며 4장에서는 계속 아이를 낳는다는 동사를 반복해서 사용하고 있음을 볼 수 있다(룻 4:12, 13, 15, 16, 17). 따라서 다윗 왕실 족보가 단순히 첨가된 것이 아니라 룻기 이야기 전체와 세밀히 연결되어 있다고 보여진다.

룻기의 다윗 왕실 족보에 관한 논쟁에서 가장 많이 주장하는 내용은 보아스의 후덕함이다.[129] 보아스는 베들레헴의 '유력한 자'이며

129_ K. D. Sakenfeld, 윗글, 28.

고엘의 역할과 시형제 결혼 관습의 실행자로서 가난하고 과부인 룻과 나오미를 지혜롭게 도왔기에 왕실 조상의 설화로서 손색이 없다는 주장이다. 가난하고 힘없는 사람들을 돕는다는 것은 왕조의 선한 이미지로 자주 등장하는 내용이다.

그러나 다윗 왕조와 룻기 전체가 유기적으로 연결되어 있다면 룻기의 핵심 주제와의 관련성을 점검하는 것이 순서일 것이다. 룻기에는 보아스만 주인공이 아니다. 가난한 자를 돕는 선행이라는 주제도 여러 중요한 주제 가운데 하나일 뿐이다. 룻기를 살펴보면 분명 나오미가 가장 중요한 주인공이며 나오미는 귀환이주자이다. 따라서 귀환이주자와 왕조 설화와의 관련성을 점검하는 것이 필요하다.

사실 자세히 살펴보면 왕조의 시조설화에 주인공으로 귀환이주자가 등장하는 경우를 자주 볼 수 있다. 다윗왕조를 창건한 다윗도 불레셋에서 귀환 이주하였고, 북왕국 이스라엘을 세운 여로보암도 이집트에서 귀환한 지도자였다. 그리고 귀환이주자를 인도해 온 모세와 여호수아, 그리고 또한 포로후기의 지도자들인 에스라와 느헤미야도 페르시아에서 귀환한 지도자였다.

왜 왕조의 시조와 중요한 지도들이 귀환이주자였을까? 우선 이스라엘의 정체성을 만들어준 중요한 사건이 귀환이주 사건이라는 사실에서 그 배경을 파악할 수 있다. 이스라엘 정체성의 핵심인 출애굽 사건은 대표적인 귀환이주 사건이며, 페르시아 시대 때 귀환한 사건 역시 중요한 귀환이주 사건이다. 귀환이주자라는 정체성을 핵심으로 하는 이스라엘 사회에서 지도자가 귀환이주자라는 것은 자연스러운 현상이다.

사실 귀환이주자는 이스라엘과 같은 사회에서 필요한 지도자의 자격이라 할 수 있다. 팔레스타인 지역은 아프리카, 아시아, 유럽, 지중해, 아라비아 등지의 교차지점으로 사람과 물자가 통과하는 지역이다. 이러한 지역은 국제무역에 유리한 지역임과 동시에 국제정세가 악화될 때는 강대국의 군대의 이동 통로가 되기도 하고 전쟁터가 되기도 한다. 따라서 평화시든 전쟁 시기든 이 지역은 이동성이 강한 지역이며 이주와 귀환이주가 빈번히 일어날 수밖에 없는 지역이다. 수많은 이주자들이 모여드는 이 지역에서 이스라엘이 귀환이주자 집단으로 정체성을 확립하고 왕실과 지도자가 귀환이주자로 정체성을 세운 연유는 의외로 간단하다.

귀환이주자는 이주자와 마찬가지로 타 지역에서 들어온 사람들이지만 차이나는 점은 토지에 대한 권리가 있다는 것이다. 특히 야웨 신앙과 결부될 때 그 주장은 강력해진다. 토지의 소유권이 야웨 하나님에게 있고 야웨의 백성들은 하나님이 분배해주신 토지를 경작하고 상속할 수 있다는 것이다. 따라서 이 세상에서 가나안 토지에 대한 권한을 주장할 수 있는 유일한 사람들은 출애굽에서 귀환이주한 사람들인 것이다. 그리고 귀환이주자들과 함께 하나님이 동행했다는 사실에서 귀환이주자와 야웨 신앙은 함께 결부되어 있음을 확인할 수 있다. 출애굽 때 하나님의 궤가 함께 귀환하였고, 페르시아 시대 때 성전기물이 함께 돌아왔다.

토지가 있다는 것은 경제적으로나 사회적으로 힘이 있다는 것이다. 따라서 이러한 정체성을 지닌 이스라엘에서 지도자인 왕실이 귀환이주자가 되어야 함은 지극히 당연한 사항인 것이다. 그리고 누구보다도 이주자를 이해할 수 있는 사람들이 바로 귀환이주자이다. 귀환이주자들은 이주의 고통과 불안과 서러움을 이미 겪은 사람들이었다. 따라서 이스라엘과 같은 이주자가 많은 사회에서 기득권과 능력과 책임의식이 있으면서도 이주자를 깊이 이해할 수 있는 귀환이주자들은 당연히 고대 이스라엘 사회에서 지도적인 위치에서 리더십을 발휘할 수 있었다.

이스라엘의 정체성이 귀환이주와 관련이 되어있기에 왕실이 귀환이주자를 돕는 것은 당연한 일이다. 수넴 여인이 기근을 만나 블레셋으로 이주했다가 다시 귀환한 이야기를 예로 들 수 있다(왕하 8:1-6). 기근으로 블레셋에 이주했던 수넴 여인이 다시 귀환했을 때 토지를 회복하는데 어려움을 겪고 있었다. 이 때 왕이 나서서 수넴 여인에게 토지를 돌려주었을 뿐 만 아니라 이주 기간 동안 생산한 소출까지 돌려주는 파격적인 지원을 하였다. 귀환이주자에게 토지를 회복시켜주고 생활 기반을 마련해주는 일이야 말로 지도자인 왕의 할 일이라는 점을 강조한 것이다. 다윗 왕실의 조상인 보아스가 귀환이주자인 나오미와 룻을 도운 것은 이러한 맥락으로 보아 왕실 가족다운 행동을 한 것이다.

그러므로 룻기에 나타나는 다윗 왕실 족보는 후대에 단순히 첨가된 것이 아니라 룻기 전체와 긴밀히 연결되어 있다. 그리고 룻기를 다윗 왕실의 시조 설화로서 자리매김을 하도록 하였다. 룻기가 이러한 위상을 차지한 이유 중 중요한 것은 룻기가 귀환이주자의 이야기이기 때문이다. 나오미 뿐 만 아니라 룻도 귀환이주자로 조명하면서 귀환이주자를 돕는 다윗 왕실, 그리고 귀환이주자 가문으로 이어지는 다윗 왕실의 면모를 강조하려는 것이다.

4. 결론

다문화 사회로 진전되고 있는 한국 사회를 바라보면서, 그리고 한국의 역사 속에 귀환이주 전승이 면면히 흐르고 있고 귀환이주자가 증가하고 있는 현실을 주목하면서 다문화 사회를 위한 성경적 대안을 귀환이주자 전승에서 찾으려고 하였다. 본 연구는 이러한 목표를 달성하기 위한 기본적 연구로서 룻기를 연구하였다.

본 연구를 통해 룻기에서 귀환이주 전승이 핵심적인 주제임을 확인할 수 있었다. 특히 룻이 이주자가 아니라 귀환이주자임을 밝혔고, 다윗 왕실 족보(룻 4:18-22)도 룻기의 귀환이주 전승과 긴밀히 연결되어 있음을 알 수 있었다.

룻기의 구조를 분석해보면 룻의 이야기라기보다 나오미의 이야기가 핵심을 차지하고 있으며 나오미의 귀환이주 이야기가 구조의 중심을 이루고 있음을 발견할 수 있다. 그리고 룻의 정체성을 살펴보면 외국 여인이라는 점과 나오미의 며느리라는 정체성이 결합되어 있지만 나오미와 더불어 귀환 이주했다는 사실을 분명히 제시하고 있다. 따라서 일반적으로 알려진 룻의 이주자로서의 정체성은 실체가 없는 정체성임을 확인할 수 있었다.

중요한 것은 룻의 귀환이주자로서의 정체성이 베들레헴 사회에서 어떻게 받아들여지는 가하는 것이다. 여기에 보아스의 역할이 부각된다. 보아스는 룻을 만날 때부터 나오미의 며느리로서 인정을 하였으며 고엘의 역할과 시형제 결혼 상대자로서의 역할을 담당하여 룻으로 하여금 귀환이주자로서 인정받을 수 있도록 지혜롭게 룻을 인도하였다.

다윗 왕실 족보가 룻기에 나타난 이유는 룻기의 이야기가 다윗 왕조의 시조설화로 손색이 없기에 나타난 것이다. 왜냐하면 나오미와 더불어 룻의 이야기가 귀환이주 전승이기에, 그리고 보아스의 이야기가 귀환이주자를 돕는 이야기이기에, 귀환이주자의 정체성과 리더십을 가지고 있는 다윗왕실에 긍정적으로 기여할 수 있기 때문이다.

Ⅲ. 수넴 여인의 이주와 귀환이주 – 열왕기하 8:1-6 해석

예언자 엘리사에 관한 이야기 가운데 수넴 여인의 이야기가 여러 차례 등장한다. 이 가운데 이주와 귀환이주를 한 이야기가 열왕기하 8장에 기록되어 있다. 수넴 여인이 기근으로 인해 블레셋에 이주하여 7년 동안 살았다.[130] 그 후 다시 고향으로 귀환 이주하였는데 문제는 자신의 집과 토지를 다른 사람이 사용하고 경작하고 있었던 것이다. 이에 수넴 여인이 왕에게 호소하는 장면이 나타난다. 그런데 그 다음 이어지는 내용은 특이하다. 엘리사 본인이 없는 현장에서 엘리사가 이룬 큰 구원의 사건을 회상하기만 하여도 일어난 또 하나의 구원사건이 소개 되어 있는 것이다. 엘리사의 명성이 크게 높아져 있는 상황이다. 엘리사의 이야기는 "엘리사와 하사엘"에 관한 이야기(왕하 8:7-15)로 마감을 하는데 마감 직전에 이 극적인 이야기가 배치되어 있는 것은 엘리사의 명성을 더욱 높이려는 편집자의 의도가 있었음을 알 수 있다.

130_ 수넴 지역은 잇사갈 지파의 지역으로 산간 지역이다(수 19:18).

구조

I. 배경 1-3
II. 여인의 호소 4-6a
A. 왕과 게하시와의 대화 4-5
B. 왕과 여인과의 대화 6a
III. 왕의 판결 6b

본문

1 엘리사가 이전에 한 여인의 죽은 아들을 살려 준 일이 있는데,
그 아이의 어머니에게 이렇게 말하였다. "부인은 가족을 데리
고 이 곳을 떠나서, 가족이 몸붙여 살 만한 곳으로 가서 지내
시오. 주께서 기근을 명하셨기 때문에, 이 땅에 일곱 해 동안
기근이 들 것이오."
2 그 여인은 하나님의 사람이 한 그 말을 따라서, 온 가족과 함
께 일곱 해 동안 블레셋 땅에 가서 몸붙여 살았다.
3 일곱 해가 다 지나자, 그 여인은 블레셋 땅에서 돌아와서, 자기
의 옛 집과 밭을 돌려 달라고 호소하려고 왕에게로 갔다.
4 마침 그 때에 왕은 하나님의 사람의 시종인 게하시와 이야기를
나누고 있었다. 왕이 게하시에게 엘리사가 한 큰 일들을 말해
달라고 하였다.
5 그래서 게하시는 왕에게, 엘리사가 죽은 사람을 살려 준 일을
설명하고 있었다. 바로 그 때에 엘리사가 아들을 살려 준 그

여인이 왕에게 와서, 자기의 집과 밭을 돌려 달라고 호소한 것
이다. 게하시는 "높으신 임금님, 이 여인이 바로 그 여인입니
다. 그리고 이 아이가, 엘리사가 살려 준 바로 그 아들입니다"
하고 말하였다.
6 왕이 그 여인에게 그것이 사실인지를 묻자, 그 여인은 사실대
로 왕에게 말하였다. 왕은 신하 한 사람을 불러서, 이 여인의
일을 맡기며 명령을 내렸다. "이 여인의 재산을 모두 돌려 주
고, 이 여인이 땅을 떠난 그 날부터 지금까지 그 밭에서 난 소
출을 모두 돌려 주어라." **(표준새번역)**

해석

1절 엘리사와 수넴 여인

엘리사가 이전에 수넴 여인의 아들을 다시 살려준 일이 있었다(왕하 4:8-37). 엘리사를 도운 수넴 여인에게 엘리사는 아들을 낳게 되리라는 기쁜 소식을 전해주었는데 태어난 아이가 밭에서 병을 얻어 죽어버렸다. 그런데 아이 어머니인 수넴 여인의 재촉에 엘리사가 다시 죽은 아이에게 돌아와 기도할 때 하나님께서 그 아이를 다시 살린 일이 있었다.

그런데 이제 극심한 기근이 7년간 닥쳐올 것을 바라보면서 엘리사는 다시 수넴 여인에게 이웃 나라로 피난하라고 권하였다. 예언자는 여러 지역을 다니면서 하나님의 말씀을 선포하기 때문에 한 지역에서 지속적으로 하나님의 백성들을 돌보는 목회를 하기는 어려웠다. 그러나 때로는 예외적으로 특정한 성도들을 돌보는 일도 하였

다. 수넴 여인의 경우 예언자 엘리사가 특별히 돌보는 성도의 경우라 할 수 있다.

"가족이 몸붙여 살 만한 곳으로 가서 지내시오"라고 엘리사가 권면한 말은 피난처에 가서 계속 거주하라는 것이 아니라 당분간 거기서 이주민으로 살아라는 것이다. 왜냐하면 "몸붙여 살다"와 "지내다"에 사용된 히브리어 동사는 '구르'인데 이 단어는 '이주민으로 살다'라는 뜻의 단어이기 때문이다.

"주께서 기근을 명하셨기 때문에"라는 구절을 통해 알 수 있는 것은 기근이 우연히 발생된 것이 아니라 하나님의 계획 속에 일어난 사건이라는 사실이다. 동시에 알 수 있는 것은 자연에서 일어나는 모든 현상이 하나님의 손 안에서 일어난다는 사실이다.

2절 블레셋으로 피난한 수넴 여인

'수넴'은 잇사갈 지파의 도시였으며(수 19:18) 이스르엘 계곡 지역의 모라산 기슭에 있었다. 수넴 지역에서 비교적 강우량도 많은 지역으로 가려면 가장 가까운 지역이 블레셋이었기에 수넴 여인이 가족과 함께 블레셋으로 피난길에 올랐다. 블레셋은 이스라엘과 가까운 지역이었기에 이스라엘 사람들이 자주 피난처로 활용되었다. 예를 들어 이스라엘에 흉년이 들었을 때 이삭이 블레셋으로 피난한 기록도 찾아 볼 수 있다(창 26:1-35).

7년간 블레셋에서 이주민으로 살았다는 것은 상당한 기간 동안 어려운 삶을 꾸려나갔다는 것을 말한다. 이주민은 그 사회에서 가장 가난하고 약하며 신변보호를 받기 힘든 사람들이었기에 수넴 여인과 그 가족들은 블레셋에서 힘들게 그 세월을 견뎠을 것이다. 특히 남편에 대한 기록이 나타나지 않는 것으로 보아 '늙은 남편'(왕하

4:14)보다 수넴 여인이 가정 경제를 꾸려나갔을 것으로 짐작된다.

3절 고국으로 돌아와 왕에게 부르짖는 수넴 여인

엘리사가 예언한 데로 7년 후 기근이 끝났다. 그러나 수넴 여인은 다시 곡식이 자라기 시작한 고향으로 돌아왔지만 예전에 경작했던 집과 땅을 되찾을 수는 없었다. 그래서 왕에게 집과 토지를 돌려달라고 호소하였다. 아마도 수넴 여인이 7년간 버려둔 그 땅이 왕의 소유로 넘어간 경우라 볼 수 있다. 수넴 여인이 왕에게 호소할 때 '부르짖다'라는 의미의 히브리어 '차아크'라는 용어를 사용한 것을 보면 왕에게 재판을 청구한 것으로 짐작된다(왕하 6:26).

열왕기하 4장에 나타난 수넴 여인은 그 지역에서 지도자 역할을 한 '귀한(위대한) 여인'(왕하 4:8)이었다. 따라서 당시 상당한 토지를 소유한 지주였을 것으로 짐작된다. 그런데 지금은 땅이 없는 과부일 뿐이다. 귀환 이주자로서 과부가 왕에게 정의와 공의를 논하면서 토지와 집을 되찾아야 하는 상황이 된 것이다.

4절 엘리사를 통해 일어난 하나님의 위대한 일을 듣는 왕

이제 장면이 바뀌어 왕과 엘리사의 시종인 게하시와의 대화로 옮겨진다. 왕은 게하시에게 "엘리사가 한 큰 일들"을 말해 달라고 하였다. 아마도 게하시는 왕에게 예언자 엘리사가 하나님의 사람으로서 수넴 여인의 죽은 아들을 살린 일 뿐 만 아니라 다양한 기적 사건들을 설명하였을 것으로 짐작된다.

엘리사가 한 일은 예언자로서 하나님의 뜻을 받들어 행한 일이었기에, 엘리사의 행동에 관심을 둔다는 것은 곧 왕이 하나님께 관심을 둔다는 뜻이기도 하다. 그리고 왕의 이러한 태도는 오늘날 하나님의 뜻이 담긴 성경에 관심을 가지고 귀를 기울이는 우리의 태도와 비슷하다고 볼 수 있다.

하나님께서 행하신 큰 일 즉 구원의 사건을 다시 듣고 회상하여 새로운 힘을 얻는 모습은 성도의 기본적인 태도이다. 이제 엘리사의 능력은 '회상'에 의해 또 다시 그 힘을 발휘하고 있으며 실수가 많은 게하시는 구원의 사건들을 회상시키는 중요한 일을 감당하고 있다.

5절 왕에게 호소하는 수넴 여인, 엘리사가 행한 일의 '증인'을 만난 왕

게하시는 엘리사가 행한 것을 이야기 하는 중에 죽은 아이를 다시 살린 이야기를 하고 있었을 때, 수넴 여인이 아이와 함께 와서 왕에게 자기의 집과 땅을 돌려달라고 호소하였다. 이 때 게하시는 바로 이 여인이 엘리사와 대화한 수넴 여인이요, 이 아이가 바로 엘리사가 다시 살린 아이라고 설명하였다. 왕은 자신의 눈으로 엘리사가 행한 위대한 일의 '증인'을 볼 수 있는 기회를 얻은 셈이 되었다. 우리가 성경을 읽을 때 성경의 주인공이 바로 눈앞에 와 있다면 얼마나 신기하고 감격하겠는가! 바로 그러한 심정이 왕의 심정이었을 것이다.

6절 자신의 소유를 되찾은 귀환 이주자 수넴 여인

엘리사가 행한 큰 일들, 곧 하나님이 행하신 일의 증인으로 등장한 수넴 여인을 반갑게 마지하면서 왕은 수넴 여인에게 자세히 물었고 여인은 상세히 왕에게 당시의 상황을 설명해 주었다.

왕은 파격적으로 여인의 요구 뿐 만 아니라 여인을 위해 한 신하에게 명령을 내려 수넴 여인의 것을 모두 돌려주라고 하였다. 이와 더불어 지난 칠년간의 소출까지도 상환해 주는 조치를 단행하였다.

아마도 그 재산은 왕실에서 관리해 온 것으로 짐작할 수 있다. 왕의 명령을 받은 '신하'를 히브리어로 '사리스'라고 불렀다. '사리스'의 뜻은 '내시'이지만 실제로는 내시가 아니고 고위관직 명칭이다. '사리스'는 왕의 지척에서 왕을 돕는 측근의 신하라 할 수 있다. 예를 들면 파라오의 시위대장 보디발이 '내시'라 불리웠으며(창 39:1), 앗수르의 장군도 '랍사리스'(왕하 18:17) 즉 내시라 불리웠다. 그러나 두 사람 모두 실제로는 내시가 아니었음을 짐작할 수 있다. 왕이 이처럼 측근인 고위관리를 임명하여 토지를 비롯하여 수넴 여인이 소유했던 모든 것을 돌려주는 일을 맡겼다고 한 것을 보면 상당한 면적의 토지인 것으로 짐작된다.

어떻게 이러한 파격적인 일이 일어날 수 있었는가? 왕이 게하시를 통해 엘리사가 행한 위대한 일들을 전해 들었기 때문이다. 더 정확하게 말한다면 엘리사를 통해 드러난 하나님의 뜻을 이해했기 때문이다. 오늘날의 표현으로 말한다면, 성경에 기록된 하나님의 놀라운 구원사건들을 회상하고 하나님의 능력을 믿을 때 일어날 수 있는 광경이라 할 수 있다. 이 짧은 이야기는 바로 이러한 선한 일들이 우리 가운데도 일어날 수 있음을 가르쳐 주고 있다. 경제문제와 정치문제는 고금을 막론하고 가장 피부에 와 닿는 현실적인 문제들이다. 이러한 문제들을 해결할 수 있는 근본적인 원동력은 바로 성경을 읽고 하나님의 뜻을 깨달을 때 얻을 수 있다는 사실을 보여주는 이야기다.

이제 시각을 달리하여 수넴 여인의 이야기를 '귀환이주'라는 점을 염두에 두면서 분석할 필요가 있다. 수넴 여인의 경우 문제가 일어난 것은 이주보다 오히려 귀환이주 때였다. 블레셋에서 돌아왔으나 집과 토지를 돌려받을 길이 없다는 문제였다. 귀환이주자는 고향 땅에 대한 권리가 있었지만 현실적으로 그 토지를 돌려받는 것은 쉬운 일이 아니었음을 보여주는 이야기다. 이러한 경우에 왕에게 부르짖고 호소하는 일이 일어날 수밖에 없으며 권력자인 왕이 개입을 해야만 하는 문제가 된다는 것이다. 그런데 이스라엘 왕은 선선히 이 문제에 개입하여 완벽하게 토지를 수넴 여인에게 돌려주었다. 왜 왕의 이러한 행동을 강조하는가? 그것은 이스라엘의 리더십이 귀환이주자와 연결되어 있기 때문이다. 이주자의 정체성을 지닌 이스라엘 사회에서는 토지에 대한 권리를 주장할 수 있는 사람들은 귀환이주자였다. 바로 귀환이주자인 출애굽 그룹을 가리키며 이들이 리더십을 행사하고 있었다. 이주와 귀환 이주가 빈번할 수밖에 없는 이스라엘 사회에서 귀환이주자의 토지에 대한 권리를 보호해 주지 못할 때 이스라엘의 리더십이 흔들리게 되는 것이다. 따라서 이스라엘 사회의 정체성과 리더십을 위해 귀환이주자의 토지에 대한 권리를 보호할 필요가 있었고 이러한 일은 왕의 책무에 속하게 되는 것이다. 선한 왕이라면, 성실한 왕이라면 귀환이주자를 보호하는 일에 솔선수범해야 하는 것이며 이러한 모습을 보일 때 왕의 리더십이 빛이 나는 것이다.

Ⅳ. 다문화 사회와 다종교 상황 - 이사야 19:16-25 해석

"나의 백성 이집트여"(사 19:25)라는 파격적인 하나님의 말씀을 어떻게 이해할까? 또한 이스라엘의 원수인 앗수르에게도 마치 이스라엘을 향하여 말씀하신 것처럼 "나의 손으로 만든 앗수르여"(사 19:25)라고 하시는 말씀을 어떻게 이해해야 하는가? 그리고 이스라엘에게 주신 사명과 같이(창 12:2) 이집트와 앗수르가 "복이 되리라"(사 19:24-25)고 하셨다.

비록 이집트인 가운데 야웨 하나님을 알고 경배하는 사람들이 있다 하더라도 대부분의 이집트인들은 다른 신을 섬기고 있는데 "나의 백성"이라 불러주고 사명을 주시는 하나님의 태도를 어떻게 이해해야 하는가? 이러한 말씀은 유일신관에 젖어있는 기독교인들에게는 생소하고 이해하기 힘든 내용이다. 본 연구는 이사야 19:16-25을 해석하면서 과연 이 본문이 종교 간의 대화를 열어줄 수 있는 실마리를 제공해줄 수 있는지 그 가능성을 타진해 보고자 한다.

이러한 큰 주제와 더불어 19:16-25장의 해석을 위해 해결해야 하는 논쟁점들은 이집트와 앗수르와의 교류 문제, 이집트에 있었던 유대인 이주자들의 상황과 5도시의 정체 등의 역사적 상황에 관한 논쟁점들이 있다. 이와 더불어 MT와 LXX와의 비교를 통해 본문의 의도를 파악하고자 한다.

이사야 19장은 "이집트에 대한 예언"으로 되어 있고, 전반부에는 심판예언으로 가득 차 있으며 후반부인 16-25절에는 이집트에 대한 희망적인 내용으로 구성되어 있다. 또한 1-15절은 시(詩)로 그리고 16-25절은 산문으로 구성되어 있다. 16-25절은 다섯 가지의 예언으로 구성되어 있는데 예언을 시작할 때 마다 "그날에"라는 구절로 시작된다.

비록 첫 번째 예언(16-17절)에 이집트인을 두렵게 만든다는 내용이 나타나지만 "야웨를 두려워하는 것" 즉 "야웨 경외"라는 점은 결코 부정적인 것이라 보기 힘들다. 오히려 야웨의 능력을 깨닫고 야웨를 인정하고 야웨를 경외한다는 점에서 긍정적인 출발로 볼 수 있다.

번역

16 그날에 이집트는 여자와 같을 것이요, 그 위에 흔드시는 만군의 야웨의 손의 흔듦 앞에 떨게될 것이다.

17 유다 땅은 이집트인들에게는 두려움이 되리라.
그들에게 그것을 기억나게 해 줄 때마다 그들은 만군의 야웨가 그들에게 계획한 계획 앞에서 떨게 되리라.

18 그날에 이집트 땅에는 가나안 언어를 말하며 만군의 야웨께 서약한 다섯 성이 있을 것인데 하나를 태양성이라 부를 것이다.

19 그날에 이집트 땅 가운데 야웨를 위한 제단이 있을 것이며 변경에는 야웨를 위한 기둥이 있을 것이다.

20 이집트 땅에 만군의 야웨를 위한 표적과 증거가 있을 것이다.
그들이 압박자로 인해 야웨께 부르짖을 때 그분은 그들에게 구원자 곧 투사를 보내어 그들을 건지실 것이라.

21 이집트에 야웨를 알게 하실 것이요 그날에 이집트인들이 야웨
를 알게 될 것이다.
그들이 화목제와 소제를 야웨께 올릴 것이요, 야웨께 서원한
것을 시행할 것이다.

22 야웨께서 이집트를 치실 것이다. 그가 치시고 그가 고치실 것
이다. 그들이 야웨께 돌아오리니 그 분이 그들의 간구를 들으
시고, 그들을 고치시리라.

23 그날에 이집트에서 앗수르로 가는 대로가 있을 것이며, 앗수
르 사람은 이집트로, 이집트 사람은 앗수르로 갈 것이요. 이집
트 사람이 앗수르 사람과 더불어 일할 것이다.

24 그 날에 이스라엘은 이집트와 앗수르와 더불어 세 번째로 그
땅 가운데서 복이 될 것이다

25 만군의 야웨께서 축복하시며 말씀하시기를
"내 백성 이집트여, 나의 손으로 만든 앗수르여, 나의 기업 이
스라엘이여 복이 있을지어다."

1. 이집트와 앗수르의 관계

본문의 역사적 상황을 먼저 주목하는 이유는 그동안 여러 학자들이 여러 가지 이유를 들면서 본문의 배경을 후대로 설정했기 때문이다. 그러나 주전 8세기 후반의 국제정세를 면밀히 파악해보면 이 예

언의 배경이 주전 8세기 후반에 있었던 앗수르와 이집트 간의 국제 경제적인 우호 관계를 배경으로 하고 있음을 발견할 수 있다.

1) 앗수르와 이집트의 적대적 관계

지중해 연안 지역은 원래 이집트의 영향 아래 있었지만 청동기 시대에서 철기시대로 넘어오면서 해양민족의 진출로 인해 그 영향력이 급속히 감소되었다. 한편 앗수르는 주전 9세기 중엽부터 본격적으로 지중해 연안 지역을 침공하여 약탈하기 시작했으며 봉신관계를 수립하여 조공을 바치도록 하였다. 결국 이집트와 앗수르가 충돌 할 수 밖에 없었으며 대표적인 사건은 주전 853년 카르카르(Qarqar)전투였다.[131]

앗수르 왕 티그랏빌레셀은 해상무역권까지 장악하려는 의도로 이집트인들을 압박하였다. 사르곤 왕 시대에는 앗수르가 페니키아 뿐 만 아니라 필리스티아에도 관리를 임명하여 상주시켰다. 케푸(qepu)라 부르는 앗수르 관리는 앗수르의 수입을 증대시키기 위해 경제적으로 중요한 지역을 치밀하게 감시하고 통제하는 역할을 담당하였다.[132]

앗수르는 지중해연안 지역에 대해 더욱 관심을 기울여 이 지역의

131_ *ANET*, 278–79. 카르카르 전투에서 지중해연안 연합군은 앗수르군대의 침공을 비교적 성공적으로 방어하였다.

132_ N. Na'aman, "The Brook of Egypt and Assyrian Policy on the Board of Egypt," *Tel Aviv* 6(1979) 84.

일부를 앗수르 영토로 합병하기도 하면서 강력한 영향력을 행사하였고 그 시기는 주전 8세기 후반 티글랏빌레셀 3세(Tiglath-pileser III)부터였다.

이처럼 앗수르와 이집트는 적대적 관계를 유지하고 있었다. 그런데 왜 이집트인들이 유다 땅으로 인해 두려움에 휩싸이는가?(사 19:16-17) 아마도 앗수르의 세력 팽창과 앗수르의 대외정책 변경으로 야기되는 두려움이라 짐작된다. 북왕국 이스라엘이 주전 722년에 앗수르에 의해 멸망당했다는 소식이다. 그런데 앗수르는 이스라엘을 앗수르 영토로 편입시키고 사마리아를 통치할 관리를 임명하였다. 이제까지 앗수르는 약탈전쟁으로 일관하여왔지만 티글랏빌레셀 3세 이후 대외 정책을 변경시켰다.

그런데 이제는 앗수르가 이스라엘까지 앗수르 영토로 편입시킨 것이다. 이스라엘의 경우 점령지의 백성들을 강제로 타 지역으로(할라, 고산 강가의 하볼, 메대의 여러 도시들, 왕하 17:6=18:11) 이주시켰으며, 타 지역의 백성들을 사마리아로 또한 강제 이주 시켰다. 물론 반란의 뿌리를 제거하려는 목적이었다. 앗수르 영토의 확대와 이집트 문 앞에 와 있는 앗수르 세력의 전진은 이집트인에게 있어서는 두려움이 될 수 밖에 없었다.

예언자는 앗수르의 사마리아 점령으로 인해 두려움에 휩싸여있는 이러한 이집트인의 모습을 궁극적으로는 야웨에 대한 두려움, 야웨의 계획에 대한 두려움으로 해석하였다.

2) 앗수르와 이집트의 우호적인 경쟁관계 – 사르곤 2세 이후

경제적 실리를 추구했던 앗수르는 지중해연안 지역에서 앗수르의 영향력을 확대하는데 힘을 집중하였다. 그러나 적대관계에 있는 이집트를 무너뜨리거나 이집트 땅을 점령하려는 소모적인 전쟁을 감행하지 않았다. 앗수르는 이집트가 지중해 연안 지역으로 북상하지 않도록 견제하는데 힘을 기울이면서 한편으로는 상호 이익을 추구하려는 시도를 하였다.

지중해 연안에 반앗수르 반란이 일어났을 때 사르곤 2세는 주전 720년 서부원정을 실행하였다. 하맛(Hamath)의 일루비디(Ilubi'di)를 카르카르 부근에서 진압하고, 아르팟(Arpad), 시미라(Simirra), 다마스커스(Damascus), 이스라엘 등을 장악하면서 가자(Gaza)를 진압하였다. 이때 가자의 하눈(Hanun)은 두 번째로 이집트에 피신하여 원군을 요청하였으며 이집트 왕은 사령관 르우(Re'u)가 이끄는 원군을 파병하였다. 그러나 이집트 원군은 앗수르 군대에 의해 패배하였으며 르우는 이집트로 도망쳤다.[133] 또한 패배한 가자 왕 하눈은 앗수르의 포로가 되어 잡혀갔으며 앗수르 군대는 "이집트 개울" 가까이 있는 도시인 라피아(Raphia)를 파괴하였다.[134] 앗수르 군대와 이집트 군대가 접전한 지역은 아마도 팔레스타인에 있는 깃브돈(Gabbutunu) 근방으로 여겨진다. 다시 말하면 이집트는 지중해 연안에서 일어나

133_ 르우를 파견한 왕이 24왕조인 Sais의 Tefnakht 인지 혹은 Osorkon IV인지 불분명하다. 참조; *ANET*, 285.

134_ *ANET*, p. 285. H. Tadmor, "The Campaigns of Sargon II of Assur: A Chronological-Historical Study," *JCS* 12(1958) 35-39.

고 있었던 반앗수르 연합전선에 원병을 파견한 것이며 팔레스타인 깊숙히 군대를 진출시켰다는 것을 의미한다.

그런데 사르곤 2세는 이집트와의 이러한 적대적 관계를 우호적 관계로 변경시키는 사건을 일으켰다. 즉 경제적 측면에서 이집트와의 우호관계를 출범시켰다. 이 사건은 칼라 프리즘(Calah Prism)에 언급 되어 있는데 거기서 사르곤은 보고 하기를:[135]

> ...나는 폐쇄된 이집트의 무역센터(the sealed [*ka*]*r-ri* of Egypt)를 개방했다. 앗
> 수르 사람들과 이집트 사람들이 서로 어울려 상업 활동을 할 수 있도록 만들었다.

앗수르는 이집트와의 우호관계를 형성함으로써 팔레스타인-아랍-이집트에 이르는 국제무역로를 확보하여 명실공히 대제국의 경제적 역량을 십분 발휘할 수 있게 되었다. 한가지 염두에 둘 것은 이 당시 이집트는 통일왕국이 아니었다는 점이다. 따라서 앗수르와 친화적인 관계를 수립한 것은 부바스티스 왕조였으며 서부지역에 있었던 사이스 왕조는 적극성을 보이지 않았다.[136]

사르곤 2세는 주전 716년 다시 반앗수르 반란을 일으킨 블레셋과 아랍족을 진압하며 이집트 국경으로 진격하여 "이집트 개울" 지역

135_ Calah Prism (Nimrud Prism), Fragment D, Col. IV, ll. 42–49; H. Tadmore, "The Campaigns of Sargon II of Assur," 34, 78.

136_ Anthony Spalinger, "The Year 712 B.C. and its Implications for Egyptian History," *JARCE* 10(1973) 97.

을 관장하는 봉신을 임명하였다.[137] 그리고 외국의 이주민들을 이 지역에 정착시켜 유목민인 원주민들과 함께 어울려 살도록 하였다. 앗수르가 이 지역을 중요시 여기며 인구를 증가시키고 앗수르의 통제와 영향력을 증가시킨 이유는 이 지역이 앗수르와 이집트 사이에 중요한 역할을 할 수 있었기 때문이었다. 우선 이 지역은 국경 지역으로 군사적인 요충지였다. 이집트의 북상을 차단할 수 있는 완충지역(buffer zone)이며 동시에 이집트로 통하는 통행을 쉽게 통제할 수 있는 곳이었다. 무엇보다 중요한 역할은, 이 지역이 국제무역의 중요한 통과지점이라는 점이다. 앗수르가 국제무역센터를 설립할 정도로 국제무역이 왕성한 지역이며 육상 뿐 만 아니라 해상무역도 통제할 수 있는 지역이라는 점이다. 앗수르는 이 지역에 앗수르 군대와 관리들이 상주할 수 있는 시설들을 건립하였으며 지역의 부족장들이 친앗수르 세력으로 될 수 있도록 많은 노력을 기울였다.

주전 716년 사르곤의 서부원정 때 이집트 왕 실카니(Shilkanni) 즉 오소르콘 4세는[138] 우수한 말 12필을 엘아리쉬(El-Arish)에서 앗수르 왕에게 바쳤다.[139] 아마도 주전 720년 앗수르에게 패배한 후 앗수르와 화친을 원해 특별한 선물을 제공한 것으로 보인다.

이사야 19장 23절에는 이집트 사람과 앗수르 사람이 서로 활발히

137_ *ANET*, 86.

138_ 실카니가 오소르콘 4세라는 견해는 H. Tadmore가 주장한 것이다; H. Tadmore, "Philistia Under Assyrian Rule," 92-93. 말을 앗수르 왕에게 바친 사실을 보아 실카니의 Bubastite왕조는 Sais왕조보다 앗수르에 대해 더 우호적인 태도를 취하였음을 알 수 있다; Anthony Spalinger, "The Year 712 B.C. and its Inplications for Egyptian History," 97.

139_ K. A. Kitchen, *The Third Intermediate Period*, 376.

교류하는 모습이 나타나면서 끝 부분에는 다음과 같은 구절로 끝맺음을 하고 있다.

וְעָבְדוּ מִצְרַיִם אֶת־אַשּׁוּר (웨아브두 미츠라임 엘-아슈르)

이 구절을 **개역개정**에는 "애굽 사람이 앗수르 사람과 함께 경배하리라"로 번역되어 있지만 오히려 앞의 문맥으로 보아 "이집트 사람이 앗수르 사람과 더불어 일할 것이다"로 번역하는 것이 적합하다.

쟁점은 히브리어 '아바드'인데 이 단어는 '일하다,' '경배(예배)하다,' '섬기다' 등으로 번역이 가능하지만 '경배(예배)하다'로 번역하는 것은 의미상 비약이 심한 번역이다. 왜냐하면 이집트 사람들이 하나님을 경배하는 내용이 언급되어 있지만 그것은 일부분에 불과하기 때문이다. 더구나 앗수르 사람이 하나님을 경배했다는 내용은 나타나지도 않았다. 그리고 역사적으로 살펴보아도 이집트와 앗수르 백성 전체가 야웨종교를 숭상했다는 사실은 없었고 그러한 기대를 하는 것은 무리한 것이기 때문이다.

오히려 사르곤 왕 시대에 앗수르와 이집트 간의 우호적인 관계를 맺고 서로 활발히 경제활동을 펼친 것을 주목하면서 함께 경제활동을 도모했다는 것으로 번역하는 것이 자연스럽고 적합한 것으로 볼 수 있다.

더구나 LXX에서 "이집트 사람이 앗수르 사람을 섬길 것이다"로 번역되어 있는 것은 문맥상 과도한 비약이며 의도적인 내용 변경으로 볼 수 있다. 16-25절 전체가 이집트의 희망을 예언하고 있는데 갑자기 이집트가 앗수르를 섬기게 된다는 예언은 문맥상 부적합하다.

2. 이집트에 있었던 유대인 이주자들의 상황과 5도시의 정체

이집트에 히브리어를 사용하는 도시가 있다는 것은(18절) 유대인이 거기에 많이 살고 있는 도시라는 뜻이다. 아마도 유대인들이 무역을 하기 위해 이주하였거나, 용병 혹은 다른 이유로 이집트에 이주한 사람들의 도시로 보인다. 예를들어 이집트의 엘레판틴이라는 도시는 유대인 용병들이 거주하는 도시로 야웨 성전까지 있었다.

그런데 다섯 도시 가운데 하나는 "멸망의 도시"라 불리우게 된다고 하였다. 문맥을 보아 도시 이름이 이상하다. 무엇인가 본문비평의 문제가 있는 것으로 보인다. MT에는 "멸망의 도시" 즉 '이르 하헬레스'로 기록되어 있다.

우선 첫 번째로 지적할 것은 필사할 때 가장 착각을 일으키기 쉬운 글자인 '헬(ח)'와 '헤(ה)'의 차이라는 점이다. "태양의 도시" 즉 '이르 하헤레스'로 기록되어 있는 것을 필사자의 착오로 "멸망의 도시"라는 뜻의 '이르 하헬레스'로 기록했을 가능성이 있다. 둘째, 사해사본(1QIsa)과 다른 히브리어 사본에서 "태양의 도시, 이르 하헤레스"로 기록되어 있다는 점이 중요하다. 그리고 타르굼은 "태양의 도시(벧쉐메쉬)"로 번역되어 있으며 라틴 벌게이트(Vulgate)도 "태양의 도시"로 번역되어 있다.[140] 셋째, 본문에서 히브리어를 말하는 도

140_ John F. A. Saywer는 벧쉐메쉬 도시가 여호수아 군대에 의해 멸망당한 도시라고 여겨(수 19:38) 이 명칭이 "멸망의 도시"라는 의미로 볼 수 있다고 주장하였다; John F. A. Saywer 62. 그러나 만일 이렇게 주장을 한다면 여호수아 군대에 의해 점령된 모든 도시가 "멸망의 도시"라는 의미로 보아야 된다는 것이다. 이것은 설득력이 부족한 주장이라 여겨진다.

시들은 희망있는 도시로 등장하고 있으며 이러한 도시를 굳이 "멸망의 도시"로 이름 지을 까닭이 없다. 어느 백성이 자기가 살고 있는 도시를 이런 부정적인 이름으로 부르겠는가? 넷째, 이집트에는 "태양의 도시(벧쉐메쉬)"라는 뜻의 도시인 헬리오폴리스가 있었다(렘 43:13).[141] 사해사본을 비롯한 이상과 같은 요소들을 종합하여 본문을 '이르 하헤레스' 즉 '태양의 도시'로 결정한다.그런데 이상한 점이 있다. LXX에는 "의의 도시(πολις ασεδεκ)"로 번역되어 있다. 왜 이렇게 특이하게 번역되어 있을까? '의의 도시'는 새로운 예루살렘을 가리키는 호칭이다. 이사야 LXX는 이집트에 있는 이스라엘 디아스포라야말로 약속있는 사람들이라는 것을 강조한 번역이다.[142]

또한 LXX 시내산 사본에는 "태양 사자 도시(πολις ασεδ ήλίου)"로 되어 있어 이 도시가 레온토폴리스 혹은 헬리오폴리스를 가리킨 것으로 보인다.[143] 이처럼 이사야 LXX 번역은 번역 당시의 정황을 반영한 것으로 보인다. 즉 이집트 레온토폴리스에 있었던 온니아스 성전에 대해 비판적인 태도를 취하고 있었던 바리새파의 주장에 대해 이집트 디아스포라야 말로 신실한 하나님의 백성임을 강조하고자 했던 것이다.[144] 이러한 이유로 "태양의 도시"를 한층 더 강조하여 "의의 도시"로 변경하고 새로운 예루살렘이 이집트에 있음을 주장한 것이다.

141_ 이스라엘에도 '벧세미스' 즉 "태양의 도시"라는 뜻의 고을이 있었다; 수 15:10, 19:22, 38, 21:16.

142_ I. Z. Seeligmann, *The Septuagint Version of Isaiah* (Leiden, 1948) 117.

143_ *asad*는 아랍어로 '사자'라는 뜻이 있다.

144_ John F. A. Sawyer, "'Blessed be my people Egypt'(Isaiah 19.25)" 62.

이집트 여러 도시에 유대인들이 많이 살고 있었다면 그들의 종교 상황은 어떠했을까? 이사야는 이집트에 야웨의 제단이 세워지고 이집트인이 제사를 드리며 간구하고 야웨의 응답이 있는 놀라운 모습이 전개될 것이라 예언하였다(사 19:19-22).

유대인이 거주하고 히브리어가 통용되는 다섯 도시들이 야웨께 서약한 도시라고 했을 때 그 도시에 야웨 성전 혹은 야웨 제단이 있다는 것은 자연스러운 일이다(19a, 20a절). 이집트 도시 엘레판틴에 야웨 성전이 있었던 것을 보면 이 도시들에도 야웨 성전이 있었을 가능성이 많다.[145] 그리고 신명기 법에도 팔레스틴 외부에 성전을 건축하는 것과 야웨께 제사드리는 것을 금하지 않고 있다(신 12장).

이집트에 있는 제단은 유대인들만 위해 있는 것이 아니라 이집트 사람들도 야웨께 제사를 드리고 기도를 드리는 제단이다. 화목제와 소제 즉 감사제사를 이집트 사람들이 야웨께 드리는 모습이 있게 된다는 것이다. 특히 어려움을 당해 이집트 사람들이 야웨께 부르짖으면 야웨께서 이집트 사람들을 구원해 주신다는 예언도 있다(21절). 하나님의 백성 유대인이 누리는 특권을 이집트 사람들도 함께 향유할 수 있게 된다는 것이다. 그러나 이러한 사람들은 이집트인 가운데 일부이며 이집트 전체를 가리키는 것은 아니다.

이집트의 국경에는 야웨를 위하여 마체바가 세워진다(19b절). 마체바는 기둥과 같은 모습으로 종교의식에 활용되는 일종의 성상(iconogarphy)이라 볼 수 있다. 이집트 북쪽은 유다와 접경을 이루고

145_ 유대인들이 해외에 성전을 건립하고 제사를 드린 경우에 대해서는 다음의 문헌을 참조 바람; L. E. Browne, "A Jewish Sanctuary in Babyonia," *JTS* 17(1916) 400–401; Joong Ho Chong, "Were There Yahwistic Sanctuaries in Babylon?" *Asia Journal of Theology* 10 (1996) 198–217.

있다. 유다 왕 히스기야는 불레셋 지역 뿐 만 아니라 이집트 국경 부근에도 영토를 확장하였다(대상 4:34-47). 이집트의 전통적 국경은 일명 "이집트 개울(Brook of Egypt)"이라 부르는 와디 베소르(Wadi Besor)이다. 이 지역은 가자 남쪽 지역으로 앗수르 왕 티글랏빌레셀은 여기에다 자신의 비석을 세웠다(주전 734년). 이집트 국경에 마체바 즉 기둥이 세워진다는 것, 그것도 야웨를 위한 마체바라면 그것은 유다의 히스기야가 세운 마체바일 가능성이 높다. 즉 히스기야가 여기까지 유다 땅이라는 표시로 그 기둥을 세웠을 것이며 유다인들이 섬기는 야웨의 이름으로 마체바를 세웠을 것이다.[146]

3. 나의 백성 이집트여, 나의 손으로 만든 앗수르여

이집트 백성을 '나(하나님)의 백성'이라 부르는 것이 너무 파격적이어서 해석에 어려움을 겪어왔다. 이러한 이유 때문에 많은 해석가들이 LXX를 근거로 하여 이 구절을 이집트 백성 전체를 가리키기보다 이집트에 있는 유대인을 가리키는 것으로 해석해왔다. LXX는 "내 백성 이집트"에 전치사 εν을 첨가하여 "이집트에 있는 내 백성"으로 변경시켰다.

그러나 이러한 변경은 LXX 특유의 의도적인 번역이었다. 이사야

146_ 사울이 갈멜에 자기를 위하여 마체바를 세운 적이 있었다(삼상 15:12).

LXX는 이 구절 뿐 만 아니라 다른 구절도 번경시켜 이집트에 있는 이스라엘 디아스포라야말로 약속있는 사람들이라는 것을 강조하여 번역하였다.[147] 예를 들면 '남은 자'라는 단어에는 "이집트에 있는"이라는 구절을 첨가하여 이집트의 디아스포라가 바로 '남은 자'임을 강조하였다(사 11:16; 28:5). 따라서 LXX를 근거로 하여 이 구절을 해석하는 것은 적절하지 않다는 점을 알 수 있다. 오히려 "이집트에 있는 내 백성"이 LXX의 의도적인 변경이었음이 밝혀짐에 따라 원래의 의미가 이집트 백성 전체를 "내 백성"이라 불렀다는 것을 명확히 알 수 있게 해 준다.

"내 백성 이집트"와 평행으로 나타나는 "나(하나님)의 손으로 만든 앗수르"(사 19:25)라는 표현을 살펴보자. "나의 손으로 만든(마아세 야다이)"이라는 표현은 하나님께서 이스라엘 백성을 가리켜 하신 말씀인데 본문에서는 앗수르를 그렇게 부르고 있다. 이스라엘을 가리키는 표현은 다음과 같다;

> "내 백성이... 그들은 나의 심은 가지요 나의 손으로 만든 것으로서..."(사 60:21)
> "너를 지으며 너를 모태에서 조성하고 너를 도와줄 야웨가 말하노라"(사 44:2)
> "모태에서 너를 조성한 나 야웨"(사 44:24)
> "이스라엘을 지으신 야웨"(사 45:11)

147_ I. Z. Seeligmann, *The Septuagint Version of Isaiah* (Leiden, 1948) 117.

사실 이집트나 앗수르 모두 야웨 종교를 공식종교로 하여 숭배한 적이 없다. 그리고 예언자가 그러한 일이 일어날 것으로 예언한 것도 아니었다. 야웨 종교를 숭배하기 때문에 "나(하나님)의 백성"이 되는 것이 아니라 종교가 다른 상태에서도 "하나님의 백성"이 될 수 있다고 선포한 것이다.

또한 이집트를 이스라엘과 마찬가지로 "나의 백성"이라 부를 뿐만 아니라 사명도 동일하게 주셨다. 즉 세상의 '복'으로서의 사명을 감당하는 것이다. 이 예언에는 이스라엘 뿐 만 아니라 이집트와 앗수르도 하나님의 복을 받아 '복'이 될 것이라 하였다. 오히려 이스라엘은 이집트와 앗수르에 이어 세 번째로 '복'이 될 것이라 하였다(사 19:24). 이러한 표현은 하나님께서 이스라엘 백성을 부르실 때에 대표자이며 조상인 아브라함에게 "복이 될 것이라" 하며 복을 주시는 장면에도 동일하게 나타난다(창 12:2).

과연 이집트와 앗수르같이 다른 신을 섬기는 타종교인을 하나님께서 '내 백성'이라고 부를 수 있는 근거는 무엇인가? 야웨종교는 타종교를 어떻게 보고 있는가?

구약은 다른 신의 존재를 부정하고 오직 야웨 하나님 만을 인정하는 유일신관으로 통일되어 있는가? 구약 전체를 살펴본다면 오히려 대부분 단일신론이며 유일신론은 후대에 나타났다. 심지어 십계명도 단일신론으로 볼 수 있다("나 외에 다른 신들을 네게 두지 말지니라," 신 5:7). 유일신관이 강조된 대표적인 부분은 이사야 40-55장을 들 수 있다.

그런데 구약에는 단일신론 이전의 다신론적인 상황도 보존되어 있다. MT에는 "모세의 노래"의 한 부분(신 32:8-9)이 다음과 같이 기록

되어 있다;

בְּהַנְחֵל עֶלְיוֹן גּוֹיִם בְּהַפְרִידוֹ בְּנֵי אָדָם
(브한느헬 엘욘 고임 브하프리도 브네 아담)
지극히 높으신 분이 열국에 기업을 주실 때에
그 분이 인류를 나누실 때에
יַצֵּב גְּבֻלֹת עַמִּים לְמִסְפַּר בְּנֵי יִשְׂרָאֵל
(야체브 그불로트 암밈 러미스파르 브네 이스라엘)
그 분은 이스라엘 자손의 수효에 따라
민족들의 경계를 정하셨다.
כִּי חֵלֶק יְהוָה עַמּוֹ יַעֲקֹב חֶבֶל נַחֲלָתוֹ
(키 헬레크 야웨 암모 야아코브 헤벨 나할라토)
참으로 야웨의 분깃은 그의 백성이요
야곱은 그 자신의 기업이라

8절에서 본문비평상 문제가 되는 부분은 "이스라엘 자손이라는 구절이다. 이 구절은 LXX(하나님의 천사), Aquila(하나님의 아들들), 4QDt(하나님의 아들들) 등으로 차이가 나타난다. 이 차이를 살펴보면 MT 이외에는 모두 '이스라엘'이 아닌 천상의 존재인 신들임을 알 수 있다. 본문비평 결과 쿰란사본과 LXX 그리고 Aquila를 근거로 "하나님의 아들들"로 결정할 수 있다.[148] 그리고 P. Winter는 주장하기를 원래 '하나님'이라는 단어였는데 하스모니안 왕조 직전에 '이

148_ 참조; 욥 38:7; Joong Ho Chong, "The Song of Moses and the Hoshea-Pekah Conflict," Emory University Ph.D Dissertation, 1990, 50-52.

스라엘'이라는 단어로 수정되었다고 하였다. 왜냐하면 당시에는 이스라엘 자손이 이 땅에 하나님의 뜻을 수행하는 사람들로 유대교 문헌에 나타나기 때문이라 하였다.[149] 또한 K. Budde, C. Cornill, M. Loehr, R. Hauri, O. Eissfeldt, G. von Rad, W. F. Albright, P. Skehan, G. E. Wright, R. Meyer 등도 '하나님의 아들들'로 번역하였다.

중요한 것은 왜 "하나님의 아들들"을 "이스라엘의 자손"으로 수정했느냐는 질문이다. "하나님의 아들들"이 나타난 본문이 고대의 문헌이라 볼 수 있는데 이렇게 되면 "지극히 높으신 분" 엘욘은 최고의 신이 되고 그 아래에 야웨와 더불어 천상의 존재가 있다는 것으로 이해된다. 천상의 존재들(하나님의 아들들)의 수에 따라 민족들을 나누었다는 것은 각 민족의 수호신들이 천상의 존재들이라는 뜻이다. 주목할 만한 점은 쿰란사본이나 Aquila역에서 이러한 본문을 유지하고 있었다는 점이다. 즉 주전 2-3세기에도 쿰란사본에는 다신론적인 상황의 본문이 유지되고 있었던 것이다. 참고로 야웨(엘욘) 하나님께서 천상의 존재들을 민족별로 나누었다는 내용은 신명기 4:19과 29:26(MT 29:25)에도 간접적으로 나타난다.

그런데 후대에 이르러 MT는 "이스라엘 자손"으로 수정하여 엘욘과 야웨를 동일하게 만들어 다신론적인 본문을 단일신론적으로 만들었다.[150]

149_ P. Winter, "Nochmals zu Deuteronomium 32:8," *ZAW* 75 (1963) 218–23.

150_ **개역개정**에 "지극히 높으신 분"으로 번역된 '엘욘'이라는 이름은 가나안 만신전의 최고 신에게 주어지는 이름으로 알려져 있다. 이 명칭은 멜기세덱과 관련하여, 그리고 '모세의 노래(신 32장)'와 '발람의 노래(민 24:16),' 그리고 시편에 주로 나타나는 것으로 보아 고대의 명칭으로 보여지며 성경에는 자주 사용되지 않은 명칭이다. 이 명칭은 후대에 다른 신보다 우월하다는 의미로 사용되었으며(다니엘과 외경) 신약에도 나타난다(막 5:7=눅 8:28; 눅 1:32, 35, 76; 6:35; 행 7:48; 16:17; 히 7:1). 구약에서 '엘욘'이라는 이름은 아브

다신론적인 상황은 고대 족장들의 이야기 속에도 나타난다. 야곱 가족은 다른 신들의 신상을 가지고 있었으며 아내 라헬은 가족신의 신상인 드라빔을 가지고 있었다(창 31:30-35). 토라 가운데 신명기 10장 17절에는 야웨가 "신의 신"으로 표현되어 있어 여러 신들 가운데 최고신으로 나타나 있다.

특히 시편에는 다신론적인 상황이 자주 나타난다. 시편 82편에는 하나님께서 다른 신들인 "엘욘의 아들들"을 죽이고 유일한 신으로 우뚝 서 있는 모습을 전하고 있다;

> 내가 말하기를 너희는 신들이며 다 엘욘의 아들들이라 하였으나
> 그러나 너희는 사람처럼 죽으며 고관의 하나 같이 넘어지리로다(시 82:6-7).

시편의 또 다른 본문에도 다신론적인 상황을 발견할 수 있다.

> 하나님은 신들의 모임 가운데에 서시며 하나님은 그들 가운데에서 재판하시느니라(시 82:1).

> ...모든 신들아 그 분(야웨)께 경배할지어다(시 97:7).

라함이 살렘 왕 멜기세덱을 만나는 장면에서부터 나타난다(창 14:18-22). 그래서 F. M. Cross는 '엘 엘욘'이라는 이름을 예루살렘의 고대 신의 이름이라 주장하기도 한다(F. M. Cross, "Yahweh and the God of the Patriarchs," *HTR* 55(1962) 225-59). 그러나 성경에서는 대부분 '엘욘'이라는 명칭이 야웨를 가리키는 것으로 나타난다(신 32:8-9; 시 7:17; 18:14=삼하 22:14; 시 97:9).

야웨여 주는 온 땅 위에 지존하시고
모든 신들보다 위에 계시니이다(시 97:9).

이러한 다신론적인 부분을 볼 때 초기의 야웨종교가 타 종교와 완전히 단절된 것이 아니라 상당 부분 서로 공유하고 있었을 가능성을 상상하게 된다. 구약을 살펴보면 야웨종교 안에 민간종교의 관습이 녹아 들어가 있는 면을 발견할 수 있다. 여성이 서원하는 것이라든가 애곡하는 것, 평신도가 대제사장보다 더 거룩한 기간을 지키는 나실인 제도(민 6:1-21), 안식일, 축제 등이 민간종교에 뿌리를 두고 있었을 가능성이 많다.[151] 심지어 S. Akerman은 산당에서 분향하는 것, 꿈에서 신의 도움을 받기 위해 은밀한 곳에서 잠을 청하는 것, 조상신을 섬기는 것, 천상여왕을 섬기는 것 등이 야웨 종교 안에 포함되어 있었다고 주장하기도 한다.[152]

과연 야웨종교와 타 종교 즉 가나안 종교 사이에 연속성이 있었는가? W. F. Albright는 야웨 종교의 독특성을 강조하면서 불연속성을 강조하였다.[153] Yehezkel Kaufmann은 아주 강력하게 불연속성을 주장하였다.[154] 한편 F. M. Cross는 야웨 종교와 가나안 종교의 연속성을 주장하였지만 여전히 야웨 종교의 우수성을 히브리 서사시

151_ I. Knohl, *The Sanctuary of Silence: the Priestly Torah and The Holiness School* (Minneapolis: Fortress Press, 1995) 157-161.

152_ S. Akerman, *Under Every Green Tree: Popular Religion in Sixth-Century Judah* (HSM, 46; Atanta: Scholars Press, 1992) 215.

153_ W. F. Albright, *Yahweh and the Gods of Canaan* (London: Athlone Press, 1968).

154_ Yehezkel Kaufmann, "The Bible and Mythological Polytheism," *JBL* 70/3 (1951) 179-97.

에서 찾고자 노력하였다.[155] 한걸음 더 나아가 G. W. Ahlströme과 I. Finkelstein 등은 이스라엘의 기원을 팔레스타인의 내부에서 찾는 역사학자들이며 이들의 노력과 더불어 종교학에서도 야웨 종교와 가나안 종교 즉 민간종교의 연속성을 주장하는 목소리가 높아가고 있다.[156]

한편 구약은 대부분 단일신론적으로 표현되어 있다. 즉 이스라엘은 야웨의 분깃이며 이스라엘은 야웨만을 섬겨야 하는 것이다.

미가는 당시의 종교현실인 다종교 상황을 이야기 하면서 이스라엘은 오직 야웨만 섬겨야 한다고 강조하였다; "만민이 각각 자기의 신의 이름을 빙자하여 행하되 오직 우리는 우리 하나님 야웨의 이름을 빙자하여 영원히 행하리로다"(미 4:5).

이처럼 단일신론은 타 민족이 섬기는 다른 신들의 존재를 인정하지만 이스라엘은 야웨 만 섬겨야 한다는 주장이다. 이 경우 이스라엘 사람들이 살고 있는 땅이 중요하며 그 땅은 야웨의 것이고 거룩한 것이다. 그 땅에 살고 있는 사람은 야웨 만 섬겨야 하는 것이다. 이 점이 강조된 설화가 바로 나아만 설화이다.

시리아의 군대장관 나아만이 예언자 엘리사를 만나 병이 낫은 후 돌아갈 때 엘리사에게 특별히 간청하는 것이 있었다. 먼저 노새 두

155_ F. M. Cross, Canaanite Myth and Hebrew Epic: Essays in the History of the Religion of Israel (Cambridge: Havard University Press, 1973).

156_ G. W. Ahlströme, *Aspects of Syncretism in Israel's Worship* (Lund, 1963) 12–14; Idem, "Some Remarks on Prophets and Cult," *Transitions in Biblical Scholarship*, (J. Coert Rylaarsdam ed.; Chicago and London: The University of Chicago Press, 1968) 113–29; Israel Finkelstein, "The Emergence of Israel in Canaan: Consensus, Mainstream and Dispute," SJOT 5 (1991/2) 47–59.

바리에 실을 흙을 달라고 요청하였다. 그리고 이제부터는 번제나 화목제를 다른 신에게 드리지 않고 오직 야웨께만 드리겠다고 다짐하였다(왕하 5:17). 아마도 거룩한 땅의 흙을 가져가서 그 흙을 펴고 그 위에서 하나님께 제사를 드리겠다는 계획으로 짐작된다.

그런데 그 다음에는 이해하기 힘든 것을 간청하였다. 우선 형식부터 다르다. 나아만이 엘리사 앞에서 엘리사에게 이야기한 것으로 이해되지만, 그 형식은 나아만이 하나님에게 드리는 간구의 형식으로 하나님을 2인칭으로 부르고 있다. 그런데 그 간청의 내용은 파격적이며 도저히 용납될 수 없을 것 같은 내용이다. 타종교의 신전에서 다른 신을 숭배해야 하는 일을 이야기하면서 야웨께 용서를 간청하는 것이다. **개역개정**에 나아만이 "몸을 굽히다"로 번역된 단어는 히트팔렐형인데 이 단어는 "숭배하다, 예배드리다"라는 뜻이다. 이 단어는 18절에서 시리아 왕이 림몬 신전에서 "경배하다"고 할 때 사용된 단어와 동일한 단어다. 다시 말하면 나아만이 림몬 신전에서 해야 할 행동은 그 예배 의식에 완전히 참여하는 것을 말한다.

나아만의 간청에 엘리사는 담담하게 대답한다; "평안히 가시오." 엘리사는 "절대 그러한 행동은 하지 마시오"라고 하지 않았다. 나아만의 경우는 그러한 행동을 할 수 있다는 태도로 답변한 것이다. 어떻게 이러한 행동이 용인될 수 있는 것인가? 브리커만(E. J. Bricker-man)은 주장하기를 이방 땅에서 이방 사람들이 다른 신을 숭배하는 것을 율법서에서는 죄로 여기지 않았다고 하였다.[157] 다시 말하면 엘리사는 그 당시의 신학에 비추어 보아 나아만의 간청을 용인할 수

157_ E. J. Bickerman, "The Babylonian Captivity," The Cambridge History of Judaism (D. Davies ed.; Cambridge: Cambridge University Press, 1984) I. 352–353.

도 있다고 판단한 것이다. 야웨의 땅인 이스라엘에서는 야웨만 섬겨야 하지만 외국에서 외국인이 다른 신을 섬기는 것을 크게 문제 삼지 않는 모습을 발견할 수 있다.

비록 타 종교인이지만 하나님께서 부르셔서 사명을 맡기시는 모습을 고레스 왕에게서 찾아볼 수 있다. 하나님은 고레스에게 "너는 나를 알지 못하였을지라도 네게 칭호를 주었노라"(사 45:4)고 하시면서 고레스가 야웨종교인이 아님을 분명히 밝히셨다. 그럼에도 불구하고 하나님은 페르시아 왕 고레스를 "나의 목자"(사 44:28), "그의 기름부음을 받은(משיחו) 고레스"(사 45:1)[158]로 부르셨다.

후대에 이르러 구약은 유일신관이 강조되었는데 이 가운데는 단일신론적인 본문을 유일신론적인 본문으로 변경시킨 경우도 있다. 예를 들어본다면;

a: 야웨같이 거룩하신 이가 없으시니
b: 이는 당신 밖에 다른 이가 없고
c: 우리 하나님 같은 반석이 없으심이니이다(삼상 2:2)

2a절과 2c절에서 하나님이 3인칭으로 나타나는데 2b절이 이상하게도 2인칭으로 나타난다. 그리고 라틴어역에는 2b절이 빠져 있고, LXX에는 b와 c가 도치되어 있으며 b를 "이는 당신 밖에 거룩한 이

158_ LXX 에는 "나의 기름부음을 받은"으로 수정되어 있다.

가 없고"로 번역되어 있다. 따라서 b 부분이 후대에 첨가되어 단일신적인 내용이 유일신적인 내용으로 수정되었다고 짐작된다.

물론 구약이나 신약의 최종본이 유일신관을 강조하는 것은 사실이지만 단일신론적인 내용을 곳곳에서 발견할 수 있다. 사실 신약이 유일신적이라는 주장은 논란의 대상이 된다. 천사나 사탄이나 마귀가 영적인 존재로 나타나는데 이것은 단일신론적이지 유일신론적으로 보기는 어렵다.[159] 원래 천사는 가나안 만신전에서 하위 신으로 여겨졌다.

"하나님은 빛이시라 그에게는 어둠이 조금도 없으시다는 것이니라"(요일 1:5)라는 말씀도 유일신앙으로 보기 힘들다. 유일신앙이라면 빛이나 어둠이 모두 하나님 안에 있어야 한다; "나 밖에 다른 이가 없는 줄을 알게 하리라. 나는 야웨라 다른 이가 없느니라. 나는 빛도 짓고, 어둠도 창조하며, 나는 평안도 짓고 환란도 창조하나니, 야는 야웨라 이 모든 일을 행하는 자니라"(사 55:6b-7).[160]

이처럼 신약이나 구약이나 최종적으로 유일신관으로 수렴되지만 곳곳에서 단일신론이 나타나는 것을 쉽게 발견할 수 있다. 그리고 신약에서 헬라적인 이원론을 수용하면서 유일신론적인 내용이 약화된 것처럼 구약에서도 다신론적인 국제 종교적 상황에서 유일신관을 일관성있게 유지하기는 쉽지 않았을 것으로 보인다.

이사야 19장의 역사적 배경은 주전 8세기 후반이며 아직 유일신관이 정착되었다고 보기 힘든 시대다. 이 시대의 야웨종교의 신관을

159_ K. L. Noll, 소형근 역, **고대 가나안과 이스라엘 역사** (프리칭아카데미, 2009) 346–347.

160_ K. L. Noll, 소형근 역, **고대 가나안과 이스라엘 역사**, 356–357.

유일신으로 단정하는 것보다 오히려 단일신론으로 보는 것이 적합할 것이다. 이스라엘은 야웨를 섬기지만 이집트나 앗수르가 다른 신을 섬기는 것이 자연스러운 상황이었다. 그리고 야웨 하나님은 시온에서 온 우주를 통치하시는 분이시며 모든 나라와 민족을 포용하실 수 있는 분이시다. 동시에 각 나라들이 섬기는 종교도 야웨의 손에서 벗어나는 것이 아니다. 예언서에서나 지혜문학에서 천상회의를 인정하고 천사와 사단과 같은 영물을 인정하듯이 다른 종교의 신들도 그 존재를 인정하는 것이 단일신론이다. 다만 그 모든 영적인 존재들이 야웨 하나님 손 아래 있는 것이다.

그리고 이집트와 앗수르가 복이되어 복을 나누어줄 수 있는 사명을 감당하기 위해 반드시 야웨종교인이 되어야 한다는 전제를 달지 않았다. 여기서 우리는 종교간의 대화와 종교간의 협력 가능성을 찾아 볼 수 있는 것이다.

이러한 가능성을 또 다른 부분인 소위 "열방예언"(암 1:3-2:16; 사 13-23장; 렘 46-51장; 겔 25-32장; 습 2:4-15)에서도 발견할 수 있다. 열방예언에서 열방을 무슨 기준으로 심판하였는가?

외국에 대한 예언에서 강조되는 것은 온 세계를 통치하는 야웨의 통치권이다. 그리고 주로 각 나라를 심판하는 심판예언이 많이 나타나는데 그 심판 기준을 살펴보면 주로 윤리적인 기준임을 발견할 수 있다.

예를 들어 모압이 심판받았던 죄인 "에돔 왕의 뼈를 불살라 재를 만든 죄(암 2:1)"를 살펴보자. 모압을 심판한 기준은 야웨를 모독하거나 유다를 괴롭힌 죄가 아니었다. 모압이 이웃인 에돔과의 갈등

속에 에돔 왕의 뼈를 불살라 재를 만들었기 때문이다. 재가 된 뼈 가루는 아마도 회에 섞여서 건물을 지을 때 외벽을 바르는데 사용되었을 것이다. 죽은 자의 뼈를 불태운다는 것은 시체를 훼손하는 것이요 잔인한 관습이다. 동시에 후손에게 모멸감을 안겨주는 정신적 테러라 할 수 있다. 하나님은 시체를 훼손하는 것이나 정신적 테러에 대해서 심판하신 것이다.

정복자나 승리자가 점령지역의 왕의 뼈를 불살라 재를 만드는 이유는 무엇일까? 보통 죽은 조상은 무덤에 안치되며 자손들이 그 곳에서 제사를 드리는 풍습이 있었다. 즉 조상은 후손의 기억 속에 남아있어서 정신적으로 영향을 미치는 것이다. 그런데 시체가 무덤에도 있지 못하고 남은 뼈들도 불살라 재가 되어 페인트의 한 요소가 되어 버린다면 조상의 존재가 사라지는 것이다. 조상에게 제사도 드릴 수 없게 되니 후손들의 기억 속에서도 점점 사라지게 되는 것이다.

주목할 점은 왕의 뼈를 불사른다는 것은 단순히 시체를 훼손한다는 차원이 아니라 왕의 무덤을 부정하게 만드는 효과가 있다. 요시야가 종교개혁을 단행했을 때 사람의 뼈를 단 위에 불사르는 것은 그 제단의 신성함을 파괴시켜 더럽게 만들기 위한 것이었다(왕하 23:20). 이처럼 왕의 뼈를 불사른다는 것은 왕을 조상으로 섬기는 제단을 비롯한 무덤의 신성함을 파괴시키기 위한 것이었다. 이렇게 함으로 인해 후손들은 뿌리가 뽑히는 정신적인 충격을 받을 수 있으며 모욕과 모멸감을 느끼게 된다. 이것은 정신적인 테러행위이다. 이 점을 주목하여 모압을 심판하신 것이다.

이처럼 예언자들은 모압이 그모스신을 섬긴다고 해서 심판예언을 선포하지 않았다. 오히려 인류보편적인 윤리적인 기준으로 심판하였다. 만일 다른 종교를 숭배한다는 이유로 심판하였다면 이러한 윤리적인 문제를 거론할 필요도 없었을 것이다. 왜냐하면 모든 외국 나라들은 각기 자신들의 수호신을 섬기고 있었기 때문이다.

오히려 하나님은 외국을 심판하면서도 자신의 안타까운 심정을 절절이 토해내고 있는 모습을 보여주었다. 모압을 심판하면서도 하나님은 모압을 위해 통곡하고 있다고 예언자 예레미야는 전하고 있다(렘 48:26-44). 직접적인 말로 표현은 하지 않았지만 "나의 백성아!"하는 하나님의 마음을 느낄 수 있는 대목이다. 이사야도 모압을 위해 부르짖는 하나님의 마음을 대변하였다(사 15:5). 하나님은 모압 백성이 비록 다른 신을 섬기고 있지만 어떤 형태든 하나님의 통치권 안에 있음을 보여 주고 있으며 하나님의 깊은 관심이 모압 사람들에게 모아지고 있다는 사실을 발견할 수 있다. 다른 신을 숭배한다는 요인이 하나님과 모압의 관계를 완전히 끊어지게 만들지 않는다는 사실을 알 수 있다.

스바냐의 경우는 심판의 기준으로 "내 백성"에 대해 비방하고 교만한 것을 들었다(습 2:8-10). 그리고 심판의 내용 가운데는 세상의 다른 신들을 쇠잔케 하는 내용도 들어있다(습 2:11). 그러나 이 내용을 곧 바로 타종교 비판으로 결론짓는다면 성급한 면이 있다. 우선 이스라엘 백성을 비방하는 것은 이스라엘의 하나님을 비방하는 것이라 할 수 있다. 그리고 다른 신들을 쇠잔케 한다는 것은 다른 신을 섬기는 자체를 부정하거나 파괴시키는 것이 아니라 약화시키는 것이다. 왜냐하면 하나님을 비방하는 일이 일어났기 때문이요 야웨의 통치권을 훼손시키려는 시도가 있었기 때문이다. 그리고 열국을 심판하시는 하나님의 능력이 나타났을 때 이방 사람들이 하나님을 경배하는 일이 일어나리라 예언하였다(습 2:11). 즉 하나님의 만국 통치권이 바로 세워진다는 것이다.

그리고 예언서를 해석할 때 타종교 숭배에 대해 너무 과도하게 주목하여, 모든 것을 우상숭배 때문에 하나님께서 심판하신다는 것으로 해석하여 본문의 진의를 흐리게 하는 경우는 없는지 살펴 볼 필요가 있다. 아모스의 경우를 예로 들어 보자. 여러 학자들이 유다를 심판하는 문맥인 아모스 2장 4절에 나타나는 '거짓(카자브)'이라는 단어를 우상이나 다른 신일 것으로 짐작한다. 이러한 해석은 LXX 번역을 따른 것이라 볼 수 있다. LXX는 "그들이 만든"이라는 구절을 첨가하여 이 단어를 '우상'이라 해석하여 번역하였다. **개역개정**에도 각주를 달아 '거짓'이라는 단어가 '우상'이라 밝혀주고 있다. 과연 이러한 해석과 번역이 올바른가?

이 '거짓'이라는 단어는 예언서에서 주로 국제정치적인 상황을 묘사할 때 사용된 단어로서 앗수르에 반항하여 반란을 일으키는 행위를 가리키는 용어로 사용되었다(사 28:15-17; 호 7:13; 12:2). 따라서 반앗수르 반란에 동참하여 방황한 유다의 행동을 아모스가 책망한 것으로 짐작할 수 있다. 중요한 것은 성경 어느 곳에서도 이 단어가 '우상'이나 '다른 신'을 가리키는 곳이 없다는 점이다.[161] LXX는 히브리어 성경을 번역할 때 의역을 할 때도 있지만 단어를 첨가하여 의도적으로 내용을 수정하는 경우가 있다는 점을 감안한다면 이 경우도 구절을 첨가하여 의도적으로 내용을 수정한 경우로 볼 수 있다. 이러한 수정을 통해 원래 역사적인 의미였던 것이 비역사적이며 종교적인 내용으로 변경된 것이다.

J. H. Hayes는 강조하기를 "아모스와 같은 시기에 활동한 이사야

161_ John H. Hayes, *Amos, the Eighth-Century Prophet: His Time & His Preaching* (Nashville: Abingdon, 1988) 103.

는 배교라든가 다른 신을 섬기는 일에 대해서 예루살렘 사람들과 유대인들을 향해 결코 책망한 적이 없었다. 만일 남쪽(유다)에서 배교 문제가 크게 논란이 되었다면 이렇게 잠잠한 것은 이상한 일일 것이다"라고 하였다.[162] 이사야가 강조하는 것은 시온에서 만국을 통치하시는 하나님의 모습이지 타종교에 대한 비판에 역점을 두지 않았다는 사실을 알 수 있다.

4. 결론

이집트와 앗수르는 분명 야웨종교와는 다른 종교를 숭상하고 있음에도 하나님은 "나의 백성 이집트여, 나의 손으로 만든 앗수르여"(사 19:25) 하시면서 이집트와 앗수르가 이스라엘과 같이 복이 되리라고 하셨다.

이러한 예언(설교)은 사르곤 2세 시대에 앗수르와 이집트 간의 경제적 우호 관계가 형성되던 상황 속에서 선포된 것이며, 이집트에 이주한 이스라엘 사람들이 태양성을 비롯한 다섯 도시에서 제단을 쌓고 야웨 하나님을 섬기던 시대에 선포된 것이다.

구약이 유일신관으로 수렴되어 있지만 천사를 비롯한 하늘의 영적인 존재를 인정하고 있다. 그리고 구약에는 여전히 다신론적인 내

162_ John H. Hayes, *Amos, the Eighth-Century Prophet*, 103.

용과 단일신론적인 내용도 보존되어 있으며 다신론적인 내용이 단일신론적으로, 그리고 단일신론적인 내용이 유일신론적으로 변경 수정된 본문도 발견할 수 있다.

구약의 예언서에는 타종교에 대한 비판보다 보편적인 윤리를 기준으로 열방을 심판하는 모습을 볼 수 있으며, 고레스 왕과 같은 타종교인을 하나님의 사명을 감당하는 자로 세우는 모습도 발견할 수 있다.

타종교인인 이집트 백성과 앗수르 백성을 모두 하나님의 백성의 반열에 올려 놓으시는 하나님의 모습에서 종교의 다름에 관계없이 만국의 주인으로서 만국을 통치하시며 인도하시는 하나님의 큰 손길을 발견할 수 있으며, 종교간 대화와 종교간 갈등 해결의 실마리를 발견할 수 있다.

Ⅴ. 외국에 대한 예언 – 아모스 1-2장 해석

외국(열방)에 대한 예언은 예언서에 자주 나타나는 예언이다. 모든 대예언서에 외국에 대한 예언이 나타나며(사 13-23장; 렘 46-51장; 겔 25-32장), 소예언서에도 나타난다(암 1:3-2:16; 습 2:4-15). 외국에 대한 예언에서 강조되는 것은 온 세계를 통치하는 야훼의 통치권이다. 외국에 대한 예언은 외국에 대한 하나님의 심판 예언이 대부분을 차지하고 있지만 그 가운데서도 심판당하는 백성들을 향한 하나님의 안타까운 심정이 곳곳에 배어 있는 것을 또한 찾아 볼 수 있다; "내 마음이 모압을 위하여 부르짖음이여"(사 15:5), "그러므로 나의 마음이 모압을 위하여 하프같이 울며..."(사 16:11).

외국에 대한 예언에서 주목하고자 하는 것은 심판의 기준이다. 외국에 대한 예언을 모두 살펴보아도 우상숭배를 질책하며 외국을 심판하는 내용이 나타나지 않는다. 그러나 이스라엘과 유다를 심판할 때는 우상숭배를 들면서 강력히 심판하시는 모습이 나타난다. 외국과 이스라엘을 심판하는 기준이 다르다는 것을 발견할 수 있다. 외국을 심판할 때는 온 세계 모든 사람에게 주신 양심을 기준으로 심판하신다. 따라서 주로 윤리적이며 도덕적인 기준을 들면서 심판하게 되는 것이다. 아모스에도 역시 이러한 기준을 들면서 외국을 심판하시는 하나님의 모습을 발견할 수 있다.

1. 서론

아모스의 첫 번째 예언은 외국에 대한 예언인데 야웨의 소리로서 시작된다. 야웨께서 사자처럼 포효하고 천둥처럼 큰 소리를 내시며 심판하시는 소리가 들려온다. 그다음 야웨께서 구체적으로 8나라에 대해서 심판하신다는 내용이 이어진다. 야웨는 창조주로서 그리고 온 우주를 이끌어 가시는 분으로서 하나님의 도덕적 표준에 위배되는 행동에 대해서는 어느 나라이든 하나님께서 심판하신다는 것이다. 그러나 열방들이 야웨 하나님을 섬기기 않는다는 이유로 심판하시는 경우는 찾아볼 수 없다.

열방을 심판하는 순서를 보면 다메섹, 가사, 암몬, 모압, 두로, 에돔, 유다, 이스라엘 등으로 이어지는데 지도에 표시를 해보면 외곽에서 맴돌다가 결국에는 유다와 이스라엘에 심판이 집중되는 모습을 발견할 수 있다. 즉 아모스가 외국 나라들에 심판을 선포하는 것은 그들의 잘못에 대한 정당한 심판이기도 하지만, 궁극적인 목적은 유다와 이스라엘을 심판하는 것임을 알 수 있다. 본문의 구조를 지리적인 요인을 염두에 두면서 분석하면 다음과 같다.

1. 머리말	1:2
2. 다메섹에 대한 심판 예언	1:3-5
3. 가사에 대한 심판 예언	1:6-8
4. 두로에 대한 심판 예언	1:9-10
5. 에돔에 대한 심판 예언	1:11-12
6. 암몬에 대한 심판 예언	1:13-15

7. 모압에 대한 심판 예언 2:1-3
8. 유다에 대한 심판 예언 2:4-5
9. 이스라엘에 대한 심판 예언 2:6-16

2. 역사적 배경

본문의 역사적 배경은 편집자의 글(암 1:1)을 통해 밝혀두고 있다. 아모스가 예언하던 시대는 "그 지진 전 이년" 즉 주전 750년이었다. 팔레스틴 지역은 지진대에 속하였기 때문에 여러번 지진이 일어났다. 그러나 '그 지진'이라고 할 만한 대지진은 주전 748년에 일어났는데 지진이 얼마나 대단했는지는 스가랴(14:4-5)와 이사야(1:2-20; 2:6-22)에 자세히 묘사되어 있다. 아마도 아모스의 예언이 성취된 대지진으로 짐작된다(암 2:13; 9:1). 그리고 사마리아와 하솔의 발굴 현장에도 그 흔적을 찾아볼 수 있다. 역사학자 요세푸스는 그 지진을 다음과 같이 묘사하였다;

> 그 도시(예루살렘) 앞에 에로게라 불리우는 곳에 서쪽
> 언덕의 절반이 무너져 내려 동
> 쪽 언덕에 멈추었으며 길과 왕실의 정원을 덮쳤다.[163]

163_ Flavius Josephus, *Jewish Antiquities* (Wordsworth Editions Ltd, 2006), 403-404.

이사야는 이 큰 지진을 하나님의 심판과 채찍으로 깨닫고 예언하였다(사 1:2-20). 아모스는 지진 전에 예언을 하였는데, 이러한 큰 심판이 눈앞에 다가와 있음을 바라보고 있었기에 급하고 안타까운 마음으로 강력하게 예언을 선포한 것이다.

이 때 북왕국의 왕은 요아스의 아들 여로보암 2세(주전 788-748년)였고 유다에는 요담(주전 759-744년)이 통치하고 있었다. 그런데 "유다 왕 웃시야"라고 기록한 것은 요담이 통치하고 있었으나 선왕인 웃시야 왕이 살아있었기 때문이다. 웃시야 왕은 병 때문에 퇴위하여 요담이 통치하고 있었다. 아모스는 주전 750-748년 동안 북왕국 이스라엘에서 예언하였는데 이 때는 여로보암 왕의 말기로서 앗수르의 영향력이 약하였고 시리아가 득세하고 있었다. 이스라엘은 시리아의 압박을 심하게 받고 있었다.

예언의 내용은 북왕국 이스라엘에 관한 것이었다. 그런데 귀로 들은 말씀이라 하지 않고 "본 말씀이다"라고 하였다. 이러한 표현은 이사야를 비롯한 여러 예언서 서두에 자주 나타나는 표현으로 (미 1:1; 사 1:1; 2:1; 21:2; 29:11)예언자가 하나님으로부터 직접 받은 예언임을 강조하는 표현이다. 또한 단순히 귀로 들은 말씀이 아니라 아모스 자신이 온 몸으로 흡수하고 체험한 말씀임을 강조한 것이라 볼 수 있다.

3. 번역

1:2 그가 말하기를,

"야웨께서 시온에서부터 부르짖으시며 예루살렘에서부터 소리를 내시리니 목자의 초장이 애통하고 갈멜 산 꼭대기가 마르리라."

3 야웨께서 다음과 같이 말씀하셨다;

"다메섹의 세 가지 죄 때문에 그리고 네 가지 죄 때문에 내가 그 심판을 돌이키지 아니할 것이다.

왜냐하면 그들이 철 타작기로 길르앗을 타작하였기 때문이다.

4 그리하여 내가 하사엘의 집에 불을 보낼 것이니 벤하닷의 궁궐들을 불사를 것이라.

5 그리고 내가 다메섹의 빗장을 꺾으며 아웬 골짜기에 좌정한 자를 내가 끊으며 벧에덴에서 홀 잡은 자를 끊을 것이니 시리아 백성이 키르에 사로잡혀 갈 것이다

야웨께서 말씀하셨다.

6 야웨께서 다음과 같이 말씀하셨다;

"가사의 세 가지 죄 때문에 그리고 네 가지 죄 때문에 내가 그 심판을 돌이키지 아니하리라.

왜냐하면 그들이 모든 사람을 사로잡아 에돔에 넘겼기 때문이다.

7 그러므로 내가 가사 성에 불을 보낼 것이니 그 궁궐들을 불사를 것이다.

8 내가 아스돗의 좌정한 자와 아스글론에서 홀을 잡은 자를 끊어

버리고 또 손을 돌이켜 에그론을 치리니 블레셋의 남은 자가 멸
망하리라"
주 야웨께서 말씀하셨도다
9 야웨께서 다음과 같이 말씀하셨다;
"두로의 세 가지 죄 때문에 그리고 네 가지 죄 때문에 내가 그
심판을 돌이키지 아니하리라.
왜냐하면 그들이 그 형제의 계약을 기억하지 아니하고 모든
사람을 사로잡아 에돔에 넘겼기 때문이다.
10 그러므로 내가 두로 성에 불을 보낼 것이니 그 궁궐들을 불사
를 것이다."
11 야웨께서 다음과 같이 말씀하셨다;
"에돔의 세 가지 죄 때문에 그리고 네 가지 죄 때문에 내가 그
심판을 돌이키지 아니하리라.
왜냐하면 그가 칼로 그의 형제를 쫓아가며 긍휼을 버리며 그의
분노가 계속하여 파괴하였으며, 그가 분노를 끝없이 품었기 때
문이다.
12 그러므로 내가 데만에 불을 보낼 것이니 보스라의 궁궐들을
불사를 것이다."
13. 야웨께서 다음과 같이 말씀하셨다;
"암몬 자손의 세 가지 죄 때문에 그리고 네 가지 죄 때문에 내
가 그 심판을 돌이키지 아니하리라.
왜냐하면 그들이 자기 영토를 넓히기 위해 길르앗의 아이 밴
여인의 배를 갈랐기 때문이다.
14 내가 랍바 성에 불을 놓아 그 궁궐들을 사르되 전쟁의 날에 외
침과 회오리바람의 날에 폭풍으로 할 것이며

15 그들의 왕은 그 지도자들과 함께 사로잡혀 갈것이다

야웨께서 말씀하셨다.

2:1 야웨께서 다음과 같이 말씀하셨다;

"모압의 세 가지 죄 때문에 그리고 네 가지 죄 때문에 내가 그 심판을 돌이키지 아니하리라.

왜냐하면 그가 에돔 왕의 뼈를 불살라 재를 만들었기 때문이다.

2 내가 모압에 불을 보내리니 그리욧 궁궐들을 사르리라 모압이 요란함과 외침과 나팔 소리 중에서 죽을 것이라

3 내가 그 중에서 재판장을 멸하며 지도자들을 그와 함께 죽이리라 야웨께서 말씀하시니라

4 야웨께서 다음과 같이 말씀하셨다;

"유다의 세 가지 죄 때문에 그리고 네 가지 죄 때문에 내가 그 심판을 돌이키지 아니하리라.

왜냐하면 그들이 야웨의 율법을 멸시하며 그 율례를 지키지 아니하고 그들의 조상들이 걸어갔던 거짓으로 인해 그들이 방황하였기 때문이다.

5 내가 유다에 불을 보내리니 예루살렘의 궁궐들을 사르리라

6 야웨께서 다음과 같이 말씀하셨다;

"이스라엘의 세 가지 죄 때문에 그리고 네 가지 죄 때문에 내가 그 심판을 철회하지 아니하리라.

왜냐하면 그들이 의로운 사람을 돈으로 인해 팔며 가난한 사람을 신발로 계약을 맺어 팔기 때문이다.

7 그들이 가난한 자의 머리에 있는 먼지를 보고 헐떡거리고 그들이 가난한 자의 길을 굽게한다.

한 남자와 그의 아버지가 한 젊은 여인에게 가며 나의 거룩한
이름을 더럽혔다
8 그들이 모든 제단 옆에 누웠음이여 저당 잡힌 옷 위에 누웠도다
그들이 그들의 하나님의 집에서 벌금으로 받은 술을 마시는구나
9 내가 아모리 사람을 그들 앞에서 멸하였다.
그 키는 백향목 높이와 같고 강하기는 상수리나무 같으나 내
가 그 위의 열매와 그 아래의 뿌리를 진멸하였다
10 내가 너희를 이집트 땅에서 올라오게 하여 사십 년 동안 광야
에서 인도하고 아모리 사람의 땅을 너희가 차지하게 하였고
11 또 너희 아들 중에서 예언자를, 너희 청년 중에서 나실인을 일
으켰으미 이스라엘 자손들아 과연 그렇지 아니하냐
이는 야웨의 말씀이라
12 그러나 너희가 나실인 사람으로 포도주를 마시게 하며 또 예
언자에게 명령하여 예언하지 말라 하였느니라
13 보라 곡식 단을 가득히 실은 수레가 누름 같이 내가 너희 대신
에 너희를 누르고 있음이여
14 빨리 달음박질하는 자도 도망할 수 없으며 강한 자도 자기 힘
을 낼 수 없으며 용사도 자기 목숨을 구할 수 없으며
15 활을 가진 자도 설 수 없으며 발이 빠른 자도 피할 수 없으며
말 타는 자도 자기 목숨을 구할 수 없고
16 용사 가운데 그 마음이 군센 자도 그 날에는 벌거벗고 도망하
리라
야웨의 말씀이라

4. 해석

1) 머리말 – 부르짖는 야웨의 소리(1:2)

2절에는 야웨의 소리가 웅장하게 들려온다. 그런데 이 구절이 아모스가 선포한 것인가 아니면 편집자의 요약인가? 볼프(H. W. Wolff)는 말하기를 이러한 하나님 현현을 찬양하는 찬양시 스타일은 아모스가 사용한 적이 없고 또 가뭄으로 심판하는 것은 아모스가 말한 적이 없다고 하면서 이것은 유다의 편집자가 후대에 아모스를 요약한 것이라 주장하였다.[164] 또한 볼프는 요엘 3장 16절과 유사하기 때문에 유다 편집자가 요엘을 바탕으로 첨가한 것이라 주장하기도 하였다.[165]

그러나 이 절에는 하나님이 나타나시는 하나님 현현의 모습이 없고 소리만 들린다. 그리고 아모스 자신의 예언이라고 볼 수도 있다. 왜냐하면 아모스가 유다 출신이었기에 예루살렘의 야웨를 이야기하는 것이 이상할 것이 없다.[166] 그리고 당시에는 남북이 거의 하나의 나라처럼 되어 있었기 때문에 전통적인 표현인 시온의 야웨라는 표현은 이상할 것이 없다.[167] 또한 아모스는 다양한 양식과 스타일을 사용하였기 때문에 이러한 스타일을 아모스가 사용했을 수도 있는

164_ H. W. Wolff, *Joel and Amos* (Philadelphia: Fortress, 1977), 118.

165_ H. W. Wolff, *Joel and Amos*, 121.

166_ J. H. Hayes, Amos, *The Eighth-century Prophet: His Times & His Preaching*, 63-64.

167_ 정중호, "고대 이스라엘의 남북 관계에 관한 역사적 연구," **기독교사상** 406(1992. 10), 44-65.

것이다.

2a절에는 야웨의 행동이 나타나며 2b절의 극심한 가뭄은 야웨 행동의 결과임을 알려준다. 야웨는 사자처럼 포효하고 천둥처럼 큰 소리를 내신다. 심판의 하나님을 '소리'로 들려준 것이다. 아모스는 왜 예언의 서두에 하나님의 '소리'를 들려주었는가? 아모스는 자신의 예언자적 활동을 설명하기를 "사자가 부르짖은즉 누가 두려워하지 아니하겠느냐? 주 야웨께서 말씀하신즉 누가 예언하지 아니하겠느냐?"(암 3:8)고 하였다. 즉 아모스의 외치는 '소리'는 바로 야웨가 부르짖는 '소리'를 전달하는 것임을 분명히 하기 위함이었다. 아모스에는 예언자가 하나님으로부터 소명을 받는 장면이 나타나지 않는다. 대신에 아모스는 하나님의 '소리'를 들려줌으로서 예언자 아모스의 권위가 바로 하나님으로부터 오는 권위임을 선포한 것이다.

개역개정에 (목자의) '초장'이라 번역된 히브리어 '네오트'는 평평하고 넓은 일반적인 초원이 아니라 물도 마실 수 있고 짐승들이 함께 모여 있을 수 있는 곳을 가리킨다. 이스라엘 지역에 짐승들이 풀을 뜯는 곳은 푸른 초장이 넓게 펼쳐진 곳이 아니라 대부분 산지 지역이고 광야와 비슷한 곳이 많다. 만약 광야의 '네오트'라면 그 곳은 오아시스가 될 것이다.[168] '오아시스'라 번역하기에는 이스라엘 지역이 광야가 아니기에 적합하지 않다. 또한 이스라엘 지역에는 사시장철 물이 고여 있는 연못을 발견하기는 어렵다. 사람과 짐승들이 물을 마실 수 있는 곳은 대부분 우물이기에 (목자의) '우물'을 가리키는 것으로 볼 수 있다. 짐승들이 물을 마실 수 있는 '네오트'가 마른

168_ J. H. Hayes는 오아시스라 번역하기를 권장하였다. J. H. Hayes, Amos, *The Eighth-century Prophet: His Times & His Preaching*, 65.

다면 우물이나 오아시스에 물이 없는 것과 같아서 짐승들은 갈증에 허덕일 수 밖에 없다.

2b절에 나타나는 두 구절은 평행하여 의미가 동일한 것으로 보여진다. 그런데 (갈멜산 꼭대기가)'마르다(야바쉬)'는 분명하게 가뭄을 나타내지만 (목자의 초장이) '애통하다(아발)'는 동사는 다른 의미인가? 아니다. 이스라엘 지역에서 풀을 뜯을 수 있는 들판이나 우물의 이상 현상으로 애곡하는 경우는 대부분 가뭄으로 인한 것이기에 이 단어의 의미 역시 '마르다'라고 볼 수 있다.

"갈멜 산 꼭대기"는 하늘의 비를 머금어 숲이 울창한 산을 가리킨다. 따라서 갈멜 산 꼭대기가 마르다는 것은 하늘의 비가 내리지 않아 가뭄이 심하다는 뜻이다. 그리고 "초장(우물)이 애통하다"는 뜻은 땅 속에 흐르는 지하수가 말라버린다는 뜻이다. 결국 2b절의 뜻은 땅 속에 흐르는 지하수로부터 하늘의 비까지 모두 말라 신음한다는 뜻이며 "온 천지가 가뭄이 들어 신음한다"는 뜻이다.

2절은 1절과 연결된 편집자의 필체가 아니다. 2절은 3절 이하에 나타나는 열국에 대한 심판의 서두이다. 먼저 사자같이 포효하고 천둥처럼 우렁찬 하나님의 심판의 소리를 들려줌으로서 열국에 대한 하나님의 심판이 엄중함을 알려준 것이다. 그다음 구체적으로 각 나라들에 대한 심판이 이어진다.

8개국 열방에 대한 심판예언은 다메섹부터 시작하여 주변의 6개 나라를 거쳐 마지막으로 유다와 이스라엘에 대한 심판으로 끝맺음을 하였다. 이러한 순서와 지리적 위치를 보면 아모스가 말하고자하는 핵심은 유다와 이스라엘에 대한 심판예언이었음을 알 수 있다.

각각의 심판예언은 먼저 "야웨께서 다음과 같이 말씀하셨다"로 시작되고 이어서 "...의 세 가지 죄 때문에, 그리고 네 가지 죄 때문에 내가 그 심판을 철회하지 아니하리라"로 계속된다. 그다음은 다양한 형태로 진행되지만 무슨 잘못을 저질렀는지 그 내용을 밝히고 이어서 하나님의 심판이 선포된다.

2) 다메섹에 대한 심판 예언(1:3-5)

"세 가지 죄..., 그리고 네 가지 죄"는 어떤 죄를 가리키는가? 이 구절에 대해서 여러가지 해석이 시도되었다. 즉 1) 셀 수 없이 많은 죄를 가리킴, 2) 죄를 짓고 또 지음(again and again),[169] 3) 3+4=7 즉 완전수를 나타내기에 죄가 극에 달했음을 의미함, 4) 랍비들의 해석에 의하면 3가지 죄는 용서받을 수 있어도 4가지 죄는 용서받을 수 없다는 뜻,[170] 5) 죄의 점진적인 증가를 나타내며 용서받을 수 있는 한계를 넘어섰다는 뜻 등이다.

"세 가지 죄..., 그리고 네 가지 죄"는 분명히 연속적으로 죄를 짓는 모습이며 점진적인 죄의 증가를 나타내는 것이다. 그리고 이것은 죄를 많이 지었다는 것을 가리키며 용서받을 수 있는 한계를 넘어섰다는 뜻이기도 하다. 즉 심판받을 수밖에 없는 많은 죄를 지었다는 것을 표현한 것이다.

다메섹, 다메섹을 수도로하는 시리아의 죄가 무엇인가? 길르앗을 철타작기로 타작하였다는 것이다. 농촌에서 콩을 수확하여 마당에 널어놓고 콩이 마른 후에 도리깨로 두드려서 콩알이 튀어나오도록

169_ *GNB*의 번역이 이와같다.

170_ *b. Yoma* 86b; Sanh. 7a.

하는 것을 타작이라 한다. 그런데 만일 철로 만든 도리깨로 두드리면 남아날 것이 없다. 콩알이나 곡식이 모두 으깨져 버릴 것이다. 이처럼 다메섹(시리아)은 요단 동편의 길르앗 지역을 점령할 때 무자비하게 사람들을 죽이고 모든 것을 파멸시켜 버렸다는 것이다.

길르앗은 갈릴리 호수 아래로 흘러드는 야르묵 강과 남쪽의 얍복강 사이에 있는 지역으로 요단강 동편 지역을 가리킨다. 그러나 때로는 암몬과 모압 지역을 포함하기도 한다. 즉 북쪽의 야르묵강에서 부터 남쪽의 아르논 강까지 이르는 넓은 지역을 가리키기도 한다. 이 경우 요단강 동편 지역 대부분을 가리킨다고 보면 된다. 길르앗 지역은 왕의 대로가 통과하는 지역이며 농업과 목축업이 발달한 지역이기도 하다. 여로보암 2세 시대에 이 지역을 이스라엘이 차지하기도 하였지만 강력하게 밀고 내려오는 시리아에게 그 지역을 내어주고 후퇴할 수 밖에 없었다. 아마도 이 때 시리아(다메섹)가 이스라엘과 그 지역 주민들을 잔인하게 살해한 것으로 짐작된다.

배반자나 반란을 일으킨 자들을 불로 심판한다는 것은 고대 앗수르 문헌에 자주 등장하는 대목이다.[171] 하나님께서 열방을 심판하실 때 계속해서 불로 심판한다는 구절이 있는 것을 보아 하나님의 심판이 앗수르를 도구로 해서 시행될 것이라는 것을 짐작할 수 있도록 힌트를 주고 있는 것으로 보인다.

하사엘(주전 843-806년)과 벤하닷(주전 806-?)은 시리아의 왕들이다. 당시 시리아의 왕은 르신(주전 ?-731년)이었지만 하사엘과 벤하닷은 시리아의 위대한 왕의 명칭으로 알려져 있다. "하사엘의 집"은

171_ *ANET*, 278, 660.

다메섹에 있었던 궁궐을 가리킬 수도 있고 왕이 있는 도시인 다메섹 전체를 가리킬 수도 있다. 동시에 이러한 표현은 시리아 왕조를 가리킬 수도 있다. 그리고 "(벧하닷의) 요새(아르므노트)"는 도시 안에 있는 특별한 요새를 가리키는데 이 요새는 왕궁을 보호하는 요새다. 하나님께서 이들을 불로 심판하시겠다는 것은 시리아의 핵심부를 파멸시켜 버리겠다는 뜻이다.

"좌정한 자"와 "홀 잡은 자"는 모두 왕이나 통치자를 가리킨다. 우선 지명으로 '아웬'이 나타난 곳은 다음과 같다; 수 7:2; 18:12; 삼상 13:5; 14:23; 호 4:15; 5:8. 이들의 위치를 살펴본 결과 "아웬 골짜기"는 아마도 아골 골짜기(수 7:24, 26; 15:7; 호 2:15) 근처에 있는 "수웨이니트-켈트 골짜기"로 짐작된다.[172] 이 지역은 여리고에서 서쪽 산지 지역으로 올라가는 가파르고 험한 골짜기이다.

베가는 이미 요단 동편 길르앗 지역에 세력을 펼치고 있었고 여리고 서쪽 지역인 길갈을 비롯한 아웬 골짜기를 차지하고 있었다. 베가는 시리아의 르신과 더불어 반앗수르 세력을 주도하고 있었다. 따라서 하나님의 심판을 받을 반앗수르 세력의 "아웬 골짜기에 좌정하고 있는 자"는 베가인 것으로 짐작된다.

벧에덴은 어디인가? 벧에덴은 아마도 시리아 북부이며 유프라테스 강 부근에 있었던 비트-아디니(Bit-Adini)로 짐작된다.[173] 그런데 당시 이 지역을 통치하고 있었던 인물은 샴시일루(Shamshi-Ilu)였다. 샴시일루는 앗수르의 장군(투르타누)이었는데 앗수르에 반기를 들었으며 왕으로 행세하였다. 아마도 스피르 비문(Sefire Inscription)에

172_ 정중호, **설교자를 위한 호세아 해석** (크리스천헤럴드, 2006), 66-67.

173_ J. H. Hayes, *Amos, The Eighth-century Prophet: His Times & His Preaching*, 76-79.

있는 KTK의 왕 바르가야가 샴시일루였으리라 짐작된다.[174] 샴시일루는 시리아의 르신과 요단 동편의 베가와 더불어 주도적인 반앗수르 세력을 형성하고 있었다. 따라서 반앗수르 세력으로서 하나님의 심판을 받을 "벧에덴에서 홀 잡은 자"는 샴시일루라 짐작된다.

키르가 구약에 나타난 곳을 보면(사 22:6; 암 1:5; 9:7; 왕하 16:9). 이사야에는 앗수르 군대와 엘람 군대 그리고 키르 군대가 연합하여 예루살렘을 공격하는 모습이 나타난다(사 22:6). 키르의 위치는 불분명하지만 엘람과 앗수르, 그리고 키르가 가까이 있었을 것으로 가정할 때 아마도 엘람과 티그리스 강 사이일 것으로 짐작된다.[175] 그리고 키르로 잡혀간 "시리아 백성"의 '시리아'로 번역된 '아람'은 요단 동편 북부지역에서 유프라테스 강까지 이르는 넓은 지역을 가리킨다.

3) 가사에 대한 심판예언(1:6-8)

가사는 국제무역의 요충지이다. 이집트와 팔레스타인의 국경 부근에 있는 도시로서 와디 베소르(이집트 개울) 북쪽에 있는 도시국가이다. 가사는 중요한 국제무역 도시로 알려져 있다. 메소포타미아-시리아-이집트로 이어지는 해안도로(via maris)에서 가장 이집트 가까이있는 도시이며, 아라비아와 요단 동편 지역에서 오는 대상들의 종착지이기도 하다. 물론 팔레스타인과 이집트를 연결하는 지점이기도 하다. 이러한 지정학적 위치로 인해 주전 720년에는 가사 부

174_ 정중호, **이스라엘 역사** (대한기독교서회, 1994), 169.

175_ *ABD*. IV, 83.

근에 앗수르와 이집트가 국제무역센터를 열어 국제무역을 활성화시켰다.[176]

개역개정에 "그들이 모든 사로잡은 자를 끌어(에돔에 넘겼음이라)"로 번역된 '알-하글로탐 갈루트 셜레마'를 NRSV는 "그들이 공동체 모두를 추방하였기 때문이다(They carried into exile entire communities)"로 번역하였다. 중요한 것은 "모든 사로잡은 자" 혹은 "공동체 모두"는 누구를 가리키는가 하는 것이다. 보통 전쟁의 승리자가 포로들을 차지하게 된다. 때로는 군인들 뿐 만아니라 부녀자와 아이들도 포로로 잡아간다. 따라서 "공동체 모두"는 전쟁에 패전하여 잡혀간 장정과 부녀자와 아이들 모두를 가리킨다. 아모스가 포로가 된 장정들 만을 가리키는 것이 아니다. 부녀자와 어린아이들까지 노예로 매매하는 무역 관행에 대해 비판하며 이러한 관례를 악한 행동이라 규정짓고 하나님의 심판을 선포한 것이다.

불레셋이 에돔에 팔아넘긴 "공동체 모두"는 구체적으로 누구인가? 불레셋은 여로보암 2세 시대에 이스라엘(사 9:12)과 유다 지역을 공격하였다. 특히 불레셋은 유다 남쪽의 네게브 지역과 지중해 연안의 쉐펠라 지역을 공격하고 벧세메스, 아얄론, 그데롯, 소고, 딤나, 김소 등의 촌락에 정착하였다(대하 28:18). 따라서 이미 거기에 거주하였던 유다 백성들은 추방될 수 밖에 없었고 그들은 에돔에 팔려간 것이다.

학자들은 에돔에 노예들이 필요한 것이 아니라는 주장을 하면서 6절 마지막 부분을 다양하게 수정하여 번역하였다. 예를 들어 에돔

176_ 정중호, 최기수, "앗수르와 이집트 관계에 관한 역사적 연구," **구약논단** 제4집 (1998), 191-199.

백성을 노예로 팔았다는 번역이라든가, '에돔'이 아니라 '아람' 즉 '시리아'로 번역하기도 하였다.[177] 그래서 노예가 에돔으로 간 것이 아니라 에돔의 노예들을 블레셋이 다른 곳에 팔아 넘겼다는 주장을 하였다. 그러나 에돔에는 사해 남쪽 아라바 지역에 구리광산이 있어서 많은 노예들이 필요했었다. 그리고 앞에서도 살펴보았듯이 블레셋은 많은 이스라엘과 유다의 포로들을 팔아넘길 적절한 지역이 필요하였다. 따라서 본문을 수정할 필요없이 있는 그대로 번역하여 블레셋이 (이스라엘과 유다의) 포로들을 에돔에 팔아 넘긴 것으로 번역하는 것이 가장 적절하다.

가사, 아스돗, 아스겔론, 에그론 등에 심판을 선포하는데 왜 블레셋 도시인 갓이 빠져있을까? 갓이 반앗수르 반란에 동참하지 않았기 때문이라는 설명도 있지만 아마도 당시에 갓이 아스돗에 소속되어 있었기 때문일 것으로 짐작된다.[178]

8절은 5절과 비슷하다. '좌정한 자'와 '홀 잡은 자' 등 왕을 가리키는 표현이 동일하게 나타난다. 가사의 궁궐을 포함하여 모두 왕을 가리키는 것으로 하나님의 심판이 블레셋의 지도자들에게 집중되어 있음을 알 수 있다.

마지막으로 블레셋의 '남은 자'까지 모두 멸망시키겠다 하셨다. '남은 자'는 원래 전쟁터에서 살아남은 사람들을 가리키는 용어인데 여기서는 블레셋의 왕실을 비롯한 지도자들 가운데서 살아남을 사람이 없다는 뜻으로 해석할 수 있다. 원래 '남은 자'는 마지막 남은

177_ M. Haran, "Observation and on the Historical Background of Amos 1:2–2:6," *IEJ* 18(1968), 201–212.

178_ J. H. Hayes, *Amos, The Eighth-century Prophet: His Times & His Preaching*, 81.

희망을 상징하는데 불레셋에는 그 희망조차 사라질 것이라 예언한 것이다.

4) 두로에 대한 심판(1:9-10)

두로에 대한 심판은 불레셋에 대한 심판과 아주 유사하다. 두로는 지중해를 무대로 그리고 홍해까지 이르는 교역로를 이용하여 국제무역을 활발히 전개한 나라였다. 노예매매는 국제무역 품목 가운데 중요한 품목이었기에 당연히 에돔으로 노예를 보냈을 것이다. 두로가 노예매매를 한 것은 요엘(3:4-8)과 에스겔(27:13)에도 나타난다. 두로는 불레셋과 마찬가지로(6절) "모든 주민들"을 노예로 에돔에 넘겼다. 아마도 이스라엘 지역을 침공하여 그 주민들을 포로로 잡아 에돔에 팔아넘긴 것으로 보인다.

하나님은 부녀자와 어린이까지 노예로 팔아넘기는 두로의 비인간적인 행위에 대해 불을 보내어 심판하셨는데 그 궁궐을 불태울 것이라 하였다. 불레셋의 가사 성을 심판할 때와 동일하다(7절).

국가 간의 특별한 조약이 없다고 해도 동일한 종주국을 섬기는 봉신국가들 사이를 '형제'라고 부르기도 한다. 아모스 시대의 종주국은 앗수르였고 두로와 이스라엘/유다는 봉신국이었으니 서로 '형제'라고 부를 수 있는 것이다.

그런데 두로와 이스라엘/유다 사이는 특별하다. 다윗과 솔로몬 시대에 두로가 예루살렘 성전 건축 및 각종 건축에 깊이 관여한 것을 우리는 알고 있다. 솔로몬이 왕위에 올랐을 때 두로 왕 히람이 솔로몬에게 기름을 부으려고 신하들을 보냈다(70인역, 왕상 5:1).[179]

그리고 두로 왕 히람은 솔로몬과 조약을 맺고(왕상 5:12) 공공연히 솔로몬을 '나의 형제'라고 불렀다(왕상 9:10-13).

두로(시돈)와 이스라엘 관계는 더욱 밀접하다. 시돈(두로)의 공주 이세벨과 이스라엘 왕 아합이 결혼하였다(왕상 16:31). 당연히 두 나라 사이는 조약을 맺었을 것이다. 오므리와 아합으로 이어지는 오므리 왕조는 특별히 두로와 밀접한 관계를 유지하였다. 그러나 예후 왕조 때는 두로와의 사이가 원만하지 않았을 것으로 본다. 아모스가 예언활동을 했던 시대는 예후 왕조의 말기에 해당하는 시대로 두로와의 관계가 원만하지 않았을 것이다. 특히 두로는 반앗수르 진영에 속해 있고 이스라엘의 여로보암 2세는 친앗수르 정책을 취하고 있었으니 더더욱 적대적이었다. 따라서 두로는 이스라엘 동북쪽을 침공하여 주민들을 포로로 잡아가는 일을 한 것이다.

5) 에돔에 대한 심판(1:11-12)

에돔의 조상 에서는 야곱(이스라엘)과 쌍둥이 형제였다. 따라서 당연히 이스라엘과 에돔은 형제의 나라라 할 수 있다. 그러나 어머니의 태에서부터 싸우기 시작한 이 형제는 야곱이 에서의 장자권을 빼앗고 이삭의 축복을 빼앗은 후 에서의 분노는 극에 달하였다. 다행히 에서가 나중에 야곱과 화해하는 모습을 보여주었으나 역사적으로 볼 때 이스라엘과 에돔은 수많은 전투를 치렀다. 11절에는 에돔의

179_ 정중호, **이스라엘 역사**, 123-124.

‘분노’가 강조되어 있는데 이것은 에서의 ‘분노’를 닮은 것이다.

‘긍휼’이라는 히브리어 ‘라하밈’은 원래 어머니가 태아를 품고 있는 자궁(레헴)에서 파생된 단어이다. 따라서 ‘긍휼’이라는 의미는 어머니가 태아를 향하는 자애로운 사랑을 나타내는 단어이다. 에돔이 형제임에도 불구하고 이스라엘 사람들을 향해서는 자비와 자애로움을 전혀 보이지 않았다는 것이다. 오히려 칼을 들고 잔인하게 살해하며 끝없이 분노를 폭발시키는 잔인함에 대해 심판을 선포한 것이다.

다윗 시대에는 에돔이 이스라엘 휘하에 있었으나 솔로몬 이 후에는 독립하였다. 그 후 이스라엘의 아합과 유다의 여호사밧 시대에 다시 이스라엘과 유다의 휘하에 들어왔다. 에돔이 중요한 것은 홍해로 가는 길목에 있었기 때문이다. 만약 이스라엘/유다가 홍해의 항구도시인 엘랏을 차지하였다고 한다면 에돔 역시 이스라엘/유다의 통제를 받고 있다고 짐작하면 틀림없다.

아모스 시대에는 상황이 역전되었다. 시리아 왕 르신이 엘랏을 점령하고 에돔 사람들을 그곳에 정착시켰다(왕하 16:6).[180] 당시에 엘랏에는 유다 사람들이 있었는데 그들은 시리아 군인들에 의해 살해되고 추방되었다. 아마도 추방당한 사람들은 포로로 끌려갔을 것이다.

데만은 에돔의 지파 이름이기도 하고 지역 이름이기도 하다. 아마도 보스라 주변의 지역을 가리키는 것으로 보인다. 보스라는 에돔의 수도로서 현재 부세이라(Buseirah)인데 사해 동남쪽으로 34km 거리

180_ “당시에 아람 왕 르신이 엘랏을 회복하여 아람에 돌리고 유다사람을 엘랏에서 쫓아내었고 에돔 사람이 엘랏에 이르러 거하여 오늘날까지 이르렀더라”(왕하 16:6). 엘랏에 정착한 사람들을 히브리어 성경(MT)에는 ‘아람’ 즉 ‘시리아’로 기록되어 있으나 난외주 읽기(케레)는 ‘에돔’으로 읽기를 권장하고 있으므로 ‘에돔’으로 읽는다. 정중호, **열왕기하**, 성서주석 11 (서울: 대한기독교서회, 1995), 295.

에 있는 도시이다. 보스라는 아모스 당시 아주 큰 도시였다. 보스라의 궁궐을 불태운다는 것은 에돔의 왕실과 지도자들을 심판하시겠다는 의미이다.

6) 암몬에 대한 심판(1:13-15)

요단 동편에, 그리고 길르앗 지역 아래에 있는 암몬은 이스라엘과 역사적으로 많은 갈등을 겪어왔다. 사사기에 나오는 입다의 전투(삿 10:7-11:33), 사울의 전투(삼상 11장), 다윗의 전투(삼하 8:12; 10:1-11:1; 12:26-31) 등이 암몬과의 전투였다.

전쟁은 잔혹하다. 그리고 정복자는 후환과 반란을 두려워하여 장정과 어린이까지 모든 남자들을 죽인다. 심지어 어머니의 뱃속에 있는 태아까지 모두 죽여버린다. 이러한 전쟁 관습은 앗수르 문헌에도 나타나고 그리스 서사시에도 나타나며 성경에도 나타난다(왕하 8:12; 15:16; 호 13:16).

이러한 전쟁관습을 구체적으로 금지하는 법이 나타나지는 않지만 "살인하지 말라"라는 율법에 포괄적으로 포함되어 있는 것으로 볼 수 있다. 그러나 아모스는 이러한 잔혹한 전쟁 관행에 대해 구체적으로 비판하며 심판을 선언하였다.

랍바는 암몬의 수도이며 얍복강 상류에 있다. 그리고 랍바는 사해에서 북동쪽으로 약 40km 거리에 위치해 있다. 하나님의 심판은 수도인 랍바를 향해 시행될 것이며 특히 궁궐을 불사를 것이라 하였다. 또한 다른 나라들과 달리 구체적으로 왕과 지도자들이 포로가 되어 추방될 것이라 하였다.

7) 모압에 대한 심판(2:1-3)

모압은 사해 동편의 고원 지역이며 남쪽은 에돔과 닿아 있으며 경계는 세렛강이다. 이스라엘 왕 오므리가 모압을 정복했으나 아합 왕 때 모압은 독립을 쟁취하였는데 모압 왕 메사가 주도하였다.[181] 그후 여로보암 2세 때에 잠시 이스라엘이 모압을 통치하였으나(대하 5장) 여로보암 2세 말기에 시리아의 르신에게 모압을 빼앗겼다.

모압을 심판한 이유는 이스라엘과의 갈등에서 비롯된 것이 아니었다. 이웃인 에돔과의 갈등 속에 에돔 왕의 뼈를 불살라 재를 만들었기 때문이다. 재가 된 뼈가루는 아마도 회에 섞여서 건물을 지을 때 외벽을 바르는데 사용되었을 것이다. 죽은 자의 뼈를 불태운다는 것은 시체를 훼손하는 것이요 잔인한 관습이다. 동시에 후손에게 모멸감을 안겨주는 정신적 테러라 할 수 있다. 하나님은 시체를 훼손하는 것이나 정신적 테러에 대해서 심판하신 것이다.

정복자나 승리자가 점령지역의 왕의 뼈를 불살라 재를 만드는 이유는 무엇일까? 보통 죽은 조상은 무덤에 안치되며 자손들이 그 곳에서 제사를 드리는 풍습이 있었다. 즉 조상은 후손의 기억 속에 남아있어서 정신적으로 영향을 미치는 것이다. 그런데 시체가 무덤에도 있지 못하고 남은 뼈들도 불살라 재가 되어 페인트의 한 요소가 되어 버린다면 조상의 존재가 사라지는 것이다. 조상에게 제사도 드릴 수 없게 되니 후손들의 기억 속에서도 점점 사라지게 되는 것이다.

주목할 점은 왕의 뼈를 불사른다는 것은 단순히 시체를 훼손한

181_ 메사비문, "The Moabite Stone," *ANET*, 320-321.

다는 차원이 아니라 왕의 무덤을 부정하게 만드는 효과가 있다. 요시야가 종교개혁을 단행했을 때 사람의 뼈를 단 위에 불사르는 것은 그 제단의 신성함을 파괴시켜 더럽게 만들기 위한 것이었다(왕하 23:20). 이처럼 왕의 뼈를 불사른다는 것은 왕을 조상으로 섬기는 제단을 비롯한 무덤의 신성함을 파괴시키기 위한 것이었다. 이렇게 함으로 인해 후손들은 뿌리가 뽑히는 정신적인 충격을 받을 수 있으며 모욕과 모멸감을 느끼게 된다. 이것은 정신적인 테러행위이다.

그리욧은 모압의 도시이며(렘 48:24) 오늘날 엘-케레이야트로 알려져 있으나 확실치 않다. 메사 비문에는 그리욧에 모압의 신인 그모스를 섬기는 성소가 있었다고 기록되어 있다.[182] 궁궐이 있었다고 되어있으니 큰 도시인 것으로 짐작된다.

하나님은 다른 나라들을 심판할 때와 마찬가지로 궁궐을 불태워 왕을 징계하였다. 그런데 모압의 경우 전쟁 중에 모압이 죽을 것이라는 것과 재판장과 지도자들을 죽이는 심판을 덧붙였다. '재판장'이라 번역한 '쇼페트'는 '재판관' 혹은 '사사'라 번역하는 단어이다. 따라서 단순히 재판만 담당하는 사람들이 아니라 통치를 담당하는 사람을 가리킬 수 있는데 특히 외국에서 파견된 총독과 같은 통치자를 가리킬 수도 있다. 아모스 당시에 모압은 이미 시리아의 르신의 손 안에 들어갔다. 따라서 시리아에서 파견된 통치자를 가리킨 것으로 볼 수 있다.[183] 왕과 지도자들 그리고 외국에서 온 통치자들이 모두 심판의 대상이 될 것이라는 아모스의 예언이다.

182_ "The Moabite Stone," *ANET*, 320–321.

183_ J. H. Hayes, *Amos, The Eighth-century Prophet: His Times & His Preaching*, 100.

8) 유다에 대한 심판(2:4-5)

유다가 무슨 잘못을 저질렀는가? 야웨의 율법과 야웨의 율례를 지키지 않았고 조상들이 했던 잘못된 길을 따라갔다는 것이다. 언뜻 보기에는 다른 나라들과는 달리 유다는 야웨종교에 충실하지 않은 점에 대해 심판한 것이라 보여진다. 그러나 좀 더 분석해보면 이러한 표현들이 정치적이며 윤리적인 잘못을 들추어낸 것도 있음을 발견할 수 있다.

"야웨의 율법"은 전해 내려온 율법(토라)을 가리킬 수도 있지만 여기서는 오히려 "야웨의 말씀(가르침)"으로 이해하는 것이 더 적합하다. 그리고 "그(야웨)의 율례" 역시 하나님의 뜻이 담긴 것이다. 이러한 하나님의 뜻을 멸시하고 그 뜻을 따르지 않으면서 조상들이 갔던 잘못된 길을 따라간 것이 유다의 죄목이었다.

유다의 죄목은 전통적으로 이야기하는 하나님의 정의와 공의를 저버린 것이라 볼 수도 있다. 하지만 헤이스(J. H. Hayes)는 북왕국 이스라엘의 속국처럼 지내는 것이 바로 하나님의 뜻을 저버린 것이라 주장하였다.[184] 특히 하나님께서 중요하게 여기신 다윗왕조 신학에 비추어보면 이스라엘의 속국처럼 지내는 것은 하나님의 뜻이 아님을 알 수 있다. 유다는 이스라엘 왕 오므리 시대부터 줄곧 이스라엘의 속국처럼 지내왔으며 대외적으로는 이스라엘의 깃발 아래 함께 움직였다.[185] 모든 것을 우상숭배 때문에 하나님께서 심판하신다는 것으로 해석하는 것은 너무 하나님의 뜻을 편향적으로 해석하는

184_ J. H. Hayes, *Amos, The Eighth-century Prophet: His Times & His Preaching*, 104.

185_ 정중호, "고대 이스라엘의 남북 관계에 관한 역사적 연구," 44-65.

것이다. '거짓(카자브)'이라는 단어를 우상이나 다른 신일 것으로 짐작하는데(5절) 성경 어느 곳에서도 이 단어가 우상을 가리키는 곳이 없다.[186] 그런데 70인역(LXX)은 히브리어 성경를 번역할 때 이 단어를 '우상'이라 해석하고 "그들이 만든"이라는 구절을 첨가하여 번역하는 오류를 범하였다. 이 '거짓'이라는 단어는 예언서에서 주로 국제정치적인 상황을 묘사할 때 사용된 단어로서 앗수르에 반항하여 반란을 일으키는 행위를 가리키는 용어로 사용되었다(사 28:15-17; 호 7:13; 12:1). 따라서 반앗수르 반란에 동참하여 방황한 유다의 흐름을 아모스가 책망한 것으로 짐작할 수 있다.

유다를 향한 심판은 다른 나라들과 마찬가지로 왕이 있는 예루살렘 궁궐을 향해 불을 보내시는 것이다. 왕과 지도자들을 심판하시려는 하나님의 뜻임을 알 수 있다.

9) 이스라엘에 대한 심판(2:6-16)

아모스는 일곱 나라에 대해 심판을 선포한 후 마지막으로 이스라엘에 대해 심판을 선포하였다. 이스라엘에 대한 심판예언은 다른 나라들과는 차이가 있다. 우선 양적인 면에서 월등히 많은 지면을 차지하고 있다. 그리고 지리적으로 보아도 다메섹에서 시작하여 대각선으로 불레셋까지 이르고, 다시 지중해 연안을 거슬러 올라가서 두로를 심판하였다. 그리고 또다시 대각선으로 동남쪽으로 향하여 에

186_ J. H. Hayes, *Amos, The Eighth–century Prophet: His Times & His Preaching*, 103.

돔에 이르고, 북쪽으로 올라가 암몬과 모압을 거쳐 중앙으로 들어가는데 유다를 거쳐 심장부인 이스라엘에 도착한 것이다. 이러한 지리적인 배열을 볼 때 정말 아모스가 선포하고 싶은 예언은 이스라엘을 향한 예언임을 알 수 있다. 청중이 이스라엘 사람이니 당연한 것으로 보여진다.

의로운 사람을 돈으로 판다는 것은 무엇을 의미하는가? 우선 재판 과정에서 뇌물을 받고 억울한 일을 만든다는 것이다. 즉 죄 없는 사람이 억울하게 벌을 받고 죄인이 풀려나는 일이 벌어진다는 것이다. 그다음 가능성은 빚을 갚지 못해 노예로 팔려가는 상황이다.

그런데 가난한 사람을 신발 한 켤레 값으로 판다는 것은 좀 이상하다. 주전 8세기에 노예의 가격이 갑자기 폭락했을 가능성도 없고 그러한 정황도 발견할 수 없다. 아무리 노예의 가격이 떨어져도 주전 8세기에 신발 한 켤레 값으로 매매되었다는 것은 비현실적이다. 오히려 다른 의미를 찾을 필요가 있다. 룻기에 보면 상대방에게 신발을 벗어준다는 것이 소유권 이전이나 무르기를 확정짓는 관행임을 알 수 있다(룻 4:7). 따라서 여기에 나타나는 '신발'은 가격을 나타내는 것이 아니라 계약을 맺고 계약을 이행하는 관습으로 볼 수 있다. 즉 가난한 사람이 계약에 따라 빚을 갚지 못했을 때 노예로 팔려가는 일이 일어난다는 것이다.

6b-7a절에는 연속해서 '가난한 사람'이 등장한다. 각각 '에브욘,' '달림,' '아나윔' 등인데 가난하거나 약자이거나 학대를 받는 사람 등의 의미가 있는 단어들이다. "가난한 자의 머리에 있는 먼지를 보고 헐떡거린다"는 것은 권력자와 부자들의 탐욕을 묘사한 것이다. 나단 선지자가 밧세바를 취한 다윗을 책망할 때 사용된 이야기와 비슷하다(삼하 12장). 먼지(땅의 먼지)는 아주 하찮은 것이다. 그러나

부자는 하찮은 것이라도 자기의 것을 사용하지 않고 약한 자 혹은 가난한 자의 것을 빼앗아 사용하려고 한다는 것이다. "가난한 자의 길을 굽게 만든다" 혹은 "가난한 자의 길을 외면한다"는 것은 잠언 17장 23절을 참고하면 이해할 수 있다; "악인은 사람의 품에서 뇌물을 받고 재판을 굽게 하느니라". 부자와 권력자들이 돈을 받고 힘이 없는 가난한 사람들을 억울하게 만든다는 것이다. 그런데 7b절에 대한 번역과 해석에 대해 논란이 분분하다.

> 한 남자와 그의 아버지가 한 젊은 여인에게 가며
> 나의 거룩한 이름을 더럽혔다. (암 2:7b)

아버지와 자식이 한 젊은 여인(나아라)에게 갔다는 것은 아버지와 자식이 한 여인과 성적인 관계를 맺는다는 뜻으로 주로 해석을 해왔다. 그런데 쿠트(R. B. Coote)는 또 다른 해석의 가능성을 제시하였다. 즉 한 남자와 그의 아버지가 술집 안주인에게 고리로 돈을 빌리러 갔다고 해석을 하였다.[187] 즉 성적인 문제에 대해 이야기하는 것이 아니라 경제적인 고리대금에 대해 비판하는 것이라 해석을 하였다. 이러한 번역과 해석을 할 수 있는 근거는 동사인 '나아르'의 의미 가운데 "흔들어 비우다, 흔들어 털다"라는 의미가 있고 느헤미야 5장 13절의 경우를 살펴볼 때 '그 여인'이 아니라 '저당권 상실'로 번역할 수 있다는 것이다.[188] 쿠트의 해석은 약한 자들을 착취하고 압박한다는 6-8절 전체의 맥락에 적합하다. 그러나 여전히 의

187_ R. B. Coote, 우택주 역, **아모스서의 형성과 신학** (대한기독교서회, 2004), 62-63.

188_ 우택주, **8세기 예언서 이해의 새 지평** (대한기독교서회, 2005), 153-155.

문점은 남아 있기 때문에 하나의 가능성으로 남겨 둘 필요가 있다.

만일 젊은 여인에게 자식이나 아버지가 동일하게 갔다면 이러한 행위는 율법에 위배된다. 즉 율법은 자식이 아버지의 여인과 관계하는 것을 금지시켰고(레 18:8; 20:11; 신 22:30; 27:20), 아버지가 자식의 여인과 관계하는 것을 또한 금지시켰다(레 18:15; 20:12). 이러한 위배행위는 하나님의 백성이 하나님의 뜻을 어기는 것이므로 하나님의 거룩한 이름을 더럽히는 행위가 되는 것이다.

제단 옆에 누웠다고 해서 반드시 거기서 밤에 잠을 잔다고 볼 수는 없다. 오히려 제단 옆에서 화목제의 잔치에 참여하는 모습으로 보인다. 그런데 중요한 것은 자신의 겉옷이 아니고 다른 사람의 겉옷을 펴고 비스듬히 누워 잔치에 참여하는 것이다. 빚을 갚지 못해 차압당한 겉옷으로 자리를 펴고 채권자는 잔치를 즐기는 것이다. 부자에게는 그 겉옷이 방석에 불과할 것이지만 가난한 사람에게는 그 겉옷이 추위를 막아주는 옷이요 이불인 것이다. 그래서 겉옷을 차압하였으면 해가 지기 전에 돌려 보내라고 하였다. 만약 추위에 떠는 사람이 하나님께 부르짖으면 하나님께서는 들으실 수 밖에 없다고 하였다(출 22:26-27; 신 24:12-13).

하나님의 전(성전)에서 술 마시는 것이 문제가 되는 것이 아니라 벌금으로 받은 술을 마시는 것이 문제다. '벌금'이라 번역한 '아누쉼'은 '세금'으로도 번역되는 단어이다. 결국 벌금을 거두거나 세금을 거두는 관리나 권력자가 지금 그 술을 마시고 있는 것이다. 탐관오리들이 가난하고 힘없는 백성으로부터 착취한 것을 가지고 지금 그들은 제사도 드리고 그 술을 마시면서 즐기고 있는 것이다.

하나님께서 이스라엘 백성을 위해 하신 일을 열거하였다. 이 부분에서 중요한 것은 하나님께서 '내가 하였다'는 점을 강조한 것이다. 9절과 10절의 시작 부분에는 '내가(아노키)'라는 단어가 반복해서 나타난다. 사실 그 다음 단어인 동사가 일인칭이기에 굳이 '내가'라는 단어를 사용할 필요가 없지만 하나님 자신이 직접 하신 일임을 강조하기 위해서 이 단어를 추가한 것이다. 그리고 10절 이하에는 이스라엘 백성을 '너(you)'라고 직접 부르면서 가까이 다가오시는 하나님의 모습을 볼 수 있다. 하나님께서 이스라엘을 위해 하신 세 가지 일을 정리하면 다음과 같다;

(1) 하나님께서 직접 강대한 아모리 사람들을 멸망시켰다. '아모리 사람'이란 이스라엘이 팔레스틴에 도착하기 전에 거주하였던 사람들을 가리킨다. 소위 '가나안 사람'보다는 범위가 넓은 개념이다. 하나님께서 아모리 사람들을 멸망시켰는데 뿌리까지 멸망시켰다는 것은 완전히 멸망시켰다는 뜻이다.

(2) 이스라엘 백성을 이집트에서 탈출시킨 것과 광야에서 인도하여 땅을 차지하게 하였다는 하나님의 인도하심을 강조하였다. 여기서 강조되는 것은 이집트 탈출보다 약속의 땅을 차지하게 되었다는 것이다. 단순한 탈출이라면 '나가다(야차)'라는 동사를 사용하는데 여기서는 '올라가다(알라)'라는 단어를 사용하여 대적을 쳐부수고 그 땅을 차지한다는 의미를 나타내 보여주고 있다. 40년 동안 광야에서 인도하였다는 점을 강조하였다. 마실 물도 없고 먹을 양식도 없으며 추위와 태양의 열기가 교차하는 죽음의 땅을 장기간인 40년 동안 하나님의 은혜로 통과할 수 있게 하였다는 것이다.

(3) 하나님께서 예언자들과 나실인을 일으키셨다. 예언자들은 누구인가? 현실에 만연되어 있는 잘못을 지적하고 미래의 이상적인 비젼을 제시하는 사람들이다(애 2:14; 잠 29:18). 나실인은 하나님께 봉헌된 사람들로서 삼손과 사무엘을 들 수 있다. 그리고 한시적으로 나실인의 경건생활을 서원하여 지키는 사람들이 있었다(민 6:1-21). 서원하여 한시적으로 나실인 경건생활을 하는 사람은 제사장에 필적하는 거룩한 신분이 되며 포도주를 마시지 않고 머리에 칼을 대지 않고 시체와 접촉 할 수 없는 금기사항을 지켜야 한다.

위의 세 가지는 하나님께서 직접 이스라엘 백성을 위해 하셨는데, 이스라엘 백성은 예언자들에게 예언하지 말라고 하였고 나실인이 지켜야 할 금기사항을 지키지 못하도록 포도주를 마시게 했다고 책망하였다.

다른 나라들에게는 불로 궁궐을 불태우고 지도자들을 심판하는 것이 일반적인 모습이었다. 그런데 이스라엘의 경우는 다르다. 하나님께서 직접 심판을 하시는데 지속적으로 압박을 가하고 있는 모습이다. 그런데 이러한 하나님의 심판을 피할 수 있는 사람은 아무도 없다는 것이다. 발이 빠르고 힘이 있는 용사라 할지라도 하나님의 심판을 피할 도리는 없다는 것이다.

5. 결론

아모스가 선포한 열방에 대한 예언은 치밀하게 구성되어 있고 반복 구절이 많으며 정형화 되어 있다. 이러한 형태로 인해 본 예언은 쉽게 외울 수 있었고 널리 전파될 수 있었을 것이다.

아모스는 주로 심판을 선포하였으며 그것도 강렬한 용어를 사용하여 예언하였다. 아마도 아모스는 눈 앞에 닥쳐올 심판을 감지하였기에 더욱 안타깝고 급한 마음으로 예언을 하였을 것이다. 여로보암 2세 통치 말기에 시리아의 압박 속에서 점점 더 기울어져가는 이스라엘의 모습을 보면서 아모스는 하나님의 빛 아래서 새로운 희망을 찾을 수 있기를 바라며 강한 어조로 예언을 선포하였다.

아모스는 맨 먼저 하나님의 부르짖음, 하나님의 목소리를 들려주었다(암 1:2). 하나님의 말씀은 허공에 흩어지는 법이 없다. 반드시 이루어진다. 하나님의 심판 음성이 있은 후 하늘의 비가 중지되고 땅 속에 흐르는 지하수가 말라갈 것이라 하였다. "입술의 열매를 짓는 나 야웨"(사 57:9)라는 구절과 같이 하나님의 말씀은 반드시 성취되며 그 열매를 맺게 된다고 했는데 아모스의 예언이 시작되고 2년 후 심판의 대지진이 이스라엘에 일어났다(주전 748년).

이스라엘 주위의 나라들이 하나님에 의해 심판을 받게 되리라는 예언이 선포되었다. 그런데 외국 나라들이 심판받는 이유는 야웨 하나님을 섬기지 않는다는 종교적인 것이 아니었다. 일반적으로 모든 사람들이 수긍할 수 있는 도덕적이며 상식적인 기준을 들면서 책망한 것이고 인간으로서 하지 말아야할 행동을 한 것에 대해 질타한 것이다. 이러한 기준은 유다와 이스라엘에도 동일하게 적용하고 있다. 특히 경제와 관련되어 약자와 가난한 자를 착취하고 압제한 일에 대해서 통렬히 비판하였다. 이와 더불어 유다와 이스라엘에게는 하나님의 가르침을 따르지 않는 일에 대해서 하나님의 말씀을 전하는 예언자를 핍박한 일에 대해서 비판하였다.

본문에서 주목할 만 한 점은 회개를 촉구하거나 용서를 암시하는 구절이 없다는 점이다. 처음부터 끝까지 잘못한 점을 지적하며 심판을 선언하는 것으로 일관하고 있다. 그만큼 저지른 잘못된 행동에 대해 분명히 직시하도록 하고 그 행동에 대해 책임을 지라는 것이다. 그것이 정의이고 상식임을 알려주고 있는 것이다. 잘못된 행동을 했으면 심판받는 것이 당연한 것이고 하나님의 채찍을 맞을 각오를 해야 한다는 것이다. 아주 기본적이고 상식적인 이러한 생각을 특이하게 여기는 분위기가 오늘날 현대 기독교인 가운데 있다면 그것은 무엇인가 잘못된 것일 수밖에 없다. 용서는 아주 예외적이며 특별한 것임을 본문은 일깨워주고 있다.

Chapter

05

결론 –
한국의 다문화 사회와 통일 한국을 바라보며

Chapter 05 결론 – 한국의 다문화 사회와 통일 한국을 바라보며

현재 한국에는 그 숫자가 27,810명의 새터민(북한이탈주민)이 있다.[189] 북한을 탈출하여 중국으로 그리고 동남아시아로 전전하다가 한국으로 들어오는 북한이탈주민들은 한국으로 들어오는 것이 이주이면서 동시에 고국으로 돌아오는 귀환이주이다.

그리고 통일이라는 미래 사건을 바라볼 때 한국사회는 또 다시 이주와 귀환이주라는 사건을 경험하게 될 것이다. 그 경험 가운데는 다양한 분쟁과 갈등을 해결해야 하는 경험이 있을 것이다. 자본주의와 공산주의의 의식의 갈등도 있지만 법률적 갈등과 경제적인 갈등은 더욱 심각할 수 있다. 예를 들면 독일은 1989년 베를린 장벽이 붕괴되면서 극적으로 통일을 이루었다. 그러나 통독 후 소유권 분쟁

189_ 통일부 발표 "북한이탈주민 입국 인원 현황"
http://www.unikorea.go.kr/content.do?cmsid=1440 (2015. 3. 30 확인).

때문에 5년간 400만건 소송사태를 경험하였고[190] 20년간 약 120만 건의 토지소유권 반환절차를 완료했지만[191] 그 갈등은 아직도 계속되고 있다.[192]

북한과 남한은 한 민족인데 무슨 '다문화'라고 하느냐고 반문할 수 있다. 그러나 연변에서 온 동포도 사실 한 민족이다. 그런데 동일하게 국민으로 여기고 있지 않는 모습을 보면 60년이 넘게 분단되어 살아 온 세월로 인해 남북의 한 민족 사이에 패인 깊은 골은 우리를 당혹스럽게 할 것이 분명하다. 통일을 준비할 때 다문화 사회의 갈등과 문제점을 해결하려는 의지를 가지고 준비해야 한다.

한국으로 이주한 사람들 가운데 상당수가 한국에 정착하고 한국 사회에 통합되는 것이기에 이 점을 주목할 필요가 있다. 다만 주의할 점은 사회 통합이라는 것이 단일화나 획일화가 아니라 다양성을 유지하면서 사회적으로 통합해야 한다는 사실이다. 사실 한국이 다문화 사회로 정체성을 확립하고 이주자들을 통합시킨다는 것은 결코 쉬운 일이 아니다. 고대 이스라엘 사회가 종교를 통해 귀환이주

190_ 윤철홍, '독일 통일후 동독지역에서의 토지 소유권과 상속권 문제,' **북한법연구회 제137회 월례발표회 발표문** (2009. 1. 29).

191_ 동독의 마지막 총리 로타르 드 메지에르와의 인터뷰 기사, **연합뉴스** (2009.10.25.).

192_ 만일 남한에 있는 북한 주민들이 통일이 되어 북한으로 갔을 때 토지를 차지할 수 있을까? 월북한 인사들이 남한의 토지 소유권을 주장할 수 있을까? 독일은 통독 후 동독 사람들의 생존권을 보호하는 측면에서 건물 이용자 위주로 토지를 매수할 수 있도록 하였다. 즉 토지 값의 반만 지불하면 토지소유권을 인정하였다. 그러나 동독 사람들이 가난하였기 때문에 토지를 매수하기 힘든 면이 있었다. 그래서 토지가격을 과거시세로 낮추어 산정하기도 하였다. 한국도 통일 후 북한 지역의 토지는 북한 주민의 생존권을 보호하는 측면에서 특별법을 제정하여 시행할 필요가 있다. 결국 남한에 있던 월남한 사람들의 소유권은 제대로 인정받지 못하는 결과가 발생할 가능성이 있다.

전승을 활용하여 사회적 통합을 이루고 리더쉽을 확립했다면 한국의 다문화 사회도 한국의 귀환이주 전승을 활용할 필요가 있다.

한국도 반만년의 역사라고 자랑하며 배달민족의 일체성을 강조하지만 우리도 이주와 귀환이주의 어려웠던 시절의 기억이 있고 그 기억을 나눌 필요가 있다. 약하고 부끄러웠던 기억이라 밀쳐 놓기보다 오히려 어려운 기간을 지혜롭고 끈기 있게 극복한 자랑스러운 사례로 부각시킬 필요가 있다. 이러한 기억 나눔을 통해 다문화 사회를 통합할 수 있는 길을 열 수 있게 될 것이다. 이주와 귀환이주에 대한 기억나눔이란 신유목민이라는 정체성을 공유하는 과정이라 할 수 있다.

백제와 고구려 유민들이 중국 땅에서 만주 땅에서 떠돌아 다녀야 했던 기억들, 그리고 발해의 추억, 고선지를 비롯해서 이주민으로서 성공했던 이야기들, 강대국의 군대에 의해 포로로 끌려가야 했던 수많은 전란들과 그 후의 귀환 소식들, 일본의 침략을 받아 식민지 통치를 받아야 했던 일제 36년의 기억, 강제징용을 당해 죽음의 전쟁터로, 탄광으로, 심지어 정신대로 끌려갔던 기억들, 만주로 연해주로 이주자의 보따리를 이고 지고 떠나야 했던 기억들, 그리고 해방 후 조국으로 돌아오던 귀향의 이야기들, 지금도 계속되고 있는 재중 동포의 귀환 이야기와 700만 해외동포들의 이야기들, 남북 이산가족의 아픔과 통일을 대비하는 우리들의 이야기들을 나눌 수 있을 때 우리는 다문화 사회를 통합시킬 수 있는 역량을 발휘할 수 있을 것이다.

성경은 다문화 사회였던 이스라엘 사회를 배경으로 전개되었다. 이러한 사회를 인도하신 하나님의 손길을 창조신학과 제사장신학을 통해서도 발견할 수 있다. 창조신학은 창세기를 비롯하여 시편과 지혜문학에 많이 나타나는데 천지를 창조하신 하나님의 의도에서 출발한다. 아담과 하와를 만드시고 인류의 조상으로 세우시며 노아를 통해 세상에 인류를 탄생시킨 하나님의 뜻을 받들어 세계 만민이 한 가족임을 선언하는 것이 창조신학의 핵심이다. 그리고 사람과 자연이 더불어 살아가면서 사람이 하나님의 명을 받아 자연을 잘 관리하는 임무가 있음을 강조하는 것이 창조신학이다. 따라서 창조신학은 다문화 신학의 토대를 형성하는 것이다.

제사장신학은 레위기와 민수기, 그리고 출애굽기에 주로 나타나는데 예배 가운데 그리고 일상생활을 거룩하게 살아가는데 있어서 무엇이 필요한지 그리고 어떻게 행동해야하는지에 대해 가르쳐주는 신학이다. 한마디로 일상생활을 하나님의 뜻에 따라 살 수 있는 방안을 가르쳐 주는 신학이다.

전기 제사장신학은 하나님이 계시는 회막 혹은 성전을 거룩하게 유지하려는 의지가 강했다. 그러나 후기 제사장신학은 회막 만 거룩한 것이 아니라 이스라엘 땅 전체가 거룩하다고 선언하면서 거룩의 영역을 확대하였다. 그리고 제사장만 거룩한 것이 아니라 평범한 영역에 있는 이스라엘 백성도 거룩하다고 하면서 거룩의 영역을 확대하였다. 따라서 후기 제사장들은 거룩이 부정을 이긴다는 것을 백성들에게 가르쳤다(레 10:10-11).[193] 그리고 일반 백성이라도 하나님의 명령을 준수하면 거룩하게 되고 부정을 물리칠 수 있다고 하였다(레 19장). 한 마디로 일반 백성에게 희망을 준 신학이며 동시에 이주자도 포용할 수 있는 신학이다.

193_ 신 24:8; 33:11; 말 2:7; 레 21:24.

다문화 사회는 필연적으로 다종교 상황을 만든다. 앗수르에 의해 이스라엘이 멸망당했을 때 다른 점령지역에서 강제이주당해 온 이주자들은 자신들이 섬기던 종교를 이스라엘에서도 계속해서 섬겼다. 또한 다른 나라에 이주해 간 이스라엘 사람들도 야웨 하나님을 계속 섬기지만 때로는 그 지역의 신을 섬기는 일이 일어났다. 예를 들면 이집트의 총리대신인 요셉이나 페르시아의 왕비 에스더와 같은 경우이다. 이들은 국가의 수호신을 섬기는 국가적 행사에 참여하여 참배할 수밖에 없었을 것이다. 만일 여호와 하나님만 섬기려고 한다면 이집트와 같은 이방나라를 떠나 하나님을 섬기는데 아무도 방해하지 않는 곳으로 갈 수밖에 없다. 그래서 모세가 이집트 왕 바로에게 사흘길을 걸어 광야에 가서 하나님께 제사드리겠다고 한 것이다(출 5:3).

이러한 다종교 상황을 어떻게 보아야 하는가? 신전에 있는 신만 고집한다면 여러 종교인들을 통합하여 조화로운 사회를 만들어 가기에는 한계가 있다. 서로 영역을 고집하면서 지역의 수호신임을 내세울 것이기 때문이다. 그러나 하늘에 계신 신이라면, 천지를 창조하시고 만유의 주인이시며, 자유롭게 이동하시는 신이면 모두를 포용할 수 있다.

하나님이 모든 종교인들과 모든 민족들을 포용하는 방식을 살펴보면 이스라엘과 외국에 적용하는 기준에 차이가 있음을 발견할 수 있다. 예언자들이 외국(열방)에 대해 심판 예언을 할 때 주로 윤리적이며 도덕적인 기준을 들면서 형벌을 선포하는 모습을 볼 수 있다. 아모스에도 외국에 대한 심판예언이 나타나는데 두로의 경우 사람을 노예로 매매하는 것에 대해 질책하면서 형벌을 내린다고 하였다(암 1:9). 외국에 대해 심판을 할 때 하나님이 아닌 다른 신을 숭배하기 때문에 형벌을 내린다는 내용은 찾아 볼 수 없다. 그러나 이스라엘을 심판할 때는 기준이 달라진다. 오직 야웨 하나님만을 섬겨야 하는데 우상을 숭배하는 행위에 대해 형벌을 내리는 것이다. 이처럼 외국 사람들이 자신들의 수호신을 섬기고 다른 신을 섬기는 행위에 대해서는 심판하지 않는 것이다.

시리아의 군대장관 나아만이 엘리사에게 자신이 돌아가면 왕의 측근이기 때문에 왕과 함께 림몬 신전에 가서 예배를 드리는 행동에 대해 용서해 주시기를 간구하였다. 이 때 엘리사는 그 행동을 금지하지 않았다. "평안히 가라"라고 하면서 허용하는 태도를 보였다(왕하 5:18-19). 이처럼 외국인이 외국에서 자기 나라의 신을 섬기는 행위에 대해서는 엘리사도 허용하였던 것이다.

또한 다른 신을 섬기고 있는 이집트와 앗수르를 보면서 하나님께서 "내 백성 이집트여, 내 손으로 지은 앗수르여"(사 19:25)라고 말씀하시는 것을 보면서 외국인들이 다른 신을 섬기는 것을 개의치 않는 모습을 볼 수 있다.

따라서 타종교인이 다른 신을 섬긴다고 해서 우상을 섬긴다고 비판하지 않았다. 그들은 태어날 때부터 가족들이 섬긴 신을 섬기는 경우가 대부분이며, 지역의 신을 섬기는 경우가 많았기 때문이다. 때로는 자신들이 선택해서 섬기는 경우도 있지만 그들의 선택을 존중할 수밖에 없다. 그러나 이스라엘 백성은 다르다. 이스라엘에게 하나님께서 자신만을 섬기라고 하고 가르침인 율법을 주셨으니 하나님의 백성인 이스라엘은 오직 하나님만 섬기며 살아야 하는 것이다. 그리고 하나님은 아브라함을 부르셔서 만민에게 복을 나누라고 하셨기에, 결국 이스라엘 백성은 다양한 종교를 가진 온 세계 사람들에게 복을 나누어 주는 사명을 감당해야 한다. 마치 온 세상 사람들의 말이처럼 이스라엘은 다양한 종교를 가진 온 세계 사람들과 대화하면서 복을 나누는 역할을 감당해야 하는 것이다. 마찬가지로 오늘날 기독교인의 사명도 다양한 종교를 가진 온 세계 사람들과 대화하면서 복을 나누는 사명을 감당해야 한다.

참고문헌

강성열, "구약성서의 이주민 신학과 한국사회의 다문화 가정," **한국기독교신학논총** 제62집(2009년 4월), 5-33.

권순형, "원 공주 출신 왕비의 정치권력 연구-충렬왕비 제국대장공주를 중심으로," **史學研究** 제77호(2005), 33-63.

김지은, "유다와 베냐민의 대적(스 4:1)에 관한 연구," **구약논단** 10집(2001), 85-101.

김학선, 홍선우, 최경숙, "파독간호사 삶의 재조명," **한국산업간호학회지** 제18권 제2호(2009), 174-175.

김현라, "고려 충렬왕비 齊國大長公主의 위상과 역할," **지역과 역사** 23호(2008), 71-99.

김화순, 유길상, "북한이탈주민 고용에 미치는 남북인적자본의 영향연구: A 북한이탈 주민 집단 370명이 진로추적 사례를 중심으로," 2010 **한국사회보장학회 춘계정기학술대회 자료집**, 97-129.

민경진, "페르시아 제국시대의 유대역사 재구성 : 기원전 458년에서 430년까지 - 에스라-느헤미야를 중심으로," **구약논단** 제 27집(2008), 114-121.

박정석, "케랄라의 귀환이주자: 이주 과정과 소비 행위를 중심으로," **인도연구** 제12권 1호(2007) 62-99.

박종기, "연구의 공백지대, 해외 한인의 귀환문제," **역사와현실** 제 51권 (2004. 3), 283~301.

오경석, "한국의 다문화주의." *Homo Migrans* 제1권(2009. 11), 9-32.

오태영, "민족적 제의로서의 '귀환(歸還)' -해방기 귀환 서사 연구," **한국문학연구** 32집(2007. 6), 515-542.

우택주, **8세기 예언서 이해의 새 지평**(대한기독교서회, 2005).

윤철홍, '독일 통일후 동독지역에서의 토지 소유권과 상속권 문제,' **북한법연구회** 제137회 월례발표회 발표문(2009. 1. 29).

이강한, "1270년대-1330년대 외국인들의 고려 방문 - 13-14세기 동-서 교역에서의 한반도의 위치," **한국중세사연구** 30(2011), 416-467.

이영석, 박재홍, "재독일 교민의 역이주와 귀향 의식에 대한 연구-남해군 '독일마을' 입주 교민들의 경우," **독어교육**, 제36집 (2006) 443-480.

이태훈, "구약의 외국인 복지," **구약논단** 제27집(2008), 70-88.

임형백. "한국의 다문화사회의 특징과 사회통합을 위한 다층적 접근." **한국사회학회 2009 전기사회학대회**(2009. 6), 593-609.

정중호, "고대 이스라엘의 남북 관계에 관한 역사적 연구," **기독교사상** 406(1992. 10), 44-65.

______, "고대 이스라엘 사회의 게르에 관한 연구," **사회과학논총** 제 23권 1호(2004), 511-525.

______, "'귀환이주'가 구약에서 강조된 이유," **구약논단** 통권 39집 (2011), 134-154.

______, **설교자를 위한 호세아 해석**(크리스천헤럴드, 2006).

______, **열왕기하**, 성서주석 11(서울: 대한기독교서회, 1995).

______, **이스라엘 역사**(대한기독교서회, 1994).

정중호, 최기수, "앗수르와 이집트 관계에 관한 역사적 연구," **구약논단** 제4집(1998), 191-199.

조구호. "이주노동자의 현실과 상생을 위한 모색," **국제어문** 제52집 (2011. 8), 289-314.

최종렬. "국민과 이주노동자." **현대사회와 다문화** 창간호(2011. 6), 98-125.

한건수, "본국으로 귀환한 아프리카 이주 노동자의 사회문화적 적응과 정체성에 관한 연구 - 가나와 나이지리아 노동자를 중심으로," **한국아프리카학회지** 第27輯(2008.6), 225-268.

______, "한국의 다문화사회 이행과 이주노동자," **철학과 현실** 제91호 (2011. 12), 21-31.

Ahlströme, G. W. *Aspects of Syncretism in Israel's Worship* (Lund, 1963)

________, "Some Remarks on Prophets and Cult," *Transitions in Biblical Scholarship*, (J. Coert Rylaarsdam ed.; Chicago and London: The University of Chicago Press, 1968) 113-129.

Albright, W. F. "Some Remarks on the Song of Moses in Deuteronomy XXXII," *VT* 9 (1959) 339-346.

_______, *Yahweh and the Gods of Canaan* (London: Athlone Press, 1968).

Akerman, S. *Under Every Green Tree: Popular Religion in Sixth-Century Judah* (HSM, 46; Atanta: Scholars Press, 1992)

Berlin, Adele, *Poetics and Interpretation of Biblical Narrative* (Winona Lake: Eisenbrauns, 1994).

Bloch-Smith, E., "Israelite Ethnicity in Iron I: Archaeology Preserves What Is Remembered and What Is Forgotten in Israel's History," *JBL* 122, No. 3 (Autumn, 2003), 401-425.

Braulik, Georg, "The Book of Ruth as Intra-Biblical Critique on the Deuteronomic Law", *Acta Theologica* 19 (1999), 1-20.

Bresciani, E., "Foreigners," Sergio Donadoni (ed.), *The Egyptians*, (Chicago: The University of Chicago Press, 1997).

Brenner, Athalya. "Naomi and Ruth," *Vetus Testamentum* 33, no. 4 (1983): 385-397.

Brichto, Herbert C. "Kin, Cult, Land & Afterlife — A Biblical Complex," *HUCA* 44 (1973), 1-54.

Browne, L. E., "A Jewish Sanctuary in Babyonia," *JTS* 17(1916), 400-401.

Budde, K. *Das Lied Mose's, Deut. 32*. (Tübingen: J. C. B. Mohr [Paul Siebeck], 1920).

Bush, F. W. **룻기. 에스더.** 정일오 역 (솔로몬, 2007).

Campbell Jr., Edward F., *Ruth: AB* vol. 7, (Garden City, N.Y.: Doubleday & Company, Inc., 1975).

Chirichigno, G. C., *Debt-slavery in Israel and the ancient Near East* (Sheffield: Sheffield Academic Press, 1993).

Chong, Joong Ho, "The Song of Moses and the Hoshea-Pekah Conflict," Emory University Ph.D Dissertation, 1990

______, "Were There Yahwistic Sanctuaries in Babylon?" *Asia Journal of Theology* 10 (1996), 198-217.

Chu, Julie L. C., "Returning home: the inspiration of the role dedifferentiation in the Book of Ruth for Taiwanese women," *Semeia* 78 (1997), 47-53.

Conway, Dennis, Potter, Robert B. and Phillips, Joan, "The Experience of Return: Caribbean Return Migrants", in Robert B. Potter, Dennis Conway and Joan Phillips(eds.), *The Experience of Return Migration: Caribbean Perspectives* (Hants & Burlington: Ashgate, 2005).

Coote, R. B. **아모스서의 형성과 신학**, 우택주 옮김 (대한기독교서회, 2004).

Cornill, C. *Einleitung in das Alte Testament*. (Freiburg I. B. und Leipzig: J. C. B. Mohr (Paul Siebeck) 1896).

Coxen, W., "Was Naomi a Scold? A Response to Fewell and Gunn," *JSOT* 45 (1989), 25-37.

Cross, F. M. *Canaanite Myth and Hebrew Epic: Essays in the History of the Religion of Israel* (Cambridge: Havard University Press, 1973).

______, "Yahweh and the God of the Patriarchs," *HTR* 55(1962) 225-259.

Davies ed., W. D. *The Cambridge History of Judaism*, vol. I (Cambridge: Cambridge University Press, 1984)

Dever, William, "이스라엘과 가나안인을 어떻게 구별할 수 있을까?" Hershel Shanks 등 편집, 고대 이스라엘의 기원, 강승일 옮김, (서울: 한국신학연구소, 2008), 49-121.

Elat, Moshe, "The Economic Relations of the Neo-Assyrian Empire with

Egypt," *JAOS* 98(1978) 20-34.

Epstein, Louis M., *Marriage Law in the Bible and the Talmud*, (New York: Harvard University Press, 1942).

Falk, Ze'ev W., *Hebrew Law in Biblical Times*, (Provo & Winona Lake: Brigham Young University Press & Eisenbrauns, 2001).

Fensham, F. C., "Widow, Orphan and the Poor in Ancient Near Eastern Legal and Wisdom Literature," *JNES* 21(1962) 129-139.

Finkelstein, Israel, "Archaeology and the list of returnees in the books of Ezra and Nehemiah," *PEQ* 140, 1 (2008), 7-16.

________, "The Emergence of Israel in Canaan: Consensus, Mainstream and Dispute," *SJOT* 5 (1991/2) 47-59.

Freedman, D. N. edit. *The Anchor Bible Dictionary* vol.4 (Yale University Press, 1992).

Fried, Lisbeth S., "Cyrus the Messiah? The Historical Background to Isaiah 45:1 Author(s)," *The Harvard Theological Review* Vol. 95, No. 4 (Oct., 2002), 373-393.

Gerleman, G. *Ruth: Das Hohelied*, BKAT 18 (Neukirchen: Neukirchener, 1965).

Gidwani, Vinay and Sivaramakrishnan, K., "Circular Migration and Rural Cosmopolitanism in India," *Contributions to Indian Sociology* 37 (2004), 339-367.

Gitin, Seymour, "Philistine in Transition: The Tenth Century and Beyond," Seymour Gitin, Amihai Mazar, and Ephraim Stern (eds), *Mediterranean Peoples in Transition*, (Jerusalem: Israel Exploration Society, 1998), 162-183.

Glanzmann, G. "The Origin and Date of the Book of Ruth", *CBQ* 21 (1959), 201-207.

Glover, Neil, "Your people, my people: an exploration of ethnicity in Ruth", *JSOT* 33 (2009), 293-313.

Gmelch, George, "Return Migration," *Annual Review of Anthropology* 9 (1980), 135-159.

Gowan, Donald E., "Wealth and Poverty in the Old Testament: The Case of the Widow, the Orphan and the Sojourner," *Interpretation* 41(1987), 341-353.

Haran, M., "Observation and on the Historical Background of Amos 1:2-2:6," *IEJ* 18(1968), 201-212.

________, "Shiloh and Jerusalem: The Origin of the Priestly Tradition in the Pentateuch," *JBL* 81(1962), 14-24.

________, *Temples and Temple Service in Ancient Israel* (Oxford: Clarendon, 1978).

Hayes, John H. *Amos, the Eighth-Century Prophet: His Time & His Preaching* (Nashville: Abingdon, 1988)

Hendel, Ronald, "The Exodus in Biblical Memory," *JBL* 120, No. 4 (Winter, 2001), 601-622.

Hertzberg, H. W. *Die Bucher Josua, Richter, Ruth*. ATD9, 2nd ed. (Goetingen: Vandengoeck & Ruprecht, 1959)

Hubbard, R. I. *The Book of Ruth*. NICOT (Gran Rapid, MI: Eerdmans, 1988).

Hyman, Ronald R., "Questions and Changing Identity in the Book of Ruth", *Union Seminary Quarterly Review* 39 (1984), 189-201.

Josephus, Flavius, *Jewish Antiquities* (Wordsworth Editions Ltd, 2006).

Judge, H. G., "Aaron, Zadok and Abiathar," *JTS* 7 (1956) 70-74.

Kaufman, S. A. "A Reconstruction of the Social Welfare System of Ancient Israel," in In the Shelter of Elyon: Essays on Ancient Palestinian Life and Literature in Honor of G. W. Ahlsltröm, eds. W. B. Barrick and J. R. Spencer, *JSOTSup*. 31 (Sheffield: JSOT Press, 1984) 277-86.

________, "The Bible and Mythological Polytheism," *JBL* 70/3 (1951) 179-197.

Ketchum, Josh, "The go'el custom in Ruth a comparative study", *Restoration Quarterly* 52 (2010), 237-245.

Kellermann, D. "גור gur," TDOT, II, 439-449.

Kennett, R. H., "The Origin of the Aaronite Priesthood," *JTS* 6 (1905), 161-186.

Kim Sung-Jae., "The GER and the Identity of A ncient Israel: Socio-literary Analysis and Deconstructive Interpretation." *Ph. D. Dissertation, Graduate Theological Union*, 1996.

King, Russell, "Generalizations from the History of Return Migration", in Bimal Ghosh(ed.), *Return Migration: Journey of Hope or Despair?* (Geneva: IOM and UN. 2000).

Klein, Ralph Walter, "Old Readings in I Esdras: The List of Returnees From Babylon (Ezra 2 // Nehemiah 7)," *HTR* 62 (1969) 99-107.

Klinthäll, Martin, "Retirement Return Migration from Sweden," *International Migration* Vol. 44/2 (2006), 153-180.

Knohl, I. *The Sanctuary of Silence: the Priestly Torah and The Holiness School* (Minneapolis: Fortress Press, 1995)

Levenson, Alan T., "The mantle of the matriarchs: Ruth 4:11-15", *JBQ* 38 (2010), 237-243.

Löhr, M., "Das Lied des Moses," *Protestantische Montshefte*, 7(1903) 1-31.

Matthews, Victor H., "The determination of social identity in the story of Ruth", *Biblical Theology Bulletin* 36 (2006), 49-54.

Mendenhall, G. E. *The Tenth Generation: The Origins of the Biblical Tradition,* (Baltimore: Johns Hopkins Univ., 1973).

Meyer, R. "Die Bedeutung von Deuteronomium 32.8f. 43[4Q] für die Auslesung des Moseliedes," *Verbannung und Heimkehr, Festschrift W. Rudolph*, Fetschrift Wilhelm Rudolph. ed. A. Kuschke (Tübingen: J. C. B. Mohr[Paul Siebeck], 1961) 197-209.

Miller, J. M. and Hayes, J. H., *A History of Ancient Israel and Judah*, (Westminster John Knox Press, 2006).

Na'aman, N. "The Brook of Egypt and Assyrian Policy on the Board of Egypt," *Tel Aviv* 6(1979) 63-90.

Nielsen, Kirsten, *Ruth: A Commentary* (OTL; Louisville: Westminster John Knox Press, 1997).

Noll, K. L. **고대 가나안과 이스라엘 역사**, 소형근 옮김 (프리칭아카데미, 2009).

Prinsloo, W. S., "The theology of the Book of Ruth", *VT* 30 (1980), 330-341.

Pritchard, J. B. ed. *Ancient Near Eastern Texts relating to the Old Testament*, (Princeton, 1969).

Rad, G. von, *Deuteronomy*, OTL (Nashville: Abingdon Press, 1966).

Ramirez Kidd, Jose E., *Alterity and Identity in Israel: The* גר *in the Old Testament*, BZAW 283 (Berlin: De Gruyter, 1999).

Redford, Donald B., *Egypt, Canaan, and Israel in ancient times*, (Princeton: Princeton University Press, 1993).

Rother, Stefan, "Changed in Migration? Philippine Return Migrants and (Un)Democratic Remittances," *EJEAS* 8.2 (2009) 245-274.

Safran, W. "Diasporas in Modern Societies: Myths of Homeland and Return," *Diasporas* 1 (1991), 83-99.

Sakenfeld, K. D., **현대성서주석-룻기**, 민경진역 (서울: 한국장로교출판사 2001).

Saywer, John F. A., "Blessed be my people Egypt (Isaiah 19.25): the context and meaning of a remarkable passage," *A Word in Season: Essays in Honour of William McKane*. J. D. Martin and P. R. Davies eds., (Sheffield: JSOT Press, 1986), 57-71.

Seeligmann, I. Z. *The Septuagint Version of Isaiah* (Leiden, 1948)

Shanks, Hershel, "과연 무엇이 문제인가? 현재까지 알려진 사실들," Hershel Shanks 등 편집, **고대 이스라엘의 기원**, 강승일 옮김 (서울: 한국신학연구소, 2008), 11-46.

Siquans, Agenthe, "Foreignness and Poverty in the Book of Ruth: A Legal Way for a Poor Foreign Woman to Be Integrated into Israel," *JBL* 128(2009), 443-452.

Skehan, P. "A Fragment of the 'Song of Moses' Dt. 32 (37-43) from

Qumran," *BASOR* 136(1954) 12-15.

Smith, L. Daniel, *The religion of the Landless: The Social Context of the Babylonian Exile* (Bloomington: Meyer Stone Books, 1989).

Spalinger, Anthony "The Year 712 B.C. and its Implications for Egyptian History," *JARCE* 10(1973) 95-101.

Spina, F. A. "Israelites as gerim, 'Sojourners,' in Social and Historical Context" *in*

Tadmor, H. "The Campaigns of Sargon II of Assur: A Chronological-Historical Study," *JCS* 12(1958) 22-40.

Trible, Phyllis, *God and the Rhetoric of Sexuality* (Philadelphia: Fortress, 1978).

van der Toorn, K. and Houtman, Cees, "David and the Ark," *JBL* 113/2 (1994), 209-231.

Van Houten, Christiana, *The Alien in Israelite Law* (Sheffield: Sheffield Academy Press, 1991).

Weinstein, J., "Exodus and Archaeological Reality," Ernest S. Frerichs, Leonard H. Lesko, William G. Dever (eds.) *Exodus: The Egyptian Evidence*, (Eisenbrauns, 1997), 87-103.

Westbrook, R. "The Law of the Biblical Levirate," *Revue Internationale des droits I'antique* 24 (1977) 65-87.

Willis, Timothy, *The Elders of the City: A Study of the Elders-Laws in Deuteronomy* (Atlanta: SBL, 2001).

Winter, P. "Nochmals zu Deuteronomium 32:8," *ZAW* 75 (1963) 218-223.

Wolff, H. W. Joel and Amos (Philadelphia: Fortress, 1977).

Wright, G. E. "The Lawsuit of God A Form-Critical Study of Deuteronomy 32," *Israel's Prophetic Heritage*. ed. B. W. Anderson and W. Harrelson, (New York: Harper and Brothers, 1962) 26-67.

다문화 사회를 위한
새로운 성경해석

초판 1쇄 인쇄 2015년 6월 23일
초판 1쇄 발행 2015년 6월 26일

지 은 이 정중호
펴 낸 이 신일희
펴 낸 곳 계명대학교출판부
출판등록 제347-1998-1호(1970. 9. 1.)
주 소 대구광역시 달서구 달구벌대로 1095
대표전화 053-580-6233
팩 스 053-580-6235
홈페이지 www.kmupress.com

ISBN 978-89-7585-710-2 93230 정가 12,000원

이 도서의 국립중앙도서관 출판예정도서목록(CIP)은 서지정보유통지원시스템 홈페이지(http://seoji.nl.go.kr)와 국가자료공동목록시스템(http://www.nl.go.kr/kolisnet)에서 이용하실 수 있습니다.(CIP제어번호: 2015017136)